統一地方選挙の政治学

二〇一一年東日本大震災と地域政党の挑戦

白鳥 浩 編著

ミネルヴァ書房

はじめに――政権交代下の統一地方選挙と「政権奪還」

二〇一二年一二月一六日に、第四六回衆議院議員選挙が行われた。この選挙により、民主党は歴史的な大敗を喫し、公示前の二三〇議席から大きく議席を失って五七議席に転落し、連立を組む国民新党が獲得した一議席を含めても過半数に遠く及ばなかった。他方、野党だった自民党は二九四議席（公示前一一八議席）を獲得し、連立を組むことになる公明党の三一議席と併せれば、「ねじれ国会」の最大の問題であった参議院で否決された法案を再可決できる要件である、衆議院の議員総数の三分の二となる三二〇議席以上の議席を獲得する結果となった。自民党によって「政権奪還」選挙と呼称された二〇一二年衆院選、これにより「政権交代」によって形成された民主党を中心とした三年三カ月続いた政権、そして「政権交代」期は終わりを告げた。

なぜ民主党は、二〇一二年に「突然」、政権を失うことになったのであろうか。むしろ、これは「突然」ではない。すでに、それに先立つ二〇一一年統一地方選挙において、その兆候は現れていたのである。本書は、今回の民主党を中心とした勢力が政権を失うこととなる、二〇一二年衆院選に繋がる二〇一一年統一地方選、ならびに政権交代下に行われた、特に重要と思われる地方選挙を主題とする。多くの人が予期しなかった突然の野田佳彦首相の衆院選実施の以前に、本書に収められている分析の多くは脱稿しているのだが、これらの多くは、今回の「政権奪還」に向かうトレンドを明らかに指し示している。

もちろん統一地方選は、都道府県と市町村、さらには首長と地方議員という国政とは異なるレベルのデモクラシーに関する民意を有権者に問いかけているものである。これらの個々の地方選挙は、選挙制度としては、比例代表制を採っているものでも、小選挙区制を採っているものでもない。また選挙の対象となる選挙区も、衆院選や参院選とは大きく異なる。さらに選挙で選ぶ対象も、国会議員ではなく、その自治体で一人しかいない都道府県知事や市町村長といった首長であったり、多くは複数の定数を争う都道府県議会議員、政令市の市議会議員であったり、全市町村一区で行われる市町村議会議員であったりする。首長選挙の候補者は、行政の長を選ぶという意味で無所属であることが多いし、地方議員の候補者には、無所属の者や、国政に進出していない地域政党に属している者など、国政と地方政治の相違を挙げれば枚挙に暇がない。また地方政治独自のロジックがあることも、しばしば指摘されるところであろう。

しかしながら、本書で取り上げる二〇一一年四月一〇日と四月二四日に投開票の行われた統一地方選が、民主党を中心とした勢力が政権を失っていく、大きな一つの布石となっていたことは明らかである。

そもそも統一地方選とは、すでに述べた国政選挙との違いは多くあれども、四年に一度、四月の第二日曜日に前半戦、第四日曜日に後半戦という形で、定期的に全国的に行われる選挙である。衆院選は、政権与党の意向によって解散総選挙の日取りが決定されるのに対して、統一地方選は、政権与党の意向とは無関係に設定されており、その意味では、当該地方の政治的課題を問うとともに、国政における各政党の政策運営に対する国民の審判を、それぞれの政党と関係の深い首長や議員などの地方政治家に対して下す、「国政に対する中間選挙」という意味も存在する。特に与党系と野党系の衝突する、首長選挙や地方議員選挙においては、擬似的な「政権選択」を有権者に迫る意味合いのあるものではなかっただろうか。また、公職選挙法の二〇〇〇年における改正以降、後半戦と同じ投票日に、衆院および参院の補欠選挙が合わせて実施されており、その意味でも中間選挙としての意味合いは強くなっているといえよう。

特に、政権交代下で行われたこの統一地方選は、二つの意味でその後の日本政治を規定していったと考えられる。

第一には、地域政党が初めて統一地方選に臨んだということである。地域政党は、政党助成金の対象となる「政党」のみを意味するものではない。特定の地域を対象とし、主に地方政治をその活動の対象とする団体を指す。これらの団体は理論的には助成金の対象の「政党」と同一の機能を果たすものであると考えられるので、ここでは地域における政党として扱っている。本書で取り上げる大阪の大阪維新の会や、名古屋の減税日本に代表される多くの地域政党は、この統一地方選に向かって誕生し、それが日本政治のダイナミズムを作り出し、当時、一つのブームといえるほどの盛り上がりを見せていた。というのも、統一地方選の前哨戦となった選挙において、減税日本が多くの成果をあげていたからである。減税日本や大阪維新の会のみならず、地域政党いわて、京都党、埼玉改援隊など、政権交代下に出現した地域政党は多く存在していた。これらの中でも減税日本や大阪維新の会は、そうした「地域政党ブーム」の火付け役として重要な意味を持っていたといえよう。また、この二つの政党は、地方自治体の首長が主導して、自らの政策実現のために形成した政党であるという点でも、地方政治、ひいては日本政治のうえで注目すべき存在であった。首長選挙や地方議会議員選挙において、自民党や民主党などの「既存政党」対これら新しく設立された「地域政党」といった対立軸で、地方政治の「政権選択」を有権者に迫ったという経験は、二〇一二年の衆院選の予行演習を二〇一一年の統一地方選で行ったといった意味を、有権者にとっても地域政党にとっても持っていたのではないだろうか。

第二には、東日本大震災という未曾有の大災害の直後の統一地方選だったということである。序章においても述べられるが、これほどの規模の災害が、全国的な選挙の直前に起こったことはかつてなかった。この東日本大震災は、統一地方選に大きな影響を与えたということができるだろう。一例を挙げると、制度的には、被災地における選挙の実施の延期をもたらしたことが考えられよう。さらに実態的にも、選挙活動それ自体が、東日本を中心として、非常な自粛ムードの中で行われるという影響を与えたのであった。この大震災は、これら目に見える影響だけではなく、目に見えない心理的な影響をも日本の有権者に与えていたのではないだろうか。まず、被災地における選挙の延期は、「ねじれ国会」のもとで、進まない被災地の復興に対する政府の機能不全、あるいは与党の無策といった現実を有権者に突きつけ、民主党離れを候補者、有権者の双方で引きおこす結果となった。また、選挙活動の自粛といった中で、国政の与党系の地方選挙の候補者は、その実績や努力があったとしても十分に訴えることができず、有権者の批判にさらされることとなった。こうした民主党を中心とした与党系候補者の選挙における苦戦を尻目に、もともと後援会などの組織活動を地道に続けてきた自民党などの野党の保守系候補者や、国政における実績もないかわりに批判される材料もなく、新奇なイメージを有権者に効果的に売り込むことのできる新党の候補者、特に地域政党の候補者が票を集め、議席を伸ばす結果となったのであった。国政選挙で地域の票集めの手足となることが期待できる、首長や地方議員の選挙において、与党系の候補者の落選が続き、良い結果を残すことができなかったことは、やがて来る「政権選択」を有権者に迫る衆院選における与党の選挙結果に対して暗雲を投げかけるものであったことは間違いがなかった。

こうしてみると、単に地方政治の範疇にとどまらず、国政における野党による「政権奪還」選挙へと繋がる視点を提起した、政権交代下で行われた統一地方選挙の現実とは一体何だったのか。本書に収められた分析が、読者の疑問に答え、その解明にいくばくかでも寄与できれば幸いである。

統一地方選挙の政治学——二〇一一年東日本大震災と地域政党の挑戦　目次

目　次

序章　政権交代下での地方政治の変容
——東日本大震災の発生と地域政党の勃興——

白鳥　浩

1　民主党政権下の地方政治とは

二〇〇九年八月三〇日に投開票の行われた第四五回衆院選、いわゆる「政権交代」選挙によって、有権者は、五五年体制成立以降初めて、投票によって自民党を中心とした勢力以外の政党を、与党として選択したのであった。この選挙の結果、九月一六日に発足した民主党の鳩山由紀夫を首相とする内閣の成立により、自民党を中心とした勢力から、民主党を中心とした勢力への政権与党の交代が起こることとなった。本書は、この政権交代下の時期における地方政治の変化を、二〇一一年四月一〇日（前半戦）と二四日（後半戦）に投開票の行われた統一地方選を中心として、選挙に現れる地方政治の変容によって検討することを目的とする。

選挙とは、自らの属する社会の将来を、どういった政策を採る政治勢力に委ねるかを選択することであり、そこにおいて真摯な民意が示されるべきものと考えられる。その過程において、有権者の行う選択、そこにこそ政治が「未来の選択のアート」である、と言われる本質が明示されると考えることができよう。それを検討することは、政治学が「可能性の学問」であるといわれる所以を確証することでもあるかもしれない。つまり、その選挙の過程に変化があれば、それは地方政治の本質に関わる部分における変化と考えることもできるのではないだろうか。もちろん、統一地方選で、全国の地方政治の変容全てをカバーできるものではない。また、地方政治に関するすべての事例を網羅できるものでもない。さらに、そもそも統一地方選の日程に合わせて選挙を行っていない地域も存在する。そこで本書では、統一地方選以外の事例についても、特に重要と思われる事例について検討を加えることで、政権交代下の日本の地方政治の変容を多角的に描き出すように努めている。

本書の主題となる地方政治といえども、国政の変容と無縁ではない。そこで以下においては、政権交代の中心であった国政の与党民主党の変動を軸として、第一に、国際政治との接点である国境を抱える地方としての沖縄への影響、第二に、「地域主権」をマニフェストで掲げた民主党が与党となって以来の地方政治の環境の変化、そして第三に、民主党を中心とした勢力が政権与党であった政権交代期に起きた未曾有の災害である東日本大震災の発生というトピックを検討しつつ、統一地方選への展開を確認したい。

政権交代という国政の変化のもとで、展開されてきた外交（国際政治）、国政（国内政治）、地域（地方政治）といった多様なレベルの政治過程は、地方政治にどのような変化を及ぼしたのであろうか。そして、この政権交代下の時期における地方政治において、それまでとは異なる変化というものがあるとすれば、それは何であろうか。本書の個々の事例を読んでいただければ、読者の皆様の抱えるこうした問題に対する解答へと繋がる何がしかの糸口が、必ずや見つかるものと期待している。

2　鳩山首相辞任と普天間基地返還問題——政権与党の動揺

「政治とカネ」の問題

二〇〇九年八月三〇日の政権交代選挙の結果、九月一六日に鳩山由紀夫内閣が発足し、民主党は政権与党となった。しかしながら、政権与党となった民主党の船出は、必ずしも順風満帆といったものではなかった。そこには、「政治とカネ」の問題、そして沖縄の普天間基地の返還問題、という二つの問題が付きまとっていた。

民主党に関する「政治とカネ」の問題は、二〇〇九年の政権交代選挙において北海道五区の小林千代美衆議院議員が、北海道教職員組合から違法に献金を受け取ったとされる疑惑に端を発する。さらに民主党と「政治とカネ」の問題は、衆院選以前から指摘されていた小沢一郎民主党幹事長の資金管理団体である陸山会の土地購入をめぐり、政治資金収支報告書虚偽記載の疑惑について、二〇一〇年一月一五日に、東京地検が石川知裕衆議院議員を逮捕することで政権与党幹部へも問題は波及することとなった。また、政権交代以降に、鳩山首相自身にも「政治とカネ」にまつわる疑惑が浮上し、実母から多額の資金提供を受けていたことも明らかとなった。この「政治とカネ」の問題は後に、六月二日に鳩山首相が両院議員総会で辞任の意向を表明し、そのときに政治とカネの問題の問題解決を図るために、自らの首相の辞任とともに、小林議員の辞職と小沢幹事長の幹事長職の辞任を促す事態へと発展した。

こうして政権交代の立役者であった鳩山が首相職を辞し、これを受け六月四日の後継代表選で菅直人が新代表に選出され、同日午後の衆参両院本会議で首相に選出された。菅は、その後の閣僚、党役員人事では、「政治とカネ」で国民に必ずしも好印象を持たれていなかった小沢に近い議員を外す、非小沢路線をとることとなった。また、この政権与党内の変動は、もう一つの連立与党のパートナーである国民新党にも動揺を与えた。迫り来る参院選を前にした六月一一日に、郵政改革法案の成立の参院選後への先送りに反発し、辞意を表明していた国民新党代表の亀井静香金融・郵政改革担当大臣の辞任が決定した。後任は自見庄三郎国民新党幹事長となったが、政党の党首が閣僚から去るという結果となった。

沖縄普天間基地問題

こうした鳩山から菅への政権担当者の交代は、単に「政治とカネ」の問題だけで起こったのではない。直接の引き金となったのは、普天間基地の返還問題に端を発し、連立与党の一角をなしていた社民党が、この移設問題によって連立離脱することへと繋がった一連の沖縄に関する問題であった。

この沖縄の普天間基地の問題は、その後の沖縄県政にも大きな影を落とすこととなった。ここで少しく、その展開を検討してみよう。そもそも鳩山内閣の成立以来、沖縄における普天間基地の移設問題の解決は、内閣に重くのしかかった課題であった。鳩山を代表とする民主党は、普天間基地の移設問題に関し、マニフェストで県外の移設を謳っていた。そこで鳩山は、二〇〇九年一二月一五日に、普天間基地の移設問題で日米合意の見直しを行い、移設先を改めて選定するとの方針を決定する動きを見せた。しかしながら、これは、単に国内の政治問題、地域の政治問題といっただけではなく、国家の安全保障という国際的な政治問題に関わるものであり、相手国であるアメリカの同意がなければ解決しないものであった。

こうして、鳩山内閣の中心的な政治課題として躍り出た普天間基地の移設問題は、二〇一〇年に新たな展開を見せることとなった。一月二四日に投開票の行われた普天間基地の移設先と考えられていた辺野古を抱える名護市の市長選で、普天間移設受け入れ反対派の稲嶺進が初当選することとなった。基地の移設先について「最低でも県外」を訴えていた鳩山は、国外ではグアム、国内でも鹿児島県徳之島などを念頭に、沖縄県以外の選択肢を探っていたが、最終的には五月二八日に、米軍普天間基地移設問題に関しては、沖縄県内の名護市の「辺野古移設」で日米両政府が合意することとなった。そこで、外務・防衛担当相による共同声明が発表されるという運びとなった。内閣では、これに反発した社民党党首の福島瑞穂消費者担当大臣が罷免される事態に発展し、翌五月三〇日に社民党は、全国幹事長会議で連立の離脱を正式に決定することとなった。こうして、政権交代を成し遂げた鳩山は、連立与党の一角であった社民党を、沖縄の普天間基地の移設問題によって連立与党から失うこととなったのであった。

菅政権に変わってからも、沖縄の普天間基地の移設問題は解決をみたとは言い難い状態が続いた。八月三一日に政府は、沖縄県名護市辺野古周辺の普天間飛行場の代替施設の日米専門家協議の報告書を公表し、沖縄県内の移設の方針を改めて強調することとなった。

こうした最中、普天間基地の移設問題だけではなく、沖縄が国境を抱え、国の安全保障の最前線にある難しい地域であることを再認識させる事件が勃発する。二〇一〇年九月七日の尖閣沖衝突事件の勃発である。この事件は、沖縄県尖閣諸島の久場島沖の領海内で、違法操業の疑いのある中国トロール漁船が、停船命令を出した海上保安庁の巡視船「よなくに」から逃走し、追跡する巡視船「みずき」と「はてるま」も停船命令を出したが、中国船はさらに「みずき」と衝突するなどしたものである。翌九月八日に、この中国漁船の船長を石垣海上保安部は逮捕し、取調べを行った。そして九月九日には、この船長を公務執行妨害容疑で那覇地検石垣支部に送検したのであった。

これに反発した中国側は、一一日、東シナ海ガス田開発に関する日中両政府の条約締結交渉の延期を発表したのをはじめ、全国人民代表大会（全人代）の李建国常務委員会副委員長らの訪日中止、さらにレアアースの対日輸出停止など、事件の報復ともとれる人的・物的な交流の凍結など様々な対抗措置を続けてとり、国際問題化することとなった。この尖閣諸島をめぐる問題は、そもそも帰属に関して、日中の理解に隔たりがあることに起因する。これは両国の間の認識の差異を改めて浮き彫りにし、菅内閣に大きな外交問題を突きつける結果となった。

こうした展開を受けて、九月二一日には中国の温家宝首相が中国人船長の即時かつ無条件の釈放を要求するほどまで、事態は国際問題化することとなった。それに対して日本側は、九月二四日に、公務執行妨害で逮捕されて拘置中の中国人船長について、那覇地検は日中関係への配慮などを理由とし、処分保留のまま釈放することを発表した。翌二五日に中国漁船の船長は、中国政府のチャーター機で、中国に帰国する運びとなった。一連の経過について、柳田稔法務大臣は九月二四日に、指揮権の発動はなかったとしながらも、釈放決定の理由の一つに「日中関係の重要性」を挙げるなどした。「日本という国家の主権」の尊重か、「中国への外交的配慮」による解決かの選択が問われる中で、この措置は、いたずらに国際問題化することを避けるという政治的配慮から、法的根拠が不明確なまま、釈放を決定したという批判を生み出し、中国の圧力に日本が屈したという印象を一部の国民に与える結果となった。

こうした尖閣沖衝突事件の最中の九月一二日に、先に移設反対派の市長が誕生した沖縄の名護市で、定数二七議席をめぐる市議選が行われた。結果、同市辺野古のキャンプ・シュワブ沿岸部への移設受け入れに反対する稲嶺市長派の候補者が議席を伸ばし、半数を超える一六議席を獲得する結果となった。選挙前には、市議会では市長派（移設反対）と反市長派（移設容認）が拮抗していたが、これにより市長のみならず、地元の議会においても反対派が多数を占めることとなった。

これ以降も国境を抱える地域は、大きな挑戦を受け続けることとなる。一一月一日に、今度は北の国境を抱える北海道において、ロシア共和国のドミトリー・メドベージェフ（Dmitrii Anatolievich Medvedev）大統領が国後島を訪問した。旧ソ連時代を含めて、ロシアの最高指導者が北方領土に上陸したのは一九四五年以来初のことであり、ロシアの実効支配を強調する結果となった。このロシア側の動きに対して、日本側は事前に、北方領土への訪問の見合わせを要求したが、ロシア側はこれを無視して訪問を行い、それにより実効支配を誇示し、領有権を改めて主張する結果となった。こうした事態を受けて、菅首相は一一月一三日に、APECで来日したメドベージェフ大統領との会談において直接抗議を行ったが、沖縄の普天間基地移設問題や尖閣沖衝突事件も含めて、民主党を中心とした政権に対して、「外交問題に適切に対処できない政権」という批判を招く結果となってしまったのであった。

こうした中で、二〇一〇年一一月二八日に沖縄県知事選が行われた。即日開票の結果、沖縄県知事に公明党・みんなの党が推薦した仲井眞弘多が当選し、共産党・社民党・国民新党・新党日本が推薦し、沖縄伝統の革新共闘のスタンスで選挙に臨んだ前宜野湾市長の伊波洋一や、他の候補者を破る結果となった。こうした民主党に対する逆風は他県でも吹き荒れており、同日に投開票の行われた和歌山県知事選でも、自民党の推薦した現職の仁坂吉伸が、民主党系の藤本真利らを破る結果となった。また一二月一二日には、茨城県議選で民主党が惨敗する結果となった。この定数六五議席の茨城県議選には、民主党は公認候補者を二三人擁立したが、現有議席と同じ六議席を獲得するにとどまった。推薦一人を含め民主党では、候補者のうちの四分の三が落選したこととなる。民主党は従来、都市部において集票を効率的に行い、その強みを発揮する都市型政党と呼ばれていた。しかしながらこの選挙においては、都市型とされる定数七議席の水戸市選挙区では一議席、同じく都市型とされる定数四議席のつくば市選挙区では当選者を出すことができなかった。ここでも地方選挙における民主党の退潮ぶりが如実に示されるものとなった。これらの選挙の結果は、都道府県レベルの地方選における民主党の退潮が如実に現れた選挙結果となったといえ、続く統一地方選における民主党の選挙において暗雲を予感させるものとなった。

こうして民主党を中心とした政権に一つの転換をもたらした、この沖縄の普天間基地の問題に関しては、さらに、沖縄県知事選の直後の二〇一〇年一二月二日に仲井眞知事が上京し、首相官邸を訪れて菅首相と会談を行い、普天間の県外移設を訴えることとなった。さらに一二月一七日には菅首相自らが沖縄県庁を訪問し、仲井眞知事に辺野古が「ベターな選択」であるとし、理解を求める展開となった。このように沖縄の問題は、地方から、国境に関する問題を端緒として、民主党を中心とした政権に安全保障の厳しい現実を突きつける結果となったのであった。

沖縄という地方から厳しい現実の問題を突きつけられることとなった、政権交代以降の民主党を中心とした政権は、そもそも地方の問題を軽視していたわけではない。むしろ、政権交代以前の政権と差異化を図るように、地方分権を積極的に推進する意向を「地域主権」という言葉をスローガンとしながら、マニフェストの中で明らかとしていたのであった。そうした方針を、もともとマニフェストで掲げていた民主党にとってみれば、アメリカというもう片方の当事者がいるために、沖縄の問題は地元地域の意向を踏みにじって、中央政府として基地の県内移設をトップダウンで決定せざるを得なかったというのは皮肉でしかなかった、とも捉えることができる。次にそうした地方政治の環境が政権交代下でどのように変化していったかを検討しよう。

3　地方政治の環境の変化――「擬似的大統領」としての首長と地域政党の躍進

地方分権への気運

地方政治の環境は、平成の大合併の中で劇的に変化した。政権交代以降、初めて迎える新年度であった二〇一〇年四月一日にも、市町村の再編は続いた。その端的な例が、神奈川県の相模原市が、全国で一九番目の政令指定都市に移行したことであろう。これにより神奈川県は横浜、川崎と並び、合計で三つの政令市を抱えることとなった。市町村の合併による行政規模、財政規模の拡大は、地域主権の実現を標榜する民主党の地方分権政策を側面から支えるものとも考えられよう。こうした地方の動きと並行して、地方政治をめぐる環境は変化を続けていた。

政権交代以降、民主党を中心とした政府は地域主権の実現のための制度づくりを目指していた。そのためのガイドラインとなる地域主権大綱の策定を政府は進めてきた。鳩山から菅に首相が交代した後の二〇一〇年六月二二日に、地域主権大綱を政府は策定した。この内容としては、地方が自由に使える一括交付金に関しては原案から大幅に後退したものであった。この策定作業に当たっても本質的な議論に入れず、徹底的な改革とは言えない内容であったといえるかもしれない。また、菅首相へと政権が交代したことにより、地域主権の実現の優先順位が大きく後退している印象を与えたことも否定できない。この大綱に関しては、中央省庁の抵抗に遭い、大綱が骨抜きとなったと評価する声も存在した。これ以降、民主党を中心とした政権与党は、より大幅な地方分権を求める地域政党の批判に晒されることとなるのであった。

二〇一〇年一〇月二七日には全国初の広域地方公共団体である「関西広域連合」の規約案が、大阪府議会で可決された。これは関西の七府県が参加するものであり、これに参加予定の大阪、兵庫、京都、滋賀、和歌山、鳥取、徳島の七府県すべてで議決が整い、総務大臣の許可によって発足することとなっていた。奈良、三重、福井は負担が増えるとして設立時には参加しない予定であった。また、大阪市などの政令市も参加しないとされていた。これを受けて一二月一日、関西圏の七府県（奈良を除く近畿五府県と鳥取、徳島両県）によってつくられる広域行政組織「関西広域連合」が正式に発足した。これは都道府県レベルのものとしては全国初であった。連合は四日に初会合を開き、初代連合長に兵庫県の井戸敏三知事を選出した。これは国の出先機関の事務や権限の受け皿を目指し、国からの丸ごと移管を求めるものであった。

しかし、地方分権ないし地域主権の実現は、単に行政面の制度整備だけで実現するものではない。そこにおける住民の政策選択、行政サービスへの積極的なコミットメントを要件とする。これらは「能動的市民」による「新しい公共」という理念と関わるものであろう。

それら能動的市民による新しい公共を目指した地域主権の実現に当たって、自らの住む地域のグランドデザインを住民目線で行うことを標榜する新たな政党が、政権交代下で出現することとなった。政権交代下で出現した政党を標榜するものだけを見ても、二〇一〇年四月一〇日には、新党「たちあがれ日本」が結党され、四月一八日には新党「日本創新党」が設立され、四月一九日には地域政党「大阪維新の会」が発足し、四月二三日には「新党改革」が旗揚げされ、四月二五日には「減税日本」が結成されるなど、既存政党に飽き足らない新党の形成が相次ぐこととなった。ここでは、理論的な観点から、政党助成金の対象ではない政党を名乗る集団も「政党」として扱うこととする。

この時期に出現した政党は、この段階では二つの類型に分類されるであろう。第一に、たちあがれ日本、日本創新党、新党改革など、来る参院選を前に政党を形成し、国政に進出を目指す政党の類型がある。第二に、大阪維新の会や減税日本などの、地域の限定された範囲において、地域住民に対して政策的な選択肢を提供する地域政党の類型もある。こうした政党の出現の中でも特徴的であるのは、後者の、特に地方分権に視座を置いた地域政党が、首長主導で形成されるという新しい形の政党形成が起こっていることであった。前記の政党の中の大阪維新の会や減税日本は、その典型的な例であろう。九月二日には、二〇一〇年参院選の結果に基づいて、再算定した各党への政党交付金額が発表された。国政における政党要件を満たすと届け出た政党である民主党、自民党、公明党、社民党、みんなの党、国民新党、新党日本、新党改革、たちあがれ日本の九政党が、助成を受けることとなった(1)。この助成金は、来る統一地方選に向かっての政治活動に使用されることが予想された。

地方自治体における首長の権力

そもそも地方自治において首長は大きな権力を持っているといわれる。その具体的な姿を現す事例として鹿児島県の阿久根市の事例をとりあげてみよう。阿久根市では、二〇〇八年の八月三一日投開票の市長選で、元市議会議員であった竹原信一市長が初当選した。竹原市長と議会は鋭く対立することとなり、竹原は市長に当選以降、二〇〇九年二月には市長不信任案が議会で可決され、議会を解散したが、三月の出直し市議選で反市長派が議会の多数派を占め、再び四月に議会が不信任案を可決し、市長の失職を経て、五月の出直し市長選で再選を果たした。それ以降も対立は続き、市長と議会との間の対立の溝は深いものがあった。

国政における政権交代以降も、阿久根市における市長と議会の対立は続いていた。二〇一〇年四月一九日の市議会閉会後は、竹原は市議会を開会せずに、首長の専決処分で政策を実行する方針を採った。二〇一〇年七月二日、阿久根市の竹原市長に対して、伊藤祐一郎鹿児島県知事は、地方自治法に基づき是正勧告を行い、議会を召集するよう求めた。竹原市長は、六月定例議会を開かず、職員らの賞与半減などを専決処分で決定し、召集期限の六月二八日を過ぎても召集を行わなかった。こうした動きは、六月八日の反市長派議員による臨時議会の召集の要求、二二日の伊藤知事の地方自治法に基づく議会召集の助言、二五日の竹原市長の説得を経たものであった。

ついに八月二五日には、市長リコールを求める「阿久根市長リコール委員会」が、解職の是非を問う住民投票の実施に必要な数を上回る署名を集め、市長のリコールが現実味を帯びてきた。八月二五日に二六日までの会期で臨時市議会が開かれ、結局、竹原市長が市議会を開会せずに行ってきた、副市長選任などの人事を含む、専決処分の大半が不承認となった。一〇月一二日には竹原市長リコールに向けて提出された署名一万一九七人分の有効が確定することとなった。これにより阿久根市において住民投票実施に必要な有権者数の三分の一（六六四六人）を上回り、リコールが請求できることとなった。「阿久根市長リコール委員会」は一〇月一三日に本請求し、一二月五日に竹原市長の解職を求めた住民投票を行うこととなった。この住民投票は一一月一五日に告示された。

一二月五日に、阿久根市の竹原市長に対する解職請求（リコール）の是非を問う住民投票が投開票された。この投票の結果、賛成七五四三票、反対七一四五票、無効その他二五三票、投票率は七五・六三%でリコールが成立し、竹原市長は市長職を失職することとなった。竹原は、市職員の給与をインターネットで公表するなど、地方における官民格差を背景として、議会と対立することで首長と議会との「馴れ合い政治」からの脱却をアピールしたが、専決処分を連発するなど強引な政治手法に批判が集まっていたことの結果であった。

二〇一一年一月一六日に、市長の失職を受けた阿久根市長選においても、竹原は市長職へ挑戦することとなった。この市長選において、「市長リコール委員会」元監事の新人、西平良将が、竹原前市長を破って初当選を果たすこととなった。確定得票は西原が八五〇九票、竹原が七六四五票であり、投票率は八二・三九%であった。こうした市長と議会との対立をめぐっては、市長派も市議会に対してリコール運動を展開し、二〇一〇年一一月二九日に、市議会のリコールを求める署名九二六六人分が提出され、住民投票の実施が決定された。この市議会解散の是非を問う住民投票は二〇一一年一月三一日に告示され、二月二〇日に投開票された。この住民投票では賛成七三二一票、反対五九一四票で議会の解散が成立することとなった。これは、市政混乱の原因が竹原前市長だけではなく、定数一六議席を有する市議会にもあると市民が判断した結果であった。この住民投票では竹原派の四議員か、反竹原派の一二議員を信任するかどうかが事実上の争点であった。住民投票の結果四月二四日に出直し市議選が行われることとなった。この阿久根市の事例は、地方自治における「擬似的な大統領」としての首長の強大な権限、ならびにその影響力を示したものという評価もできよう。

地域政党躍進の始まり

そうした絶大な権力を持っている首長が主導して形成された地域政党は、その後の統一地方選においても大きな影響を与えるものと考えられていた。これらの地域政党のうちで、統一地方選に向かって大きな動きを見せていたのは、河村たかし名古屋市長の設立した減税日本であった。一二月一五日に、名古屋市議会の解散を求める直接請求（リコール）に向けた有効署名数が、住民投票の実施までに必要な数である三六万五七九五人分を超え、市議会解散の住民投票の実現へ向かうこととなった。これは政令市としては初の市議会解散を問う住民投票の実施を意味している。後に投票は愛知県知事選との同日の二〇一一年二月六日となることが決まり、さらに一二月二〇日に河村たかし市長が辞職を表明し、知事選、市長選、住民投票のトリプル選挙の実施へと繋がることとなった。これを受けて二月六日に、愛知県知事選、名古屋市長選、同市議会の解散を問う住民投票のトリプル投票が行われた。この住民投票の結果、市議会の解散請求（リコール）が成立し、名古屋市議選が行われることとなった。

二〇一一年には、減税日本をめぐって、民主党の中でも大きな変動が起こった。三月三日になって、三月一三日投開票の行われる名古屋市議選において、地域政党「減税日本」を支援するために、民主党の佐藤ゆうこ衆院議員が離党届を提出することとなった。最終的にこの三月一三日に、議会解散請求成立により行われた定数の七五議席を争う名古屋市議選で、減税日本が一議席から二八議席を獲得、議会最大勢力となる結果となった。選挙前に第一党であった民主党は二七議席から一一議席へと大敗した。自民党も解散前の二三から一九、公明党も解散前の一四から一二、共産党も解散前の八から五へと、既成政党は軒並み議席を減らす中で、地域政党の躍進ぶりだけが目立つ結果となった。

なぜ、こうした地方選挙で、地域政党が躍進したのだろうか。これには、国政における既存の政党の機能不全があったからであろう。そうした国政における既存の政党の機能不全は、ねじれ国会の成立に端的に見られる。自民党に幻滅を感じ、政権交代で自民党以外の政党に政権を任せたものの、政権を託された民主党は必ずしも有権者の期待に沿うパフォーマンスを発揮できなかった。民主党を中心とした政権は、政権与党としての統治能力に対する疑問をもたれる結果となったのであった。そうした有権者の失望が、二〇一〇年参院選における政権与党の敗北を招き、ねじれ国会を招来したといえないだろうか。そこで、自民党でも民主党でもない新たな政党に期待を持ったとしても故なきことではない。つまり、地域政党のような新党に対する期待は、ねじれ国会によって強化され、このねじれ国会は、民主党を中心とした政権与党が参院選で負けたからであると考えることができる。

以下においては、このねじれ国会の成立と未曾有の災害である東日本大震災の勃興といった統一地方選直前の背景を検討する。

4　ねじれ国会の成立——政権交代下の統一地方選の背景

菅政権の船出

六月に鳩山の後継として、民主党から選出される二代目の首相となった菅は、その国民に対する高い知名度から、多分に「選挙管理」宰相という役割を期待されていた。だが、就任してまもなくの六月一七日に、来る参院選に向けての民主党のマニフェストの発表が行われた際、消費税の引き上げについて一〇%とする意向を明らかとした。この発言が、参院選の投票に大きな影を投げたのであった。

七月一一日に、第二二回参院選の投開票が行われた。この選挙において、民主党が獲得できたのは四四議席であり（非改選をあわせて一〇六議席）、連立を組む国民新党は議席に届かず（非改選三議席）、連立を組む政権与党を足しても、自民党の獲得した五一議席を下回る大敗を喫したのであった。この選挙において注目すべきは、新党であるみんなの党であった。既成政党を尻目に、初めて参院選に挑むみんなの党が、改選議席において第三党となる一〇議席への躍進をみせた。この結果、与党系の新党日本の持つ一議席を合わせても、参議院では民主党、国民新党を合わせた連立与党が過半数に届かず、野党が多数を占める「ねじれ国会」が再現されることとなったのであった。しかしながら、今回の「ねじれ国会」は、衆議院の三分の二を政権与党で確保していない点が、自公政権下の前回のねじれ国会とは異なる状況であった。つまり、参議院で過半数割れを起こしている現状では、新たな政策の実施についての法案が、衆議院で可決されたとしても、参議院で否決されれば、衆議院での三分の二の再議決で成立させることができないため、その法案の成立がきわめて困難になる状況であり、野党の協力が不可欠となる。その状況のもとでは、民主党を中心とした与党の政権運営については今後難航が予想されるものであった。この参院選の歴史的な大敗にもかかわらず、菅は首相としての職務を続投する意向を示したのであった。

これは、来る民主党代表選への火種となるものであった。九月一日には、任期満了に伴う民主党代表選の告示が行われた。この代表選に向かって、菅と小沢が立候補を届け出ることとなった。小沢が党首選に出馬するのは、羽田孜と戦った一九九五年、鹿野道彦と戦った一九九七年の二回の新進党代表、菅と戦った二〇〇六年の民主党の代表選に続くものであったが、これまでの党首選では小沢はいずれも勝利してきた。そこで、今回の党首選も俄然注目を集めるものとなった。こうした政権与党である民主党の代表選とほぼ同じ時期の九月九日に、野党である谷垣禎一総裁の率いる自民党でも、執行部の交代が行われた。自民党では、この日、臨時総務会を開き、副総裁に大島理森、幹事長に石原伸晃、政調会長に石破茂、総務会長に小池百合子といった新執行部人事を了承した。自民党では党三役に女性として初めて小池が選ばれることとなった(3)。

政権与党の中心を担う民主党の代表選は、九月一四日に投開票が行われた。この結果、菅が七二一ポイント（その内訳としては国会議員四一二ポイント、地方議員六〇ポイント、党員・サポーター二四九ポイント）、小沢が四九一ポイント（国会議員四〇〇ポイント、地方議員四〇ポイント、党員・サポーター五一ポイント）で、菅が大差で再選されることとなった。これほど大差がついた背景には、全国三四万人あまりの党員・サポーターによる投票結果が大きな影響を与えていた。これによって、菅は参院選敗北によるねじれ国会を招来した罪からまぬがれた、いわゆる「禊は済んだ」という見方もできるようになったともいえた。この代表選直後の九月一七日午前に両院議員総会が開催され、民主党役員人事が承認され、岡田克也幹事長の起用が承認され、同日午後に菅改造内閣が発足した。この改造内閣には、代表選で争った小沢を支援した小沢グループからの入閣はなく、菅はここでも「脱小沢」色を鮮明に出したのであった。

また九月二四日には、かつて政権交代以前の自公政権時代に、政権与党の一角をなした公明党は、山口那津男代表の任期満了に伴う代表選挙を告示したが、無投票再選が決定し、山口代表の続投が決定した。これは一〇月二日の党大会において正式に承認された。これによって、政権与党民主党のみならず、自公政権時代の政権与党であり、現在は下野している自民党と公明党も、統一地方選に臨む執行部の陣容を固めていったのであった。

課題続出の菅政権

こうして陣容も新たに船出することとなった菅内閣であるが、一〇月二四日に、改造内閣発足後の初の国政選挙が行われることとなった。衆院北海道五区補欠選である。これは、自陣営の選挙違反や北海道教職員組合（北教祖）からの違法献金事件の責任をとった前出の民主党の小林千代美の辞職に伴う補欠選挙であった。結果は、自民党の町村信孝が、民主党の中前茂之ら四人を破って当選した。政権与党の「政治とカネ」の問題の影響の大きさを示す選挙だったといえるであろう。選挙管理内閣としての役割を期待されていた菅内閣は、国政に関する選挙については、参院選も衆院補選も負け続けるという結果となってしまった。

菅内閣に降りかかってきた政治的な課題は選挙だけではなかった。政策的にも、進む経済的な国際競争を背景として、一一月九日に環太平洋パートナーシップ協定（ＴＰＰ）協議を閣議決定した。これは、地方に多く存在する第一次産業従事者の強力な反対を招くことを予想させるものであった。そうした最中に、菅内閣に大きな打撃を与える出来事が生起した。柳田稔法相が、一一月二二日に、自らの行った「国会軽視」発言で辞任をする運びとなったのであった。これは参院で野党が問責決議案を提出する前に辞任させて、国会審議を優先するため政権与党として幕引きを図る意図があった。

しかしながら、野党が問責決議の対象としていたのは柳田だけではなかった。野党は、野党が優勢な参院において、尖閣諸島沖事件に対する政府の対応などを理由として、仙石由人官房長官、馬淵澄夫国土交通相についての問責決議案を二六日から二七日未明にかけて相次いで可決させた。こうした野党の動きに対して、政府与党は両氏を続投させる対応をもって応じたのであった。一一月二六日には、臨時国会の法案成立率が過去一〇年間で最低となっていることが報じられ、ねじれ国会によって、国会が機能していないさまが数字としても明らかとなった。さらに一二月二四日には、臨時閣議で過去最大の一般会計額となる九二兆四一一六億円となる二〇一一年度予算案を決定した。これは二年連続で新規国債が税収を上回る借金をする異常な事態となった。予算は通るものの、その他の政府提出法案は、野党が優勢な参議院で否決されるというねじれ国会を、政府与党も黙ってみていたわけではなかった。菅は連立のパートナーを増やすことで、政権基盤の安定を図る努力を行っていた。そこで菅は、たちあがれ日本に白羽の矢を立てたのであった。しかしながら、一二月二七日に、たちあがれ日本は、その議員総会で、菅首相から打診された連立参加を拒否したことが明らかとなった。これにより、政権与党側からの連立拡大を試みることによる多数派工作は頓挫することとなった。

二〇一一年に年が改まっても、前年の年末からの菅の連立のパートナーの拡大による政権基盤の安定への火種はくすぶり続けていた。この結果として、一月一四日に菅再改造内閣が発足した際に大きな変化をもたらすこととなった。この菅再改造内閣の人事にあたっては、菅は野党のたちあがれ日本の共同代表であり、消費税増税論者であった与謝野馨を離党させることに成功した。与謝野は、経済財政担当相に登用され、これにより菅内閣は増税による財政再建路線を明確化したといってもよい。さらに、党内的にも小沢元代表と距離を置く枝野幸男を官房長官に起用し、脱小沢路線の堅持を図った。また、この菅再改造内閣においては、ねじれ国会の中で、前年の二〇一〇年一一月に参院で問責決議を受けた仙石官房長官と馬淵国土交通大臣という問責決議が可決された二人の閣僚の交代を行い、野党に配慮するという意図もあった。

政権担当者が菅に代わっても、民主党の「政治とカネ」の問題はくすぶり続けていた。二〇一一年一月三一日に、小沢元民主党代表を、資金管理団体「陸山会」の土地取引をめぐる事件において、政治資金規正法違反の罪で、東京地検が強制起訴を行った。国会議員に対する強制起訴は歴史上初めてのケースであった。民主党は強制起訴を受け、二月一四日の役員会で小沢を無期限の党員資格停止処分とした方針を決定し、二二日の常任幹事会で最終決定を行った。この処分は、当然ながら民主党内の小沢系の議員の反発を招くものであった。二月一七日には、渡邊浩一郎ら比例区選出衆議院議員一六人が、会派離脱願いを岡田幹事長に提出した。二月二四日には松木謙公農林水産政務官がこの決定を不服として政務官の辞表を提出し、政府は二五日には松木の辞任を決定することとなった。三月一日には、二〇一一年度予算案の衆院本会議での採決を、民主党の現体制の小沢に対する処分に対して不満を持つ議員が欠席する事態に至った。この最中の三月三日に、先述の民主党の佐藤ゆうこ衆議院議員が離党届を提出したのであった。

さらに菅政権の足元を揺るがす事態は続き、三月六日には、外国人献金問題で前原誠司外相が辞任することとなり、翌週の一一日には、菅首相自らも外国人献金を受けていたことが明らかとなった。こうした事態の推移を受けながらも、菅首相は続投の意向を表明していた。

5　東日本大震災

閣僚の辞任、民主党内の造反行動や、党からの離党者などの問題を抱えていた矢先の二〇一一年の三月一一日に、日本にとって未曾有の大災害である東日本大震災が発生した。これは東北三陸沖を震源とする国内観測史上最大のマグニチュード九・〇の地震により、宮城県北部で震度七を観測、さらに津波などの二次災害により多くの被害を生み出し、戦後最悪の自然災害となった。この地震と津波は、福島県の東北電力福島第一原子力発電所で深刻な事故を起こし、放射性物質の拡散を招くこととなった。

三月一三日に、政府は東日本大震災を激甚災害に指定したと発表した。さらに震災への対応について片山善博総務相は統一地方選の実施時期に関し、被災地の実施延期も示唆したのであった。三月一八日に、東日本大震災被災地の統一地方選を延期する特例法案が成立し、東日本大震災を受けた緊急立法措置の成立は初めてであり、三月二二日に公布・施行させた。これにより、同三月二二日に総務省は岩手、宮城、福島三県の一次指定の二七選挙の延期を発表した。知事選では岩手県、県議選では岩手県、宮城県、福島県、市長選では宮城県塩釜市、市議選では岩手県陸前高田市、仙台市、宮城県塩釜市、宮城県多賀城市、福島県相馬市、町村長選では岩手県大槌町、同普代村、宮城県松島町、同七ヶ浜町、町村議選では岩手県山田町、同田野畑村、同普代村、同野田村、宮城県亘理町、同山元町、同七ヶ浜町、同女川町、福島県広野町、同双葉町、同新地町、同川内村、同葛尾村である。

さらに三月二四日に二次指定分を発表し、二八市町村の三一選挙を追加した。これにより宮城県内の選挙はすべて延期となった。市長選では福島県会津若松市、市議選では盛岡市、岩手県久慈市、同二戸市、宮城県白石市、福島市、福島県会津若松市、同郡山市、同白河市、同須賀川市、町村長選では宮城県村田町、同川崎町、同色麻町、福島県磐梯町、同猪苗代町、同会津坂下町、同柳津町、同檜枝岐村、そして町村議選では岩手県雫石町、同洋野町、同滝沢村、宮城県利府町、同富谷町、同大衡村、福島県国見町、同川俣町、同鏡石町、同磐梯町、同檜枝岐村、同昭和村、同西郷村であった。さらに二九日には岩手、宮城、福島三件以外で初めて、茨城県の水戸市長選と同市議選を延期すると発表した。この時点で、合計六〇件分の選挙が延期されたこととなる。これにより統一地方選の前半戦は五件（岩手県知事選[4]、岩手[5]、宮城[6]、福島の県議選[7]、仙台市議選[8]）、後半戦は五五件が延期となった。また、東日本大震災による液状化の被害を理由として千葉県議選の投開票を行わなかった浦安市選挙区の選挙では、当選人なしという異例の事態となった[9]。

この東日本大震災発生後の三月一九日に、菅首相は野党自民党の谷垣総裁に対し、東日本大地震と東京電力福島第一原子力発電所での事故を受け副総理兼震災復興担当相としての入閣を正式に要請したが、谷垣は入閣を拒否した。これにより、与党と野党の対立を解消する大連立構想は不可能となり、ねじれ国会のもと、安定的に政権運営を行う見取り図を描けないまま、与野党の対立の中で民主党を中心とする政権与党は、震災対応を迫られることとなった。

こうした展開の中で、日本は、統一地方選の渦の中に巻き込まれていった。

註

(1) 現状では、共産党は政党交付金に反対しており届け出ていない。
(2) 提出された署名は、後の審査で署名数としては八七六八人分で確定することとなった。
(3) ちなみにこの党三役は、二〇〇八年自民党の総裁選にそろって立候補を行った経歴を持つということは、注目すべきであろう。
(4) 岩手県知事選は、二〇一一年九月一一日に投開票が行われた。
(5) 岩手県議選は、二〇一一年九月一一日に投開票が行われた。
(6) 宮城県議選は、二〇一一年一一月一三日に投開票が行われた。
(7) 福島県議選は、二〇一一年一一月二〇日に投開票が行われた。
(8) 仙台市議選は、二〇一一年八月二八日に投開票が行われた。
(9) 浦安市選挙区では、二〇一一年五月二二日投開票で再選挙を実施した。

第Ⅰ部　地方議会選挙の変容

静岡市長選の応援演説をする河村たかし・減税日本代表
（2011年３月２日）（毎日新聞社提供）

第1章　「減税日本」と東日本大震災
——愛知県議選、名古屋市議選、静岡市長選——

白鳥　浩

1　首長政党としての減税日本の誕生——単なるポピュリスト政党か

二〇一一年二月六日に、名古屋市長選、愛知県知事選、名古屋市議会リコール投票が行われ、それぞれ「減税日本」公認の河村たかし、「日本一愛知の会」を立ち上げて河村と連携して県知事選を戦った大村秀章が当選し、名古屋市議会のリコール住民投票も六九万票を集めリコールは成立となった。

この俗に言われる「名古屋トリプル選挙」は、きわめて異例なものであった。まず、県都名古屋と愛知のそれぞれの首長候補者が、地域政党の公認（河村）ないし支持（大村）を受けた候補者だったこと、そして政令市規模で初めての住民投票が行われたことなどをとっても異例尽くめの選挙であった。

さらにこれを受けた、二〇一一年三月一三日における名古屋市議選では、議員定数七五議席のうち二八議席を減税日本が占め、名古屋市議会の第一党となった。

こうした地域政党の地方選挙における躍進は、政権交代下の地方政治における一つのトレンドを表し、「地域政党の時代の到来」の感さえあった。続く統一地方選においても、これら名古屋の地域政党だけではなく、大阪の「大阪維新の会」など地域政党の躍進が期待された。

こうしたブームの他、地域における波及（いわゆるドミノ現象）を期待し、地域政党公認で選挙に挑む

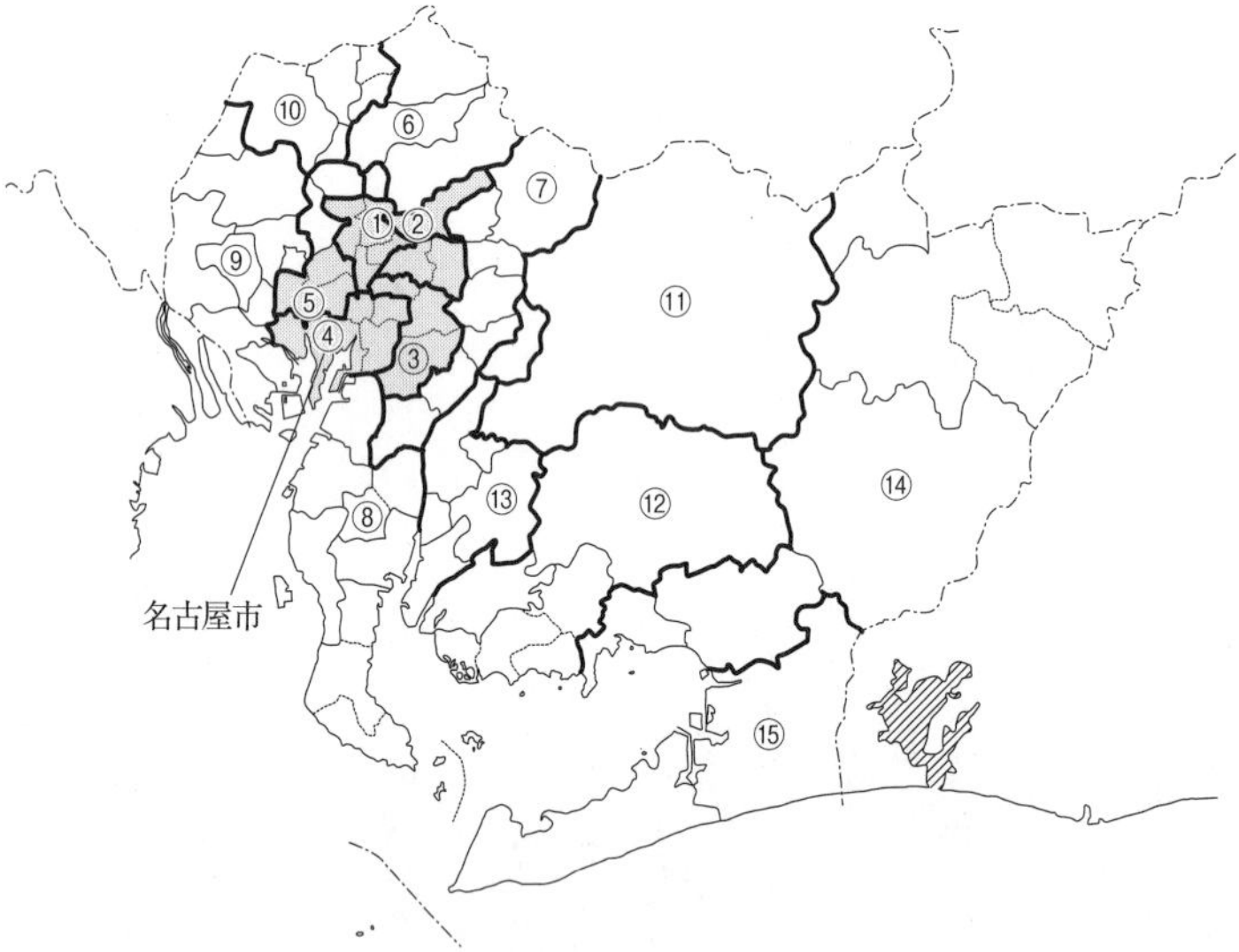

図1－1　衆議院選挙区（愛知県）

注：本書では参考までに衆院選選挙区割を掲げる。

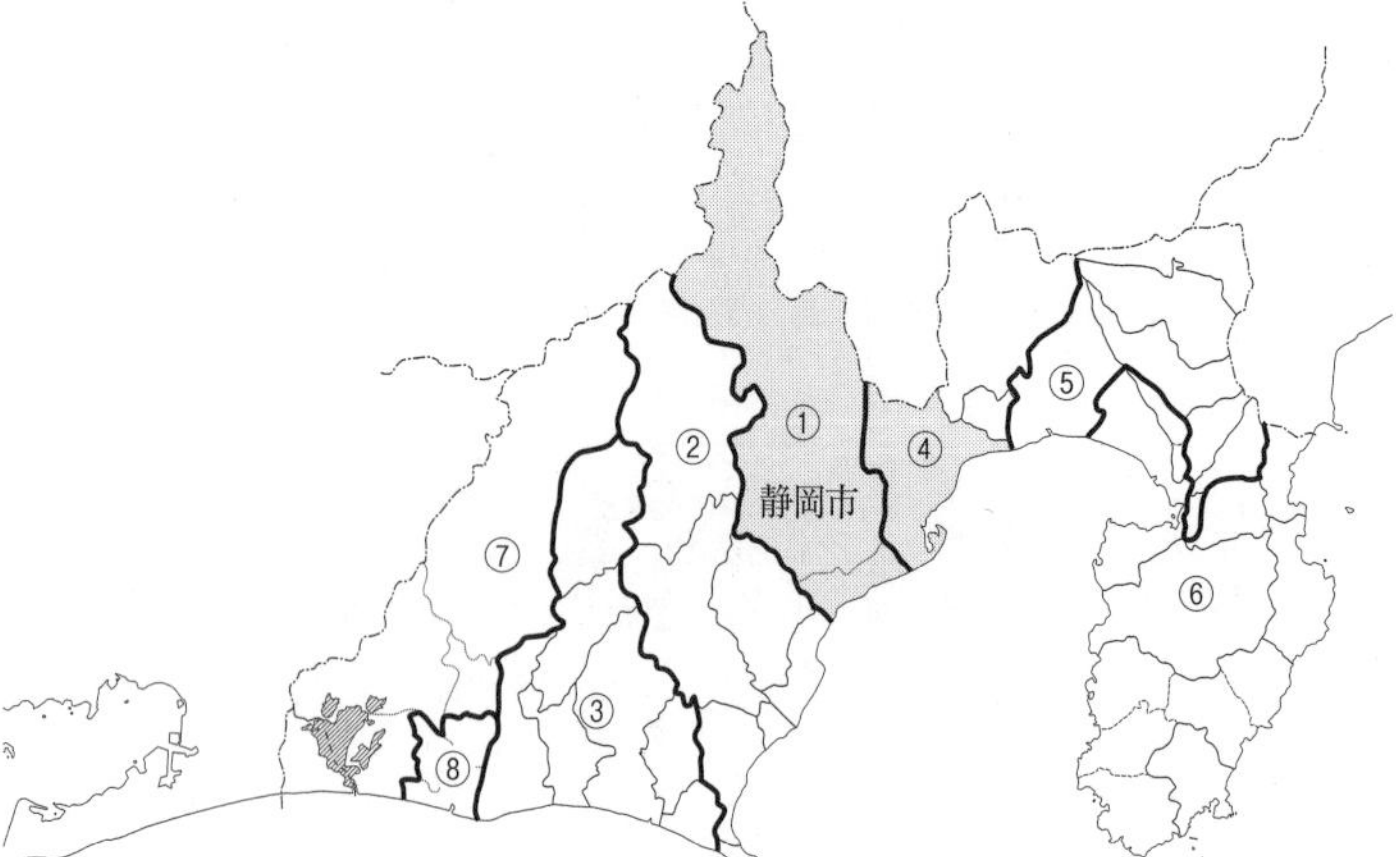

図1－2　衆議院小選挙区（静岡県）

候補者も出現した。この事例としては、統一地方選の前半戦である二〇一一年四月一〇日に行われた政令市、静岡市長選に出馬した、海野徹の存在が挙げられる。海野は河村の減税日本の影響によって選挙戦を有利に戦うことを計画し、愛知県以外で初めての減税日本公認の政令市長候補者として立候補することとなった。

しかし、この地域政党ブームに対して、三月一一日の東日本大震災は大きな影響を及ぼし、減税は必ずしも選挙の主要な争点ではなくなってしまったといえる。

本章では、地域政党である減税日本を主題とする。というのも、減税日本のみが、唯一、東日本大震災を挟んで、短いタイム・スパンで選挙を経験した地域政党だからである。その減税日本を中心として名古屋トリプル選挙、静岡市長選などを視野に、その間に勃発した東日本大震災を挟んで、選挙の主題がどう変化したかを考察する。そこでしばしば単なるポピュリスト政党と言われることの多い減税日本の、ポピュリスト政党のみではない、政策志向の単一争点政党としての多様な側面を明らかにする。

2　河村たかし市長と減税日本

東海地方で、今回の政権交代下の地方選挙において注目を集めていたのは、減税日本の動きであった。減税日本は、名古屋市長である河村を中心として二〇一〇年四月二六日に設立された。この政党は、知名度の高い河村を中心として、市民税減税などの、有権者に耳触りの良い政策を標榜する、ポピュリスト的な地域政党とみなされている。本章は、減税日本を中心として、統一地方選へと至る政権交代下の地方の選挙過程を検討する。まずは、ここで少しく、設立者である河村と減税日本について触れていこう。

減税日本の形成に至る展開

(1) 政治家としての河村たかし――国政から市長へ

河村は、一九九三年七月一八日の政界再編選挙で日本新党公認候補者として、旧愛知一区から出馬し衆議院議員に初当選して以来、一九九四年一二月の日本新党の新進党への合流により新進党へ、さらに一九九八年一月の新進党解党後は自由党へ、さらに四月に離党し無所属に、そして一二月に民主党に参加と、様々な政党を渡り歩きながら国政における政治家としてのキャリアを、名古屋市の愛知一区において一度も落選することなく順調に積んできた。さらに民主党に参加してからは、民主党代表への意欲を見せるなどで注目を集め、民主党議員としてこれまで多くのメディアに登場し、その知名度を上げることに成功してきた。

民主党代表選への出馬の意欲を見せるものの、これまでの民主党代表選においては、常に必要な推薦人の二〇人を確保することが出来なかった河村は、次第に地方の首長選に関心を持つようになっていった。その流れの中で河村は、二〇〇五年名古屋市長選にも出馬の意向を表明したが、後に断念した経緯があった。民主党議員にとって逆風の吹き荒れた、同じ二〇〇五年郵政解散選挙をも制した河村は、愛知一区においては、常にその選挙の強さを発揮してきた。そこで、選挙区がオーバーラップする名古屋市長選に関心を持つのは当然の結果といえた。そうした河村に転機が訪れたのは二〇〇九年であった。二〇〇九年四月二六日の名古屋市長選は、一九九七年から就任していた松原武久市長が、三期一二年つとめた後に出馬しないこととなり、勇退する現職市長の後任を新人候補者同士で争うこととなった。河村は、絶大な知名度を背景に民主党推薦候補者として戦い、過去最高の五一万四五一四票を獲得した。河村は選挙の結果、四月二八日に第三二代の名古屋市長に就任した。

こうして順調な滑り出しを見せたような河村の名古屋市政であるが、その就任後の混乱を予想させるような事態は、選挙戦が始まる前から存在した。河村は選挙前の二〇〇九年三月二五日、名古屋市内で記者会見を行い、名古屋市長選に出馬することを正式に表明した。選挙戦においては、民主党名古屋市議団、民主党本部などの推薦を得ていたが、民主党の支持母体である自治労名古屋市労働組合、連合愛知も推薦を見合わせるといったことがあった。これには河村の提起した「市民税一〇％減税」と関連した「職員の総人件費一〇％削減」といった政策について、市職員を中心に抵抗があったからであった。河村のこうした政策は、市職員のみならず、河村を支える市議会の議員からも反対を受けていた。この河村の政策は、のちの市議会や、民主党および連合との対立を予感させるものであった。

河村が選挙で訴えた減税政策は、二〇〇九年一二月二二日に、市民税一〇％減税条例案として審議された後、市長の原案通り恒久減税として可決し条例化された。これは減税を行政改革で行うという市長側の方針を市議会が了承したものであった。しかしながら、行政改革による予算削減は必ずしも当初期待されていた通りには進まなかったことから、市議会側は恒久減税を改め、翌二〇一〇年三月二四日に条例改正案が可決され、減税は単年度とされ、年度ごとに確認を行った。こうして、市長と議会の溝は徐々に深まっていくこととなった。さらに河村からは、市議会議員報酬の半減といった、当初存在しなかった提案がなされることで、議会との対立は決定的となっていった。市議会側は、市長側の出す恒久減税、議員報酬削減といった条例案を、市議会において次々と否決することとなった。

(2) 減税日本の誕生――政策の実現を目指して

減税日本は、こうした市長と議会の対立を乗り越えて、河村が自らの政策を実施するための母体となる組織として、二〇一〇年四月二六日に立ち上げられた。二〇一〇年六月二九日に、議員報酬半減案は市議会によって否決され、市長によって再提案された恒久減税案については継続審議となった。そこで河村は、市議会に対するリコールによって市議会を解散し、それによる市議選を行い、さらにその選挙において市議会議席の過半数を占めることによって、恒久減税、議員報酬削減といった政策を実現することを目指す戦略に出た。二〇一〇年八月二七日に、市長を支持する団体が、市議会解散を求めるリコールのための署名を開始し、この市長に先導されたリコール運動は紆余曲折を経て、最終的には、三五万人以上の署名を集めて結実し、二〇一一年二月六日に住民投票は実施されることとなった。

この署名数をめぐる一連の動きと市当局の対応も、河村には追い風となった。市議会解散のリコール署名は、開始一月あまりで、四六万五〇〇〇人分の署名が集まったとして、支持する団体が市の選挙管理委員会に一〇月四日に提出した。しかしながら、市の選挙管理委員会は、集められた署名の一部に違法に集められた疑いがあるとして、審査の延長が決定され、一一月二四日に、有効署名数が法定数に一万二〇〇〇人ほど不足する三五万三七九一人であると発表した。河村は、これを受けて市長の辞職を表明し、それにより政策の是非を市民に問うことを表明した(1)。

市議会解散のリコールは、一二月一日に署名の縦覧期間が終了し、署名に対する異議申し立ては三万人を超えた。結局、市の選挙管理委員会は、提出された署名簿について、有効署名数が、法定数を超える三六万九〇〇八人と発表し、これによって市議会の解散を問う住民投票が確定的となった。これを受けて、一二月一七日に市長を支持する団体がリコールを本請求する運びとなった。そして河村は、二〇一一年一月二一日付の辞表を、二〇一〇年一二月二〇日に市議会議長に提出し、これが受理されることで出直し市長選を行うことも確定した。これらを受けて、一二月二一日に市の選挙管理委員会が、任期満了に伴う県知事選と同日の二〇一一年二月六日に、リコールによる市議会解散を問う住民投票と、河村市長辞職による市長選を行うことを決定した。

河村の辞任表明は、投票率を押し上げ、無党派の票を動員し獲得するべく、市長選と愛知県知事選とのダブル選挙を意図したものであった。ここで市長選、県知事選、そして市議会の解散を問う住民投票が、あわせて同日の二月六日に行われることとなり、俗にいう「名古屋トリプル選挙」の構図は固まったのであった。

二〇〇九年市長選において河村を支持した民主党名古屋市議団は、二〇一一年市長選においてはまったく異なった動きを見せた。民主党市議団は市長選においては、衆議院議員の石田芳弘を支持した。この理由の一つには、河村が前回選挙においては議員報酬一割削減という政策を掲げることについて了承していたにもかかわらず、市長就任後に議員報酬半減を市議会に提案したこと、さらには、民主党市議会議員の対立候補者となる減税日本による市議会議員候補者の擁立についての意向を「反党」行為としたためである。これにより、河村は市長選では民主党の支援を受けることも出来なくなり、自民党、民主党、共産党などの「既成政党」の候補者とは一線を画す、「地域新党」の公認候補者として選挙を戦うこととなったのである。

こうした減税日本は、しばしば河村の「個人政党」だといわれるが、はたしてそうした側面だけで語ってよいのだろうか。本章では、地域政党・地方政党の一例としての減税日本を取り上げ、地方選挙における政党のあり方を軸としながら、名古屋トリプル選挙、そして続く統一地方選の前半戦の一環としての静岡市長選などといった、多様な側面から光を当てて解明することを目的とする。

次にその焦点となった河村の政策を検討しよう。

名古屋トリプル選挙——二〇一一年名古屋市長選における減税日本の政策と戦術

河村は、二〇一一年一月二三日に、自らの辞職に伴う市長選が告示されると、街頭演説の中で「まず減税」という、減税を中心とした政策を訴えた。「まず減税。市民税一割減税。もう一回民意を問う」

と河村はいう。いずれにしても、減税日本は「減税」政策の実現が最大の目標であると考えられる。

この二〇一一年市長選の段階で発表された河村のマニフェストである「新マニフェスト『夢負けるものか　庶民革命』」には、この時点での減税日本の政策が現れていると考えられる。やはり、主要政策の第一には「①主権在民三部作の継続、発展」とあり、「市民税一〇%減税の恒久化」がトップに挙げられており、「再選を果たすことにより民意を得て、再可決を目指す」と述べられている。[2] さらに、こうした減税に繋がる「議会改革、役所改革の徹底」として、市議会議員報酬半減八〇〇万円、「地域委員会の全市拡大」として選挙による地域委員会の全市拡大の実現などを挙げている。さらに「②どえらいおもしろいまちナゴヤの成長戦略」として、「切れ目ない景気対策。地元中小企業を大切にする契約制度」や「都市高速一〇〇円値下げ」などが続く。[3]

これらの政策は、河村が二〇〇九年四月四日に二〇〇九年市長選にあたって、「河村たかしの名古屋政策」として発表した政策と比較してみるならば、「日本一　税金の安い街　ナゴヤ」として市民税一〇%減税を、「日本一　福祉医療住民自治がいきわたった街　ナゴヤ」としてボランティアによる地域委員会の創設、「日本一　早く経済復興する街　ナゴヤ」として名古屋都市高速道路の一〇〇円値下げや、中小企業支援などが並んでいた前回の二〇〇九年市長選にあたって、河村が掲げていた政策と一貫している。[4] そうしたぶれない政策のあり方が、また河村の強い支持に繋がってもいるのかもしれない。

さらに、この河村の政策を分析してみると、住民の負担を軽減する、ないし住民に過度に負担を求めず、減税によって景気対策を行い、産業振興を意図するとした、新自由主義的な政策を基本にとっている。ここで河村の政策的なスタンスが、かつての小泉純一郎と類似していると解釈することは無理ではないであろう。ある意味で、「日本型ポピュリズム」の典型といわれた小泉に、政策的な基軸が共通していることは不思議ではない。[5] 有権者に重い負担を求めず、耳障りのよい政策を提起して、支持を動員するその手法は、ポピュリズムの特徴の一つを持っているであろう。

前回の二〇〇九年市長選と今回の二〇一一年市長選のマニフェスト(6)に見る違いを挙げるならば、今回の選挙は、「政権交代」下であり、また「名古屋トリプル選挙の一環」であるということが、大きな違いである。そうした事情を反映して、「②どえらいおもしろいまちナゴヤの成長戦略」のなかで「切れ目ない景気対策。地元中小企業を大切にする契約制度。愛知県とともに日本一早い景気回復を目指します」であるとか、知事候補者の大村との連携を意識し、中京都構想を想定して「⑤名古屋市と愛知県で司令塔を一つに」として「二重行政による名古屋市と愛知県の無駄を省きます」であるとか、「⑥ナゴヤ・愛知　真の独立」では地方分権・地域主権の受け皿を考えて、「国税徴収をナゴヤ・愛知で。国への依存から、国からの自立へ」であるとか、「強い大都市圏、ナゴヤ・愛知が日本を引っ張り日本国民を豊かにします」といった文字が躍る(7)。

河村にとっては、県知事選と同日選に持ち込み、また、市議会解散の是非を問う住民投票と同日にすることによって、「名古屋トリプル選挙」を実施し、投票率を上げ、組織よりは、無党派の支持が強い自らの選挙を有利に運ぶために、自らと同様に知名度の高い県知事候補者の大村と連携することは、河村の当選を確実にするために必要な要素であった。特に今回、かつて所属していた民主党をはじめとして、有力な既存組織、既存政党の支持を得ることがほとんどできない河村にとっては、同様にかつて所属していた自民党の支持を得られない大村と連携しながら、「組織」選挙ではなく、まずは「個人」を売り込むことによって、異なるレベルの民意を問う同日選のメリットをフルに生かす作戦に賭けていたと考えられる。

この二人の連携は、それぞれが立ち上げた地域政党間にも見られた。すでに述べたが、この選挙に向かって、河村は自らの政策を実現するために地域政党である減税日本を立ち上げていた。大村もこれにならったように地域政党「日本一愛知の会」を二〇一〇年一二月七日に設立した。減税日本の設立に遅れること八カ月であった。しかしながら、減税日本についても、日本一愛知の会にしても、設立から時間がそれほど経過しておらず、必ずしも組織的に「強い」組織とはいえない状態であった。そこで、河村の減税日本、そして大村の日本一愛知の会は、このトリプル選挙において政策を共有し、河村の「減税一〇％」、大村の「中京都構想」は、双方のマニフェストに載ることとなり、リーダーの知名度といった「個人」的な魅力だけではなく、さらに強い「組織」的背景をもたないという欠落を補うために、「政策」主体の選挙を行うこととなった。(8)

そこで、減税日本の政策の中心となるものは、そもそも、こうした河村の政策を遂行するために設立された政党であるので、やはり「減税」を中心とした政策、それも限りなく単一争点（single issue）に近い形であると解釈することもできよう。

名古屋トリプル選挙のもう一つの位相——愛知県知事選

ここで、名古屋トリプル選挙の他の位相について少しく述べておかなければならない。トリプル選挙の一つである愛知県知事選である。

そもそもトリプル選挙の着想は、任期満了に伴う愛知県知事選が企図されていたからというのも大きな理由の一つと見ることができる。というのもほかの二つの投票である名古屋市長選や市議会の解散の是非を問う住民投票は、市長である河村によってイニシアチブがとられていたものであり、その意味では河村の意志によって、投票をすることもしないことも、またいつの時期に行うかも、ある程度設定することが可能であった。しかしながら、愛知県知事選だけは任期満了に伴い、三期一二年つとめた当時の神田真秋知事が引退を表明していたことにより、二〇一一年二月に行われることが当初から予定されており、この選挙だけは、河村の意志とはまったく関係のないところでスケジュールが決められていたのであった。そこで、自らの政策の実施のために名古屋トリプル選挙を企図するならば、県知事選と同日を意図することになった。

この県知事選に向かって、候補者の選定の中で大きな影響を持っていたのはやはり河村であった。二〇一〇年一〇月一四日に愛知県選挙管理委員会において、二〇一一年二月一四日の任期満了による愛知県知事選の日程等を、一月二〇日告示、二月六日投票と正式に決定されたのを受け[9]、二〇一〇年一〇月一五日の段階で、河村は大村に、愛知県知事選への出馬を打診したことを表明した。一一月一三日には、大村もそれを受け、地域政党「減税日本」の支援候補者として、県知事選への出馬に向かっての意向を固めていた。しかしながら、政権交代以降、野党であった自民党は、大村の知事選出馬による国政から地方政治への転出に難色を示した。野党の人数が減少するという国会運営上の問題とともに、自民党としては一〇月一八日に、愛知県連が、すでに総務省出身で元内閣府行政刷新会議事務局参事官補佐の重徳和彦を擁立する方針を決めていたからであった。大村は一二月三日に自民党の離党届を石原伸晃幹事長に提出し、自民党を離党する意向を示した。それによって、一二月六日に知事選への立候補を正式に表明したが、この大村の行動を自民党は反党行為とみなし、離党届を受理せずに、一二月八日、党の処分としては重い「除名」処分とすることを決定した。これと並行して、九月二一日に民主党県議団が御園慎一郎を支援することを決定しており、またみんなの党からも一〇月三日に薬師寺道代が公認候補者として出馬することを正式に表明しており、大村の出馬で、県知事選への構図は徐々に固まりつつあった。のちに共産党の推薦を受けた土井俊彦が加わることで、新人五名によって知事のポストを争うこととなったのであった。

こうして自民党から離れた大村は、知事選に向かって着々と準備を進めていった。まず、二〇一〇年一二月二一日には、地域政党「日本一愛知の会」の設立を発表した。これは、河村とは連携し、支援は受けるものの、河村とは対等な立場で選挙に臨むことを示していたと考えることもできよう。もちろん、もともとの所属政党も異なり、支持者も異なる河村と大村であれば、それぞれ異なる団体で、選挙を行ったほうが選挙を戦いやすいということもあったと考えられる[10]。これを受けて一二月二五日には知事選をにらみながら、県都名古屋と地盤である安城に日本一愛知の会の事務所を開設した。さらに、翌二〇一一年一月一四日に衆議院議長の横路孝弘に議員辞職願を提出し、許可されることで知事選への条件を整えていったのであった。

河村は、同じ政党に所属した経験もなく、政策的にも必ずしも完全には一致しているとはいえないと考えられる大村に、なぜ出馬を要請したのであろうか。第一にして最大の理由は、自らと同様に、多くのメディアに出演してきたことにより、抜群の知名度を持っていることと考えられるであろう。さらに第二には、自らと地盤も名古屋と安城と異なることで住み分けができ、支持母体も重複しないということも影響しているといえよう。そして第三に、二〇〇一年四月に成立した第一次小泉内閣で経済産業大臣政務官、二〇〇二年九月の小泉改造内閣で内閣府大臣政務官を務めるなど、政策的にも新自由主義に近く、河村の「減税」や「行政のムダの排除」を受け入れることができ、大村にとっても中京都構想などの政策を提起し、河村に一定の理解を得ることができたことも挙げられよう。河村としては、先に日程の決まっていた県知事選に合わせる形で市長選、住民投票を同日にすることで、さらに前記の三つの要素によって、知名度のある候補者が選挙に出馬することにより有権者の関心を集め、投票率を上げることによって無党派を中心とした浮動票を動員することができ、さらに地盤、支持組織の異なる候補者を自党の候補者として擁立することで票の掘り起こしと、上積みを狙うという作戦を立てたということが考えられるであろう。

こうして河村と大村という二人の知名度のある候補者は、「減税」という強力な政策を共有することで、選挙に臨むこととなった。

名古屋トリプル選挙とそれに伴う名古屋市議選の選挙結果——震災前の選挙から震災後の選挙へ

(1) 名古屋トリプル選挙

二〇〇九年の政権交代選挙において、愛知県は一五の小選挙区で民主党が全勝を果たした「民主王国」ともいえる選挙区である。こうした選挙区において、「名古屋トリプル選挙」では、民主党がどれほどの選挙結果を残すことができるかが、焦点であるといえた。

まず、トリプル選挙の第一の位相である(a)名古屋市長選について検討しよう。名古屋市長選は二〇一一年一月二三日に告示され、二月六日に投票が行われ、即日開票された。結果、減税日本公認の河村たかし（減税日本公認）が六六万二二五一票（六九・八一％）、石田芳弘（民主党・社民党・国民新党・自民党県連推薦）二一万六七六四票（二二・八五％）、八田ひろ子（共産党推薦）四万六四〇五票（四・八九％）、杉山均二万三一八五票（二・四四％）で、河村が当選となった。

続いて、トリプル選挙の第二の位相である(b)愛知県知事選についてはどうであったであろうか。愛知県知事選は一月二〇日に告示され、二月六日に投票が行われ、即日開票された。結果、大村秀章（日本一愛知の会公認）が一五〇二五七一票、重徳和彦（自民党支持）が五四万六六一〇票、御園慎一郎（民主党、社民党、国民新党推薦）が四八万七八九六票、土井俊彦（共産党推薦）が四万一三二〇票、薬師寺道代（みんなの党公認）が三二万四二二二票で、大村が当選となった。

この二つの選挙を見れば、地域政党である減税日本、および愛知日本一の会の当時の人気のほどが容易に理解できる。河村も、大村も、次点にトリプル・スコア近くをつけて勝利していたのである。

表1－1　名古屋市長選（2011年2月6日投開票）

	得票数	候補者	年齢	党派	推薦・支持	新旧	当選回数	代表的肩書
当	662,251	河村　たかし	62	減		現	2	前名古屋市長
	216,764	石田　芳弘	65	無	民，自，社，国	新		元衆議院議員
	46,405	八田　ひろ子	64	無	共	新		元参議院議員
	23,185	杉山　均	54	諸		新		元名古屋市議会議員，新党なごや代表

表1－2　愛知県知事選（2011年2月6日投開票）

	得票数	候補者	年齢	党派	推薦・支持	新旧	当選回数	代表的肩書
当	1,502,571	大村　秀章	50	無	公明党県本部本部，減税日本	新	1	元自民党衆議院議員
	546,610	重徳　和彦	40	無	自民党県連	新		元内閣府行政刷新会議事務局参事官補佐
	487,896	御園　慎一郎	57	無	民，社，国	新		学校法人東邦学園理事
	324,222	薬師寺　道代	46	み		新		医師
	141,320	土井　敏彦	64	無	共	新		医師

表1－3　名古屋市議選（2011年3月13日投開票）

党派	当選者	解散前	増減
減税日本	28	1	27
自由民主党	19	23	－4
公明党	12	14	－2
民主党	11	27	-16
日本共産党	5	8	－3
社会民主党	0	1	－1
みんなの党	0	0	±0
無所属	0	0	±0
欠員	0	1	－1
合　計	75	75	

さらに、トリプル選挙の第三の位相である(c)名古屋市議会の解散投票の結果は、どうであろうか。このトリプル選挙で最も早く告示されたのは、この市議会の解散投票であった。一月一七日に、名古屋市議会解散を問う住民投票が告示され、二月六日に投票が行われた。市議会の解散投票は、賛成が六九六一四六票（七三・三五％）、反対が二五万二九二一票（二六・六五％）で、この投票の結果から、名古屋市議会は解散されることとなった。

こうしてみていくならば、名古屋トリプル選挙は、河村の意図した通りの結果となっており、減税日本の当時の名古屋、ひいては愛知におけるブームのほどが理解できる。まさにこのトリプル選挙は、河村の手のひらの上で踊っていたということができよう。

(2)名古屋トリプル選挙以降の減税日本――東日本大震災と選挙における争点の変容

減税日本は、トリプル選挙においては、前記のように選挙においては快進撃を続けた。まさに、河村が始めた「ナゴヤ庶民革命」は、河村の意図の通りに支持を集めていった。しかしながら、ここで予期せぬ事態が勃発する。東日本大震災の発生である。この二〇一一年三月一一日に起こった東北地方太平洋沖地震と、それによる津波などによる大規模な地震災害である東日本大震災は、選挙の様相を大きく変えていった。これまで、主に経済・財政問題を主要な争点として選挙を進めてきた減税日本にとって、この未曽有の大災害は、有権者の関心を「経済・財政」を争点とするものから、「防災・安全」へと変容させてしまったといってよい。

減税日本は、地域政党である側面も持ってはいるが、政党名からして、政策としての「減税」という単一争点を中心とした「経済・財政」的なシングル・イッシュー・パーティー（単一争点政党）としての側面を強く持っている。この政党名からして、減税日本がその政策の中心を「防災・安全」へとシフトすることは困難であり、そうした意味で、減税日本にはこれ以降、政策的に逆風が吹き始めることとなった。

減税日本が、東日本大震災以降に初めて経験した選挙が、名古屋市議選であった。これは、二月に行われたトリプル選挙の市議会の解散投票を受けて行われたものであった。結果はどうであったであろうか。

解散された名古屋市議会の出直し市議選は、三月四日に告示され、三月一三日に投票が行われた。この選挙は、続く統一地方選の前哨戦となるものであった。この市議選の告示に合わせて、民主党の衆議院議員の佐藤ゆうこが、所属する民主党に離党届を提出し、減税日本入りを視野に、減税日本の候補者の応援にまわることとなった(11)。この選挙での焦点は、地域政党の減税日本が、どこまで議席を伸ばすことができるのか、特に、政策執行のためには議会の定数の過半数の議席を確保することが出来るかどうかが焦点であった。減税日本は、解散前には民主党から離党した則竹勅仁しか市議会で議席を保持していなかったが、この市議会議員選に対しては、七五の定数に対して四一人を擁立し、単独過半数の三八議席以上の獲得を目指したのであった。

減税日本からの大量立候補、さらに初めて名古屋市議選に臨むみんなの党からも立候補を受けて、四四年ぶりに一三〇人を超える一三八人が立候補し、市長選に引き続き、河村の提案する「恒久的な市民税一〇％減税」、「議員報酬の半減」などの是非を問うて議席を争うといった、当初は活気に満ちた選挙であったが、選挙戦終盤の三月一一日に東日本大震災が起こり、選挙の情勢は一変した。東日本大震災の発生と被害が全国に伝わるとともに、選挙戦最終日の三月一二日は、自粛ムードの中で選挙運動は行われた。拡声器の音量を絞ったり、街宣車での連呼をやめるなど、それまでとは異なった選挙運動を展開することとなった。

結果、定数七五議席のうち、減税日本が二八議席（解散前一議席）、自民党が一九議席（解散前二三議席）、公明党が一二議席（解散前一四議席）、民主党が一一議席（解散前二七議席）、共産党が五議席（解散前八議席）、社民党は〇議席（解散前一議席）、政令市初の議席の獲得を目指したみんなの党は八人の候補者を立てたものの議席獲得はかなわなかった。既成政党の議席を奪うかたちで議席を伸ばした減税日本は四一人を擁立し、解散前の一議席から第一党へと躍進し、解散前の市議会第一党であった民主党は、議席を大幅に減らし第四党へと転落するなど、既成政党の議席の減少が起こった。この民主党の大幅減は、国政における政権与党である民主党の支持率低下のみならず、もともと民主党の衆議院議員であった河村の減税日本の立ち上げの割を食った形となったと考えられる。第一党となった減税日本は、しかしながら過半数を確保することができず、必ずしも地域政党としても満足の行く結果ではなかった。結果として投票率は四三・九六％であった。これには直前に起こった東日本大震災の影響が大きかったといえるのではないだろうか。

この市議選の結果、選挙後の三月二四日には、減税日本から中村孝太郎を名古屋市議会議長に選出するなど、議会においても第一党としての存在感を示したのであった。

3 「地域政党」から「地方政党」への試みと東日本大震災

減税日本は、これまでは名古屋市の地域政党として地方議会である市議会をその活動の中心としていたが、必ずしも「名古屋市」だけ、「市議会」だけを活動の中心に据えたものではない。例えば、このトリプル選挙以前にも減税日本が設立された後に一カ月少しで行われた二〇一〇年六月六日告示、六月一三日投票の松戸市長選がある。この選挙は、衆参ねじれ選挙とのちに呼ばれることになった二〇一〇年参院選の前哨戦とも位置づけられたが、減税日本はこの選挙において、河村の高校時代の同級生であった本郷谷健次を支援して当選にまで導いた経緯がある。この選挙は、五選を目指した現職の川井敏久市長に対し、議長経験者二人を含む新人四人が挑むという、五人による争いであった。この選挙では減税日本が支援する本郷谷は五万五三六九票、次点となった現職川井は四万七八九七票と、僅差で当選するといった結果となった(12)。投票率は四二・〇七％と低い中で、組織票を持った候補者が有利と考えられるが、名古屋以外の選挙でもその存在感を示す実績を作っていた。

こうした名古屋以外の選挙に対して、減税日本が「公認候補者」を擁立し、本格的に挑んだのが、今回の統一地方選であった。この統一地方選において、減税日本が公認候補者を立てて選挙を戦った二つの事例として、第一に静岡市長選と、第二に愛知県議選がある。さらに、地方政治の枠を超えて、国政への挑戦を試みた衆院愛知第六区補選も存在する。これらの事例を検討することで、「名古屋」というひとつの地域だけを背景とした「地域政党」から、広い意味での地方政治を背景として他の地域においても、全国政党とは異なる政策を採る「地方政党」への転換を試みていた、減税日本の姿を検討することができるといえよう。

こうした「地域政党」から「地方政党」への変容の試みには、予期せぬ出来事が懸念材料として持ち上がった。統一地方選直前の二〇一一年三月一一日に生起した東日本大震災である。日本の観測史上最大の地震を契機とし、津波の発生、さらに原子力発電所の事故へと続く、この未曾有の震災は、東日本地域を中心に広い範囲に被害を及ぼし、それまでの政治的位相を塗り替えてしまった。先の三月一三日の名古屋市議会議員出直し選の段階では、被害の全貌は未だ把握できてはいなかったが、この統一地方選に向かって、徐々に被害の全貌が明らかになってくるにつれ、被災地の悲惨な状況、そしてそれによる市民生活への影響が国民に重くのしかかってきた。この大震災により、統一地方選が期日どおりに行えない選挙区さえ出ることとなった（本書第3章参照）[13]。

減税日本が、名古屋市以外の選挙へと打って出た愛知県や静岡市は、ともに東南海地震、ないし東海地震が想定されており、震災への対応は他人事ではないと考えられた。つまり、選挙直前に起こった大震災によって、それまでの政策的なプライオリティが、菅前首相の参院選を前にした増税一〇％の提起に端的にみられた、個人の日常生活における税に関する経済・財政に対する「カネの問題」から、東日本大震災の甚大な被害に直面することで、個人の非常事態下における安全保障にまつわる防災・安全に対する「いのちの問題」へと変化したという見方もできよう。

こうした東日本大震災による政策的なプライオリティの変化が、「減税」といった単一争点を中心として、選挙において政策を訴えてきた減税日本に対して、どういった影響を与えるかどうかは未知数であった。減税日本はこうした状況の中で、名古屋以外の選挙区において、減税を中心としたその政策の妥当性を有権者に訴えていくのであった。

次に、減税日本が他の地域へと積極的に打って出ていった統一地方選前半戦を中心として検討しよう。減税日本は、この統一地方選前半戦で、愛知のみならず、岐阜、三重、長野県で、県議選に二二人の公認候補者を擁立し、全国の道県議、政令市議選で六四人を推薦し、選挙に臨んでいた[14]。

静岡市長選

減税日本は、名古屋以外への進出の試みの一つとして、名古屋市以外の政令市の市長選へと打って出た。愛知に隣接する同じ東海地方の静岡県の県都、静岡市である。統一地方選の前半戦のひとつであったこの静岡市長選では、現職の小嶋善吉市長の不出馬により、新人候補者同士の戦いとなった。ここにおいて、減税日本は元民主党参議院議員の海野徹を公認候補者として選挙に臨むこととなった。この選挙では、海野のほか、自民党推薦の元静岡県議会議員の田辺信宏、無所属の元静岡市議会議長の安竹信男が出馬していた。

静岡県では、県都である静岡市のほかにも、浜松市が政令指定都市である。このもう一つの政令市の市長選が、歴史上初めて無投票当選となり、現職の鈴木康友市長が再選されたこともあり、政令市長選挙という大型選挙として静岡市長選に県内の関心が集まった。また、全国的にみても、札幌、相模原、広島といった他の政令市長選挙の中でも、地域政党公認の候補者が出馬する選挙として注目を集めたものであった。

静岡市長選にあたっては、第一に、選挙戦の直前に起こった東日本大震災が、大きな影響を与えていたと考えられる。この震災の復興に向けて、「復興増税」が提起されているなかで、党名にも使用されている「減税」が、有権者にどれだけアピールすることができるかが、減税日本の候補者であった海野の焦点であった。震災以前の二月の名古屋トリプル選、三月の名古屋出直し市議選に続く選挙である統一地方選、そのなかの静岡市長選ではどういったパフォーマンスを減税日本が見せるか注目された。

また第二に、名古屋市以外の地域で減税日本の候補者がどれほどパフォーマンスを示すことができるかも、注目されることであった。震災以前の統一地方選の構図においては、民主党の菅首相が提起した「一〇％増税」に対する、政策的な対立軸を「減税」として示すことで、単なる名古屋市の地域政党からの脱皮を図り、全国的に展開を図り、国政への進出を果たすというのが、減税日本の戦略の一つであった。静岡市長選はこの戦略がはたしてうまくいくかどうかのひとつの試金石となっていた。

ここで、減税日本公認の海野についてみておこう。海野は、静岡市議会議員、県議会議員を経た後に一九九八年参院選に新進党から立候補して初当選し、一九九九年に民主党に入党し、二〇〇四年参院選で落選した。この後、海野は地方政治に焦点を定め、二〇〇七年静岡市長選、ついで二〇〇九年静岡県知事選に出馬したが、落選するといった経歴を持つ[15]。特に前回の静岡市長選では、現職の小嶋善吉市長に対して、静岡市内の三つの行政区である葵区、駿河区、清水区のうち、二〇〇三年の静岡市と清水市の合併前に静岡市であった葵区と駿河区で小嶋よりも得票したものの、清水市であった清水区において逆転され、一三〇三票という僅差で敗れていた[16]。そのため、今回の市長選を目指して、ある意味で二〇〇九年県知事選についても、静岡市を中心として選挙活動を行っていたことで、結果としては浸透を図り、今回の選挙の地ならしをしていたということにも寄与していた。

海野が二〇一一年市長選に対する出馬の意向を初めて明らかにしたのは、二〇一〇年一一月二四日のことであった。しかしながら、この時点では、海野は出馬を無所属で検討しており、小嶋市長の不出馬は明らかとはなっていなかったが、二〇一〇年一二月三日に小嶋は不出馬を表明した。海野は満を持して、二〇一一年三月二日に、河村の同席のもと会見を行い、減税日本の公認候補者として静岡市長選に出馬する考えを明らかにした。また、政策としては「市民税の一割減税」と「市議会議員の報酬削減」を明らかにしていた。これにより、二〇一〇年五月に出馬表明をしていた田辺と、二〇一一年一月に現職の市議会議長でありながら出馬表明をした安竹の三者による選挙の構図が決定したのであった。

この海野の出馬表明は、名古屋トリプル選挙と名古屋出直し市議選との間の、端的にいえば東日本大震災の以前の減税日本が高い支持を誇っていたときであり、この海野の減税日本の公認による出馬は、十分なインパクトをもって受け入れられた。実際、この出馬表明直後の二〇一一年三月六日に、静岡市で行った法政大学白鳥研究室の調査でも、海野と田辺は支持が拮抗していた[17]。おそらく減税日本としては、名古屋の選挙を受けて、他の地域においても支持を広げられるものと考え、同じ元民主党であった海野を候補者として市議選を戦うこととなったのであろう。しかしながら、この出馬表明から一〇日ほどで、東日本大震災が発生したのであった。

この市長選の特徴は、各市長候補者が、マニフェストという言葉を使わないことである[18]。二〇〇九年政権交代選挙で、民主党の提起したマニフェストが必ずしも実現されていないことから、マニフェストに対する批判が存在していたからである。政権交代下の民主党政権の下における地方選挙への影響は、こうしたところにも出ていたのである。そこで、各候補者は、マニフェストという用語を使用せずに、自らの政策を訴えていったのであった。

東日本大震災発生後の海野の政策集である『海野とおる都市経営構想：しずおかHEAT計画　第3次改訂版：東日本大震災対応』の中には、「備える　4―1、巨大地震災害に備えます[19]」といった文字が躍ってはいるものの、政策の力点は別のところにあると考えられる。例えば、「減らす　8、行財政改革を断行します！」のなかでは「職員の給与が他の政令市より高く、市民感覚でも高いといわれることを受け止め、民間の平均を基本にした給与水準や体系に改善するよう、人事委員会や国、県に働きかけます」や、「市会議員の定数と報酬、議員活動のあり方など議会改革が市民の強い要請になっていることに対応し、良識ある市議会議員諸兄が自ら判断されることを期待しますが、市長としての立場でも重大な関心を持って望みます」と述べ[20]、減税日本の候補者らしく議員報酬削減への可能性を打ち出している。また、「減らす　9、市民税を減税します！」のなかで、「行財政改革を徹底的に断行するため、地域づくりの財源と消費の拡大を誘引するため、そして中央政府・既成政党によるお上意識の賦課徴収に抵抗する、反権力のシンボルとして個人市民税の一〇％を減税します」と減税政策を明確に打ち出している[21]。また、「働く　11、先頭に立って全力で働きます！」では、「厳しい状況にある民間給与が改善するまでは市長の報酬を半分にします」と述べ、さらに「副市長、区長、各種委員会の特別職などの報酬も半額にすることに協力してもらいます」とある[22]。これをみても「減税が一丁目一番地」とする減税日本の基本スタンスを海野は継承していることが如実に理解できる。

それに対して、田辺の政策は、東日本大震災以前では、名古屋の選挙の影響か「真に豊な民主社会とは『低負担・高福祉』の社会であるべき」と述べ、さらに「新生静岡市に必要なのは、行財政改革よりさらに抜本的な『行政革命』です」として、その三本柱として「サービス　古今東西、最大の行政サービスといえば『安い税金』を実現することです。減税への努力を示すことは、行政が市民の信頼にこたえる確かな道筋です」と述べ、「減税」が争点化すると考えていたようである。[23]しかしながら、大震災の発生後に発表された「静岡を希望の岡にするプロジェクト：一〇項目の約束」の第一に「安心・安全な街づくり　安心して暮らせる未来へ」のなかで、「東海地震に備え、防災機能を強化します」、さらに「地震と津波から静岡市民を守ります」として、防災政策を前面に打ち出している。[24]つまり、東海大地震が予想されている静岡において、東日本大震災に対する対策と同様な対策を採る、防潮堤、離岸堤の整備などの防災対策へとその政策の重点をシフトしていっていることが理解できる。また、「福祉のセーフティネットの完全化で生命と生活を守ります」と述べるなど、海野との差異化を意識して政策を変化させたと考えられる。[25]これには田辺を推薦する自民党のみならず、支援する連合静岡の政策を意識しているという見方もできるのではないだろうか。

選挙戦においては、田辺は自民党に加えて、連合静岡などの団体の推薦を受けていた。また民主党でも静岡市である衆議院静岡一区の牧野聖修衆議院議員の支援も得ながら、強固な組織を形成し、徹底的な組織選挙を展開した。それに対して海野は、減税日本公認となったことで、既成政党とは異なるしがらみのない政治をアピールし、河村の応援を受けるなど、既成政党や既存の組織に頼る他の候補者と差異化することができた。しかしながら、組織力の弱さが最後まで響く形となった。海野の唯一の勝算は、「減税」という政策が、無党派層や既存政党への批判票を後押しし、自らの票に上積みされる可能性であった。この海野の選挙戦略において、唯一、予測ができなかった誤算は、東日本大震災の発生であっ

表1-4　静岡市長選（2011年4月10日投開票）

	得票数	候補者	年齢	党派	推薦・支持	新旧	当選回数	代表的肩書
当	135,224	田辺　信宏	49	無	自	新	1	元静岡県議会議員
	125,419	海野　徹	61	減		新		元参議院議員
	39,275	安竹　信男	64	無		新		静岡市会議長

た。あまりに「減税」のイメージを有権者に強く印象づけていたために、そうした突発的な変化に、政策的に必ずしも十分に対応できたとはいいがたかった。そうしたなかで、「防災」にうまく政策的に移行できた無所属で、自民、連合静岡などの支持を得た田辺と、あくまで「減税」を中心に有権者に訴えざるを得なかった減税日本推薦の海野は、投票日を迎えた。

この静岡市長選は二〇一一年三月二七日に告示され、統一地方選前半戦の一環として四月一〇日に投票が行われ、即日開票された。結果、田辺信宏が一三万五二二四票、海野徹が一二万五四一九票、安竹信男三万九二七五票で、田辺が当選となった。投票率は五二・五八%となり、前回の小嶋と海野の一騎打ちであった二〇〇七年市長選の五〇・七六%よりは、一・八二ポイント投票率が上回った。

静岡新聞社・静岡放送の出口調査からは、投票基準として三七・四%が「政策」を選択したが、この中で田辺に投票したのは四八・三%、海野に投票したのは四四・一%である。有権者がどういった政策を望んでいたのかに関しては、静岡新聞社が四月一日から二日にかけて行った世論調査がある。新市長に期待する政策として有権者は、「不況対策など産業の振興」が三一・四%で第一であったが、第二に「防災対策など危機管理」が一八・一%で第二位であった。「行財政改革の推進」は、少し落ちて一七・二%で第三位であり、「医療福祉の充実」の一六・八%とさほど変わらない[26]。結果を見るならば、選挙において有権者は、「防災」であれば田辺を、「減税」であれば海野を選択したと理解できるのではないだろうか[27]。顕著な違いがあるのは、支持政党と投票行動である。田辺は自民党支持の六五・六％、公明党支持の五四・三％を獲得したのに対して、海野はそれぞれ二割程度しか獲得できていない。さらに支持政党なしの無党派層も田辺は四七・七％獲得したのに対して、海野は四〇・一％しか獲得できてはいないという結果となっていた[28]。この結果からは、政策争点が東日本大震災により「防災」が主要な争点となることで「不安を安心に変える」とした田辺が、政策的にもうまく対応し、さらに組織選挙を行うことで盤石な選挙体制を構築できたことによることが理解できる。海野の唱えた「減税」は、選挙戦の終盤では争点から外れつつあったのであった。河村は後に、「震災がなければ海野が勝った」とすら、筆者に述べたが、まさに、東日本大震災によって大きな影響を受けていたと考えられるのである[29]。同様に、続く二〇一一年四月二四日実施の統一地方選後半戦においても、減税日本公認の市長候補者は、神奈川県平塚市でも、愛知県田原市でも落選した。結果としては、減税日本の候補者が、名古屋市以外で勝利することは容易ではないという印象を有権者に与えるものであった。

愛知県議会議員選、および衆院愛知六区補選

統一地方選前半戦の一環としての愛知県議選は、四月一〇日に投票が行われ、即日開票が行われた。この県議選では先のトリプル選挙でも連携した減税日本と日本一愛知の会は、選挙においてすみわけを行い、原則として名古屋市内では減税日本、名古屋市以外では日本一愛知の会が候補者を擁立することとなっていた。もちろん、これは原則であり、減税日本は一宮市、春日井市、犬山市、尾張旭市において、日本一愛知の会は名古屋市中川区において候補者を擁立していた。

愛知県議選としては、無投票選挙区の七選挙区の一二人を除く、五〇選挙区の九一議席を一六三人の候補者で争う選挙となった。選挙の結果としては、地域政党側では、減税日本は一三人当選（一九人公認）、日本一愛知の会が五人当選（二四人公認）、それに対する既成政党側では、自民党が四九人当選（五

六人公認)、民主党が二六人当選(四五人公認)、公明党が六人当選(六人公認)、無所属が四人当選となった。議席のなかった共産党は四人、みんなの党は二人の公認候補者を立てて選挙に臨んだが、議席を獲得するまでには至らなかった。

投票率としては、愛知県議選として過去最低の投票率である四二・〇一%(前回は四三・一〇%)であった。やはり、震災の自粛ムードによる選挙への関心、啓発を呼び覚ますことができなかった結果といえるかもしれない。また、県都名古屋市においては、二月のトリプル選挙、三月の出直し市議選など、「選挙疲れ」ともいえる状況が起こっており、名古屋市の県議選における投票率は三二・七一%(前回は四〇・四一%)と、こちらも過去最低であった。この投票率の低さは、結果としては、組織票に劣り、ブームに乗って浮動票を掘り起こす戦略をとっていた地域政党にとっては、ネガティブな影響を与えていたと考えられる。また、選挙の形態も新人候補者の多い地域政党にとっては、ボリュームを上げて名前を連呼ということもはばかられる状況で、ハンデを受けていたと考えることもあながち難しいことではないだろう。さらに、統一地方選の最大の争点が、「減税」よりは「安全」にシフトしてしまっており、単一争点政党とみなすこともできる側面を持っている減税日本が、これまでの市長選、市議選で、票を集めた名古屋以外で議席を獲得できるかも注目されるところであった。結果としては、減税日本は、名古屋市内以外では議席を獲得できなかった。

この愛知県議選の焦点は、減税日本と日本一愛知の会という二つの地域政党がどこまで議席を確保できるかというところにあった。大阪の地域政党である大阪維新の会や、名古屋市議会における減税日本は、それぞれ大阪府議会、名古屋市議会といった地方議会においてその地歩を固め、第一党の座についたが、この愛知県議会においては、日本一愛知の会は必ずしも大きく躍進をとげたとはいいがたい結果となった。また、減税日本も名古屋市以外に広がりを見せることができなかったという意味では、失速

表1－5　愛知県議選（2011年4月10日投開票）

党派	当選者	改選前	増減
自由民主党	49	56	－7
民主党	26	35	－9
減税日本	13	1	+12
日本一愛知の会	5	0	＋5
公明党	6	7	－1
無所属	4	0	＋4
合　計	103		

したという評価も必ずしも的外れなものではない。

例えば、大阪維新の会はこの統一地方選前半戦で、大阪府議選では一〇九議席の定数のうち五七議席を確保、さらに市議選では八六議席の定数のうち三三議席を確保し、いずれも第一党の位置を占め、府議選では過半数を大阪維新の会が占めた。しかし、愛知県議選においては、定数一〇三議席のうち減税日本と、日本一愛知の会を加えても一八議席にしかならず、第一党の自民党の四九議席はおろか、第二党の民主党の二六議席にすら及ばない結果となった。もちろん、選挙前に、両地域政党を合わせて二議席しかなかったことが、一八議席に増加したということは評価すべきである。また、自民党も選挙前より七議席減、民主党にいたっては九議席減の選挙結果であり、既成政党、特に民主党の退潮ぶりは依然として続いていることは理解できる。しかし、愛知においては大阪と対比すると地域政党の勢いが失速したといえるのではないだろうか。これには、愛知においては、選挙が続いていたことにより有権者の関心が低下したこともあるが、やはり大震災によって選挙の争点が変化し、「復興増税」まで議論されている中で「減税」を訴えたことが、有権者にとって必ずしも浸透しなかったと考えられる。そもそも「減税」日本なので、増税を容認する政策へと変化させることはほぼ不可能であった。これは、地域政党としての側面のみを持っている大阪維新の会と、

表1－6　衆院愛知６区補選（2011年４月24日投開票）

	得票数	候補者	年齢	党派	推薦・支持	新旧	当選回数	代表的肩書
当	104,328	丹羽　秀樹	38	自		元	2	元自民党青年局次長
	39,308	川村　昌代	44	減		新		減税日本副代表
	14,369	河江　明美	45	共		新		共産党准中央委員
	7,932	福原　真由美	50	諸		新		幸福実現党員
	3,842	目片　文夫	70	無		新		元京都大学助教授

単一争点政党としての政策的な側面を強く持っている減税日本との大きな違いであった。

この愛知県議選は、愛知における減税日本、愛知日本一の会といった地域政党の限界を示す嚆矢となる選挙であった。減税日本は、市議会において、政策をめぐって市長と既成政党との対立の結果、既成政党の議員とは一線を画する政党として結成されたため、新人の候補者が多く、政治的には無名の候補者で占められており、また、「しがらみのない」と選挙でも訴えていたように、既成の組織とも無縁であった。そのため、選挙で当選した議員たちのその後の議会や地域における政治活動に、不安な影を残す結果となった。特に、名古屋市議会とは異なり、愛知県議会では第一党ではないために、知事与党とはいっても、他の政党との連携がなければ条例案を通すこともできないため、影響力を発揮することは難しく、減税などの政策の実現についても見通しは明るいものではなかった。さらに、名古屋ではこれら地域政党の候補者は議席を獲得したものの、それ以外では議席を獲得することは困難であったことから、名古屋以外の地域でも、より広い支持を獲得するという減税日本のもくろみは、ここでも結果としては成功とはいえるものではなかった。

さらに、この県議選に続いて、衆院愛知第六区選出議員補選が行われた。これは第一に、名古屋市以外で減税日本の公認候補者が戦うということと、第二に、何よりも減税日本初の国政への挑戦として注目された選挙であった。

衆議院愛知六区（春日井市、犬山市、小牧市）の選出議員補選は、四月二四日に投票が行われ、即日開票された。結果、丹羽ひでき（自民党公認）が一〇万四三二八票、川村まさよ（減税日本公認）が三万九三〇八票、かわえ明美（共産党公認）が一万四三六九票、福原まゆみ（幸福実現党公認）が七九三二票、目片文夫（無所属）が三八四二票で、丹羽が当選となった。

再びこれは、県議選で示された、減税日本の公認候補者は、名古屋市以外では容易には勝利できないというトレンドを打破することはできず、逆に強化する結果となってしまっていた。

4　政党としての減税日本の分析

(1) ポピュリスト政党としての減税日本

減税日本は単なるポピュリスト政党か、単なる地域政党か

政党としての減税日本は、どういった理論的な位相にあるだろうか。

減税日本は、河村を中心としたポピュリスト政党としてのみ捉えられることが多い。はたしてそうであろうか。確かに、ポピュリスト政党としての側面があることは否定ができない。小泉純一郎首相をテーマとして、「日本型ポピュリズム」について考察した大嶽秀夫の分析を検討しよう。大嶽によると、ポピュリズムとは、第一に「扇情的大衆動員」、第二に「大衆への迎合」という意味で用いられるという。[30] 例えば、第一の意味では、「小泉の政治指導は」、「しばしばポピュリズムと評される」とする。[31] そこでは「その大衆動員、大衆的支持調達に懸念をもって、ファシズムと近い意味で用いられることも少なくはない」という。[32] 第二の意味では、「ところが反対に、こうした扇情的スローガンによる積極的動員ではなく、大衆の意見に同調した機会主義、ご都合主義、大衆迎合主義という批判的含意を持って使われることも少なくない。」とする。[33]

この後者の意味におけるポピュリズムは「日本政治においては、主として、統治責任を放棄し、大衆に『甘い』政策を訴える『大衆迎合主義』と同義に（すなわち、エリート主義的な左翼批判の含意を持つという意味でタカ派的立場から）使われてきた」とされる。[34]

大嶽によれば、ポピュリズム概念には二つの源流があるという。一つは、「下からの運動」であり、「（people 自身による）民主的運動」である「アメリカ合衆国史において、一九世紀末に農民が（職人、労働者と連合して）、鉄道など独占企業に対して、人民党（People's Party）を結成して展開した運動」であり、[35]もう一つは、「上からの運動」である「個人的カリスマを持つ指導者、政治的ヒーローが扇情的なスローガンあるいは（無責任な）大衆迎合的政策を利用して大衆動員をはかる」という、「一九三〇年代から五〇年代のラテンアメリカにおける大衆的支持を得た権威主義体制」の政権の「政治指導」であるとする。[36]

これらに共通するところは、「政治を利害対立の調整の場としてではなく、善悪の対立というモラリズムの観点から、しかもドラマとしてみるという特徴」であるという。[37]

大嶽は、現代日本のポピュリズムはアメリカ合衆国のポピュリズムに近いと捉えている。[38]そしてそのレトリックには、「政治を『権力者』『金持ち』と『権力を持たない者』『普通の人・庶民』との、あるいは『利己的なエリート』と『有徳の人民』との二元的対立」とみなすとされる。[39]この二元論が、「政治対立を道徳的次元で捉えるマスメディアに適合的な政治解釈」となるという。[40]こうした「政治争点の単純化、道徳化」は、「潜在的な内部対立を覆い隠して、できるだけ多くの支持者を糾合する機能を果たす」という。[41]

政党や、分析する対象となる人物は異なるが、なるほど、こうした視点は、河村、および減税日本を分析する上で有効であろう。ここでポピュリズム概念を広い視点から理解するために、ヨーロッパに目を転じてみよう。

現代ヨーロッパのポピュリズム研究を行っているキャス・ムッド（Cas Mudde）によれば、ポピュリズムとは「単なる政治スタイルだけではなく、イデオロギー的な特性」として理解されている[42]。ムッドによると、「社会は『清廉な人々』と『腐敗したエリート』という、二つの同質的で対立する集団に究極的には分けられ」、「政治とは人々の一般意思（volonté générale）の表現であるべきである」というイデオロギーを指すという[43]。このようにポピュリスト政党は、一般市民に訴える能力を持っているとされる[44]。こうして見るならば、減税日本は、河村の人気にあやかっているポピュリスト政党としての性格を確かに保持していると考えられる。

(2) 小政党、そして地域政党としての減税日本

減税日本は、筆者の執筆時点では、ある特定の地域以外では必ずしも大きな政党となっているわけではない。特に全国的に見るならば、小政党の部類に属すると考えられよう。これまで小政党は、必ずしも政治学の中心的な分析対象とはなってこなかった。それには第一にその規模の小ささと選挙における支持の低さから政治的に重要であるとは考えられてこなかったこと、第二に情報が入手しやすい政党の分析に分析が集中する傾向があること、第三に政府の政策について低い政治的影響力しか持たないということによって帰結する、と広い視野から小政党を分析しているフェルディナンド・ミュラー＝ロンメル（Ferdinand Müller-Rommel）はいう[45]。それでは小政党の研究を行わなくてよいのであろうか。そうではないと筆者は考える。これらの小政党は、大政党が拾えない政策的な要求を提起していく機能がある

からである。特に大政党は、例えば特定の地域的な政策要請に対して機敏に反応できるとは考えられない。そうした政策は、全国的な広がりを持ち、多くの層の多様な支持者を抱える大政党にとっては、必ずしも「重要なもの」としては取り上げられない可能性がある。しかしながら、これら小政党が提起する政策は、はたして重要ではないのだろうか。そうではない。これまでとは異なる政策的なインプットとして小政党を捉えるならば、大政党とは異なる政策的なオルタナティヴを提起するものとして積極的に評価してもよいであろう。

小政党の「政党家族」(46)(party family)として、戦後のヨーロッパを分析したピーター・メイアー(Peter Mair)の分類をミュラー＝ロンメルは、以下の八つに集約した(47)。共産主義者(communists)、社会主義者(socialists)、自由主義者(liberals)、キリスト教主義者(christian)、極右主義者(extreme right)、地域主義者と国家主義者(regionalists and nationalists)、農業主義者(agrarian)、そして環境主義者(greens)である。もちろん、いくつかの事例においては、これらの政党は大政党になっているが、ある事例においては小政党としてデモクラシーの中で存在し続けている事例もある。この中で注目すべきは、地域主義者と国家主義者の分類である。ミュラー＝ロンメルによるとこれはイデオロギー的な左右のスペクトラムの範疇には入らないという(48)。この地域主義者と国家主義者のカテゴリーには、例えばイギリスのスコットランドのスコットランド国民党(Scottish National Party)やウエールズのプライド・カムリ(Plaid Cymru)などの特定地域にのみ地盤をもつ政党が属している。

減税日本も、名古屋市を中心とした強固な地盤をもっている。その点では、名古屋市の地域政党としての性格を強く持ち、名古屋市民税の減税を中心とした地域の政策を当初は拾っていたということから、地域政党としての側面を有するといっても過言ではない。しかしながら、この政党が、単に名古屋市の市域にのみ地域的に限定された政党として理解するには、後述のごとく留保がある。

また、多くの地域政党のように、その政策がある地域だけを対象にしている、文化的なものに根ざした政策であり、そしてそのために右翼でも左翼でもないというのは、減税日本には当てはまらないのではないだろうか。というのも、第一に、減税日本は必ずしも「名古屋市」といったひとつの地域だけに活動を限定しているわけではないし、第二に、その政策である「減税」は、より広い視点に立てば、普遍的で政策的なアピールを行っていると解釈することも難しいことではないからである。前者については、名古屋市以外の選挙区にも候補者を立てて選挙を行っていることからも明らかである。減税日本の政策的な側面に関する後者については、新自由主義的な普遍的なニュー・ライト（new right）の政策の提唱を行っていると理解することもできる。この政策的な点に関しては次に検討することとしたい。

政権与党による政策レジーム変換に対するアンチテーゼ

減税日本を単に、ポピュリスト政党としてのみ捉えることは、その政党の総合的な理解を阻害する可能性がある。まずは、その訴える政策である。減税日本は「減税」という政策を中心としていることはすでに述べた。この政策は一体何を意図しているのであろうか。

この政策の含意は、国内における「政策レジーム」（policy regime）の変容にあるのではないだろうか(49)。ここで少しくこの概念について整理しておこう。この概念は、アダム・プシェヴォルスキ（Adam Przeworski）によって提唱された。彼は政策の継続性に注目し、違うイデオロギー、政策を持っている政党へと政権政党が変化したにもかかわらず、政権交代以降も、重要な政策において、政策的に継続しているものが多いことを挙げた(50)。プシェヴォルスキは、一九六八年と七一年のデンマークの事例や、近年の英国のトニー・ブレア（Tony Blair）政権の事例などを引用し、こうしたイデオロギーの異なる政党間の政権交代が起こるにもかかわらず、「新たに選出されたブルジョア政権は、政権の前任者である社会民主主義政権と同じ政策」を追求したり、その逆の場合も存在することに注目している[51]。

そこでプシェヴォルスキは、党派的なコントロール（partisan control）に起因する相違は、単に政党の政策などを比較するだけでは理解できないとする。そこで長期的で、継続的な政策の総体としての「政策レジーム」（policy regime）という概念を提起する[52]。これは短期的で一時的な個々の政党の政策とは異なるものとしてとらえられる。プシェヴォルスキは総体としての政策である政策レジームを「誰が設定したか」（who sets the tone）が重要であるとしている[53]。

政策レジームとは、プシェヴォルスキによると、政権選択を行う選挙における有権者の態度に関わるものであると考えられている[54]。その国家において、政党などの党派によらずほとんど変わらない「政策群の均衡」（equilibria）を指すという[55]。また、彼は次のようにもいう。政策レジームとは、政党に関わらず主要政党が同様の政策を提起し行う「状態」（situation）であるという[56]。そしてこの均衡状態としての「政策レジーム」は、不変のものではない。大変に成功裏な主要な政策的イノベーションが起こることによって政策レジームは変容する[57]。こうして彼の「政策レジーム」概念を要約するならば、政策レジームとはある政治システムにおいて主要な政治勢力が共有している総体としての政策群のことであり、これは一定の均衡状態を条件とするというものである。

日本における国内の政策レジームは、小泉政権下においてはグローバリズムへの対応の中で、「(新)自由主義政策レジーム」への変容を試みていたと考えられる。これはそれまでの護送船団方式、終身雇用制、公共事業による地方への都市からの税金の還流による国土の均衡ある発展などに代表される「保守主義政策レジーム」をとってきた五五年体制下の日本の政権与党である自民党、および九三年体制以降の連立与党の政策からの決定的な脱却を目指したものであった。この国内の政策レジームの変容は、グローバリズムの進行する世界的でよりマクロな国際的な政策レジームにおける「(新)自由主義政策レジーム」に対応したものであったということができよう。そこにおいては、三位一体の改革の提起や、規制緩和などによって、既得権益を打ち壊し、それまでの日本の政策を塗り替えていった。こうした姿勢は、続く内閣にも引き継がれ、国民に負担増を求めることなく、経済を活性化することによって成長戦略を描くといったものであった。

こうした「(新) 自由主義政策レジーム」は、政権交代以降、民主党の二代目の首相である菅直人によってレジームの転換が図られることとなった。菅首相は参院選直前の二〇一〇年六月一七日に、消費税の一〇%増税により将来の社会保障に対応し、赤字財政を解消することを述べたものであった[58]。菅はこれによって「(新) 自由主義政策レジーム」から「社会民主主義政策レジーム」への転換を試みようとしていた。しかし、この唐突な政策レジームの転換の表明は、そもそも「増税なき財政再建」を掲げて政権交代を成し遂げた民主党マニフェストと矛盾するものであり、野党のみならず、民主党内においても大きな批判を巻き起こすものであった。この増税基調の高負担高福祉を目指す「社会民主主義政策レジーム」への志向は、それまでの「(新) 自由主義政策レジーム」の信奉者にとっては到底理解できるものではなかった。

この政策レジームの転換に対して、強く抵抗する「(新) 自由主義政策レジーム」の信奉者にも理由があった。二〇〇八年に端を発したリーマンショックによって未だ世界経済は回復しておらず、不況下の増税がもたらす帰結は必ずしも望ましいものではないということが明らかであると考えられたからである。こうした視点に立つものにとっては、不況下の「社会民主主義政策レジーム」への転換は許容できるものではなかった。しかしながら、国政において、菅に率いられた与党民主党の大多数も、消費税増税が年来の持論であった谷垣禎一総裁に率いられる最大野党である自民党も、増税基調の「社会民主主義政策レジーム」を志向するとしたならば、国政において政策レジームの転換を止めるすべは残されていない。こうした政策レジームの転換に対して、増税に反対する「減税」という用語を用いて、国政とは違う土俵から、政策転換を阻止する「(新) 自由主義政策レジーム」を訴える勢力が出現したとしても故なきことではない。

こうした解釈を採るならば、しばしば、減税日本の減税政策は、河村の人気取りのためだけのポピュリスト的政策として理解されるが、国政における「社会民主主義政策レジーム」への転換に対する、地方政治からの「(新) 自由主義政策レジーム」の提起といった政策志向の姿を見て取ることも不可能ではないだろう。ある意味でこれは、ヨーロッパにおける「大きな政府 (big government)」対「小さな政府 (limited government)」といった政策論とパラレルなものと考えることもできる。つまり、減税日本は社会民主主義の言説に対するニュー・ライト政党という見方も不可能ではないであろう。

ニュー・ライト政党とは何であろうか。概して高負担高福祉の福祉国家の進展を目指し、「社会民主主義政策レジーム」を志向する政党に対し、小さな政府の下での経済発展を見直す政策志向の集団を意味するであろう(59)。この政策志向は一般にニュー・ライトのイデオロギーと呼ばれる。そしてこうしたニュー・ライトのイデオロギーを標榜する政党が、ニュー・ライト政党である。イヴ・メニー (Yves Mény) によれば、一九七〇年代後半と八〇年代における経済的な自由主義理念の再生をイデオロギーとする、国家干渉領域の増大に伴う財政的な負担による「福祉国家の危機」に対し、国家機能の縮小を標榜するイデオロギーを指すという(60)。

ヨーロッパにおけるニュー・ライト政党の代表として北欧における進歩党が存在する。デンマーク、ノルウェーの進歩党が著名であるが、ここで減税日本とそれらの政党との類似性を考えてみたい。第一に、デンマークの進歩党 (Fremskridtspartiet) もノルウェーの進歩党 (Fremskritspartiet) も、それぞれ著名な政治指導者、デンマークの場合にはモーゲンス・ギルストロップ (Morgens Gilstrup)、ノルウェーの場合にはアンダーシュ・ランゲ（Anders Lange）によって一九七〇年代に設立された[61]。これらの党首は、テレビを利用し、個人の知名度を上げていたことも、河村と近似している。第二に、設立当初のこれら進歩党の基本的な政策が、急進的な減税政策、政府の歳出の削減、さらには官僚支配からの脱却であるということである。いずれにしてもこれらの政党の中心的な政策は、減税政策であることは疑いもない[62]。第三に、両進歩党の設立された時期である。一九七〇年代といえば、今日見られる経済のグローバル化のさきがけへの対応として、欧州統合の流れにどう対応するかが、この両国において議論された時期であった。一九七三年にデンマークは欧州統合の流れに参加し、ノルウェーは一九七二年に国民投票で欧州統合に参加しないことを決定した。そうした経済の国際化を志向する欧州統合の「(新)自由主義政策レジーム」に対して、北欧独自の「社会民主主義政策レジーム」のあり方が問われた時期であった。この中で「(新)自由主義政策レジーム」を標榜する政策集団として進歩党が出現したことは、減税日本を考える上でも興味深い。

この「(新)自由主義政策レジーム」を訴える北欧の進歩党は、のちに移民排斥をその論点に加えながら、デンマークの進歩党は分裂を繰り返し勢力を減退させていったが、ノルウェーの進歩党は、現在、ノルウェー政治の中で確固たる地歩を築いている。これらの政党を「ライトウイング・ポピュリスト」政党として認識している研究者も存在する[63]。しかし、これら政党は「極右政党」として認識されるかどうかに関しては少し議論がある[64]。つまり、これらの政党は、当初の政策を見る限り、自由主義が基調であり、その意味で本質的に「ライトウイング」ではあるのだが、必ずしも「極右」であるかどうかは異論のあるところである。そうした意味で、オーストリアのヨルグ・ハイダー（Jörg Haider）のオーストリア自由党（Freiheitliche Partei Österreichs, FPÖ）、フランスのジャン＝マリー・ルペン（Jean-Marie Le Pen）の国民戦線（Front national）とは一線を画すと考えられる。こうしてみるならば、北欧における進歩党の初期と同様、減税日本は必ずしも極右政党が標榜する「ネイティビズム（nativism）」概念には現在のところ、こだわっているようには見えないからである。(65) ネイティビズムとは、ムッドによると「国家はネイティブ・グループ（国民 the Nation）によって居住されるべきであり、ネイティブではない要素（人物や理念）は、同質的な国民国家に本質的に脅威を与えている」というイデオロギーである。(66)

5　減税日本の多様な側面

地域政党・地方政党としての減税日本は、上記のように多様な側面を持つ。第一に、河村たかしという傑出したカリスマ性を持った指導者によって形成された「ポピュリスト政党」であるという側面である。しかしながらそれだけではない。第二に、市民税の減税などの政策を遂行しようという擬似的な大統領である首長によって新たに形成された「首長新党」であるという側面である。第三に、多様な政策争点はあるのだが、その政党の党名にも表れているとおり、減税という単一争点を中心とした「単一争点政党」であるという側面である。第四に、名古屋という地域を中心とした争点である市民税減税を焦点とする「地域政党」という側面である。そして最後には、体制側の政権与党のみならず、既存政党の全てに挑戦し、さらにそれらを支える組合、公務員団体、そして地方議員などの既得権益を保持する人間を批判する「反エスタブリッシュメント政党」としての側面がある。

これらの五つの側面は、それぞれ「減税日本」を性格づけている。第一の「ポピュリスト政党」としての側面であるが、これは「リーダーの河村たかし個人の魅力」に関連する。第二の「首長新党」としての側面は、大阪維新の会にも通じる首長という「強い権力を持つ当事者による強いリーダーシップ」を背景としている。第三の市民税減税を中心とした「単一争点政党」としての側面は、「明確な政策」

を示している。第四の「地域政党」という側面は、全国政党が拾えない争点を拾うといった、「より身近な民主主義の距離」を表している。最後の「反エスタブリッシュメント政党」としての側面は、政党としての「一貫した政治姿勢」の根幹に関わっている。「リーダー個人の魅力」、「強い権力」、「明確な政策」、「より身近な民主主義の距離」、「一貫した政治姿勢」といった要素は、減税日本の性格をよく表していると考えられる。これらの要素は二〇一一年当時の民主党を中心とした国政における政権与党には存在するとは必ずしも言い切れない。本来は有権者は、政権交代に、これらを期待して投票したといえる。[67]しかしながら、政権交代以降の政策実践の成果を見る中で、有権者の期待は幻滅へと変化し、その期待の行き場を失っていたといえる。

この減税日本のような地域政党が、政権交代下の日本において、出現したことは意義深い。減税日本は、首長主導の地域政党という意味で、二〇一〇年四月一九日設立の大阪の橋下徹府知事の「大阪維新の会」とともに、民主党政権下の現代日本政治の閉塞感を表していたのではないだろうか。[68]

註

(1) 河村市長の辞任の条件は二転三転したが、当初から県知事選と同日選を行うことで、選挙を有利に運び、選挙後に自らの政策を実行することを目指していた可能性もある。
(2) http://takashi-kawamura.com/mani
(3) Ibid.
(4) 解説資料「河村たかしの名古屋政策」二〇〇九年。http://1.takashi-kawamura.com/pdf/nagoya/20090404.pdf
(5) 大嶽秀夫『日本型ポピュリズム』中公新書、二〇〇三年。
(6) 首長選挙のローカル・マニフェストは二〇〇七年に解禁となった。

（7）http://takashi-kawamura.com/mani

（8）しかし、河村、大村といった二人のリーダーが、それぞれ別の地域政党である減税日本、日本一愛知の会を背景とし、さらに、それぞれの政策の重点が減税一〇％と中京都構想といったように異なることは、名古屋トリプル選挙に向かったこの蜜月時代が必ずしも長く続くものではない可能性を潜在的にはらんでいたといえよう。のちに大村は二〇一二年八月一〇日に、「中京維新の会」の立ち上げを正式に表明し、国政への進出を試みることを述べた。河村はそれに対して「まったく聞いていない」とし、背信行為であるとして大村との連携の解消を八月一四日に訴えることになるのである。

（9）http://www.pref.aichi.jp/cmsfiles/contents/0000035/35493/senkyokijitu.pdf

（10）二〇一二年八月に両者が袂を分かつことになる伏線は、それぞれが独自の団体を立ち上げていたことにあるという考え方もできるであろう。

（11）佐藤ゆうこは、二〇一一年五月一三日に民主党離党届が受理され、五月一八日に民主党会派を離脱、減税日本初の国会議員となったのであった。

（12）その他の候補者であった杉浦誠一（無所属）は二万九三五四票、末松ひろと（無所属）は一万九〇五一票、伊藤よいちろう（日本共産党）は九二九二票であった。

（13）この東日本大震災の発生を受けて、二〇一一年三月二二日に、片山善博総務大臣は、統一地方選について、岩手、宮城、福島三県の県知事選や県議選など二七件の延期を決定した。これは、三月一八日に成立した統一選延期特例法を受けたものである。

（14）二〇一一年四月五日現在。

（15）この二〇〇九年静岡県知事選については、白鳥浩編著『政権交代選挙の政治学——地方から変わる日本政治』ミネルヴァ書房、二〇一〇年、一〇〇～一〇八頁。

（16）二〇〇七年静岡市長選においては、小嶋善吉は一四万四八四二票、海野徹は一四万三五三九票であった。

（17）二〇一一年三月六日実施の法政大学白鳥研究室調査による。

（18）これと同様の指摘は『静岡新聞』二〇一一年三月五日にも見られる。

(19) 海野とおるマニュフェスト『海野とおる都市経営構想・静岡HEAT計画　第三次改訂版・東日本大震災対応』元気いっぱい静岡の会・海野とおる、二〇一一年、四頁。
(20) 前掲、一二～一三頁。
(21) 前掲、一三頁。
(22) 前掲、一四頁。
(23) 後援会のしおり『今やらねば。田辺のぶひろ』討議資料、二〇一一年。
(24) http://tanabe.sblo.jp/article/43972102.html
(25) http://tanabe.sblo.jp/article/43972150.html
(26) 『静岡新聞』二〇一一年四月四日。
(27) 『静岡新聞』二〇一一年四月一一日。
(28) Ibid.
(29) 河村たかしへの筆者の二〇一二年九月八日のインタビュー。
(30) 大嶽秀夫『日本型ポピュリズム——政治への期待と幻滅』中公新書、二〇〇三年、一一〇～一一一頁。
(31) 前掲書、一一〇頁。
(32) Ibid.
(33) Ibid.
(34) Ibid.
(35) 前掲書、一一一～一一二頁。
(36) Ibid.
(37) 前掲書、一一二頁。
(38) 大嶽秀夫、前掲書、一一三頁。
(39) 前掲書、一一三～一一四頁。
(40) Ibid.

(41) 前掲書、一一四頁。

(42) Cas Mudde, *Populist Radical Right Parties in Europe*, Cambridge: Cambridge University Press, 2007, p. 23.

(43) Ibid.

(44) Michelle Hale Williams, *The Impact of Radical Right-Wing Parties in West European Democracies*, New York: Palgrave, 2006, P. 14.

(45) Ferdinand Müller-Rommel, "Small Parties in Comparative Perspective: The State of the Art," Ferdinand Müller-Rommel and Geoffrey Pridham eds., *Small Parties in Western Europe: Comparative and National Perspectives*, London: Sage, 1991, pp. 2-3.

(46) Peter Mair, "The Electoral Universe of Small Parties in Postwar Europe," Ferdinand Müller-Rommel and Geoffrey Pridham eds., *Small Parties in Western Europe: Comparative and National Perspectives*, London: Sage, 1991. pp. 57-63.

(47) Ferdinand Müller-Rommel, op. cit., 1991, pp. 3-4.

(48) Ferdinand Müller-Rommel, op. cit., 1991, p. 4.

(49) 政策レジーム概念については、Adam Przeworski, "How Many Ways Can Be Third?," Andrew Glyn ed., *Social Democracy in Neoliberal Times: The Left and Economic Policy since 1980*, Oxford: Oxford University Press, 2001.

(50) Adam Przeworski, "How Many Ways Can Be Third?," Andrew Glyn ed., *Social Democracy in Neoliberal Times: The Left and Economic Policy since 1980*, Oxford: Oxford University Press, 2001, p. 313.

(51) Ibid.

(52) Ibid., p. 313.

(53) Ibid., p. 314.

(54) Ibid., p. 324.

(55) Ibid., p. 314.

(56) Ibid., p. 324.
(57) Ibid., p. 314.
(58) この菅首相の「消費税一〇％発言」の影響については、白鳥浩編著『衆参ねじれ選挙の政治学――政権交代下の二〇一〇年参院選』ミネルヴァ書房、二〇一〇年、三〇～三二頁。
(59) Scott C. Flanagan and Russel J. Dalton, "Parties under Stress: Realignment and Dealignment in Advanced Industrial Societies," *West European Politics*, vol.7, no.1, 1984, p.11.
(60) Yves Mény with Andrew Knapp, *Government and Politics in Western Europe*, Second Edition, Oxford: Oxford University Press, 1993, pp.13-4.
(61) デンマークの場合には、一九七二年設立。ノルウェーの場合には、デンマークの進歩党に影響を受けた形で一九七三年設立。
(62) ここで注意すべきであるのは、現在、両進歩党が強く訴える反移民政策は、必ずしも政党の当初の中心的な政策ではなかったということである。
(63) Frank Decker, *Der Neue Rechtspopulismus*, Opladen: Leske und Budrich, 2004. Hans-Georg Betz, *Radical Right-wing Populism in Western Europe*, Basingstoke: Macmillan, 1994.
(64) Cas Mudde, *The Ideology of the Extreme Right*, Manchester: Manchester University Press, 2000.
(65) キャス・ムッドによると、右翼であるためにはネイティビズム概念が要求されるという。Cas Mudde, op. cit., 2007, p. 24.
(66) Cas Mudde, op. cit., p. 22.
(67) 白鳥浩編著『政権交代選挙の政治学』ミネルヴァ書房、二〇一〇年。
(68) 橋下徹と大阪維新の会については、白鳥浩編著『衆参ねじれ選挙の政治学』ミネルヴァ書房、二〇一一年、一一五～六頁。

第2章　フクシマ後の地方選挙
——石川県志賀町議選、金沢市議選——

小南浩一

政権交代後の初の統一地方選は、三月一一日の東日本大震災および福島第一原発事故、いわゆるフクシマ後の初の選挙でもあった。原発事故が地方選挙にどう影響したのか。

ここでは北陸電力志賀原発を抱える石川県志賀町、およびその影響を受ける地域として金沢市を事例に、今回の原発事故が地方選挙に及ぼした影響について考察する。

1　志賀町議選——志賀原発差し止め訴訟元原告団長のトップ当選

石川県志賀町は能登半島中央部に位置し、西側は日本海に接する南北に細長い町で、県都金沢から車で能登有料道路経由でおよそ一時間の位置にある（図2－1）。

志賀町議選は定数一六に一八人が立候補したが、反原発を掲げた無所属元職の堂下健一がトップ当選で返り咲いた（表2－1）。

堂下は、一九五四年生まれで、二十代で熊本に赴いて水俣病の患者支援に尽力した。一九九九年提訴の志賀原発二号機運転差し止め訴訟[1]で原告団長を務めた反原発の象徴的人物でもあった。四年前の選挙では五七三票で落選。今回は倍近い一一二八票を得てトップ当選を果たした。

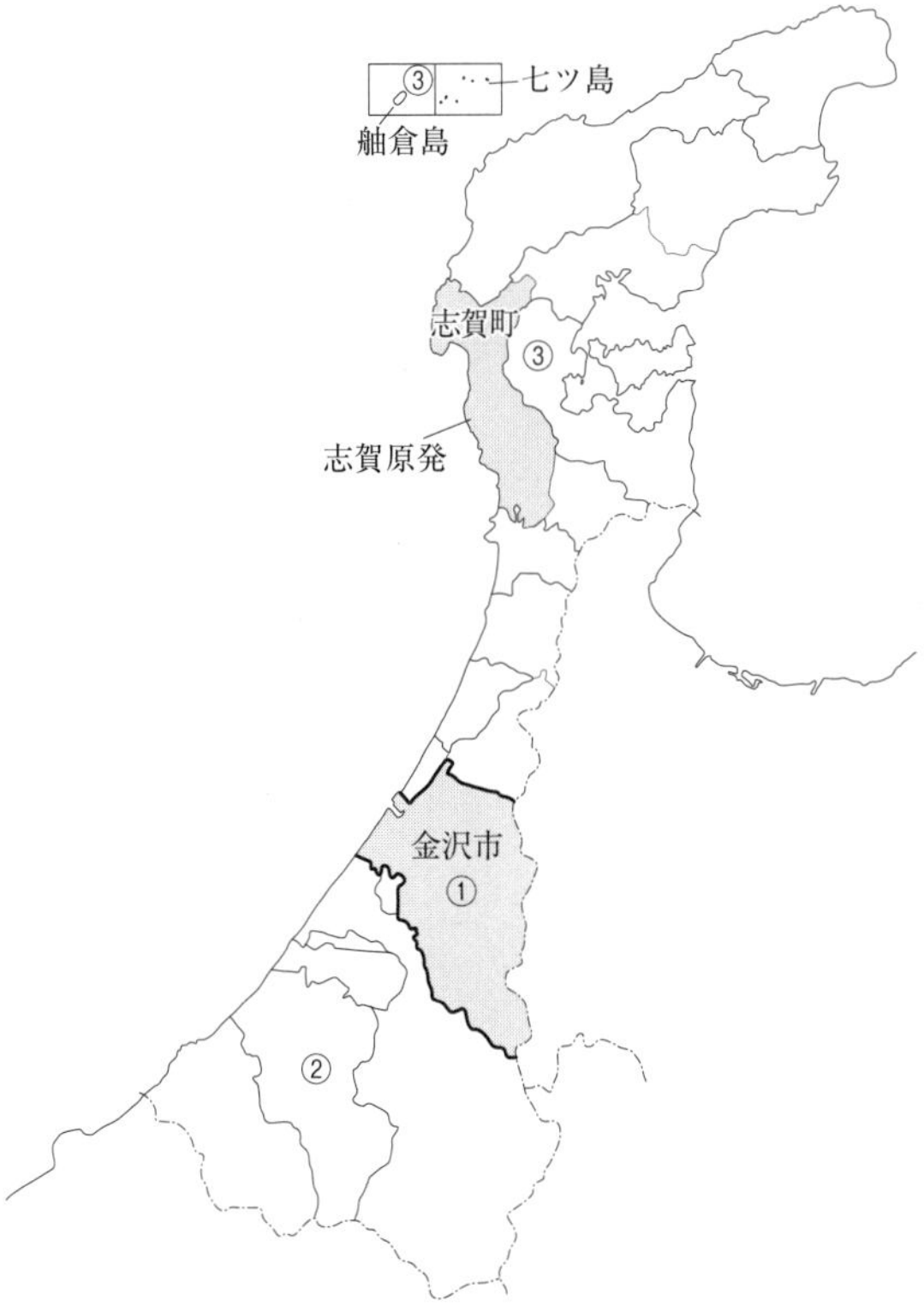

図2－1　衆議院選挙区（石川県）

表2－1　志賀町議会議員選挙結果

	得票数	候補者	所属	当選回数
当	1,128	堂下　健一	無元	2
当	1,054	須磨　隆正	無現	3
当	1,046	稲岡健太郎	無新	1
当	1,043	寺井　強	無新	1
当	1,040	桜井　俊一	無現	3
当	1,027	南　政夫	無現	3
当	1,015	冨沢　軒康	無現	3
当	952	下池外巳造	無現	3
当	944	南　正紀	無新	1
当	922	越後　敏明	無現	3
当	917	戸坂忠寸計	無現	3
当	904	久木　拓栄	自現	3
当	813	田中　正文	無現	3
当	807	林　一夫	自現	3
当	773	山本　辰栄	自現	3
当	751	福田　晃悦	無新	1
	566	西　孝夫	無新	
	46	宮前　稔	無新	

出所：『北陸中日新聞』2011年4月25日より。

前回の落選後も原告団の先頭に立って「地震に弱い原発」を訴え続けた。今回の選挙では、候補者の多くが津波対策の必要性にふれたが、原発の存廃問題にまで踏み込む候補者はいなかったという(2)。

選挙公報に原発はどう訴えられたか

立候補者の選挙公報に、原発問題はどのようにふれられていたかを見よう。

多くの候補者が「安心安全に暮らせる防災対策」や「災害対策」を掲げているが、原発という言葉自体を使っているのは少数である。そして、原発に触れている少数の候補者も「原子力防災の強化」とか、「安全・安心な原発立地」「志賀原発の万全な安全対策・防災計画」といった文言で、脱原発を明言した者は一人もいない。

堂下は「足元を見つめながら十年後の志賀町を語ろう」と語りかけ、四つの政策の柱を挙げた後、最後に「原発について」と題して次のような短い文章を載せている。「昨年五月、志賀町文化ホールでナターシャ・グジーさんのコンサートがありました。彼女は六才のとき、チェルノブイリ原発から三・五キロで被ばくしました。会場での言葉『二、三日で帰れると言われ、着のみ着のまま避難しました。二四年たっても故郷に帰れません。被害を忘れないことが大切です』と。原発のある町に暮らすとは、そういうことなのです(3)。」

堂下が反原発・脱原発論者であることは周知のことであった。したがって、彼は自らの主張ではなく、こうした具体的な事実を静かに示すことによって、逆に原発事故のリアルを住民の心情に訴えたのである。

堂下の脱原発は有権者にどう届いたか

志賀町は過疎化の影響で人口は減少傾向にあり、二〇一一年末現在の人口はおよそ二万三〇〇〇人。「原発問題に左右される票はほとんどない」（堂下陣営）という地元で、まず地縁血縁を生かして票を固め、そのうえで、他地区では「原発を監視できるのは自分だけ」と主張したという(4)。

投票率は前回比五・七％減の八〇・六％。原発の安全対策をめぐる議論は投票率の底上げにつながらなかった（同上）というが、前記の通り、堂下のトップ当選は原発に対する有権者の意識を変革させた結果と言える。有権者の声も「原発への考え方で決めた。良いことだけでなく、悪いことも真剣に向き合って」志賀原発への適切な対応を望んだ。志賀町の家業手伝いの女性（四六歳）も「原発に対する態度に目を凝らした」という(5)。

三・一一後の大きな変化を堂下は、『季刊水俣支援東京ニュース』の記事や、筆者のインタビューで次のように答えている。要約すると、

三・一一以降と以前では状況がすっかり変わってしまった。町民の意識が日ごとに変わっていく状況を目の当たりにすることが出来た。志賀町民の多くはこれまで「原発と共存する町」と思いこんでおり、原発の賛否を人目をはばからず言うことはあまりなかった。だが、連日放映されるテレビから、原発の正体を見てしまった(6)。

なるほど、三・一一直後の政府や東京電力の発表、およびテレビに登場した多くの「専門家」と称する識者の原発事故に対するコメントは、非常に「楽観的」なものであった。炉心溶融などの心配は全くなく、一九七九年のアメリカで起きたスリーマイル島事故よりも軽微なものだと多くの専門家が語っていた。(7)しかし、テレビから映し出される水素爆発による原子力建屋のみじめな崩壊と、そこから白煙を巻きあげる映像は、原発に対する詳細な知識を持たない多くの町民にも「明日は我が身」を感じ取らせるのに十分だったと堂下は言う。(8)

堂下は旧志賀町の隣にある富来町の稗造が地元である。富来町の町議会議員を経験しているが、二〇〇五年に旧志賀町と富来町が合併した後の最初の志賀町議選に立候補し、五七三票で落選した。

さて、今回の統一地方選の立候補にあたり、堂下は地元での正月のあいさつ回りの際に「選挙で原発のことは言うな」とクギをさされていたという。すでに志賀原発訴訟の原告団代表として反原発の象徴とされていた堂下であったから、わざわざ反原発で票を減らすことはないという堂下陣営の選挙対策であった。

堂下の地元である旧富来町稗造地区は、約三〇〇戸、有権者数およそ七〇〇人となる。今回は稗造地区からは堂下のみが立候補したので、稗造地区がまとまれば当選可能と予想されていた。したがって、地元では原発の発言を控え、地元振興を第一に演説し、地区外では原発を訴えるというのが選対の意向であった。それは連合の推薦を受けているという事情もあった。

ところが、三・一一以降は状況が一変した。これまで原発に肯定的な人も「あんたの言うとおりやった。原発は恐ろしいものだ」というように変化がみられた。また、堂下の宣伝カーをみると車を停めて、あるいは車を追っかけてきて「原発を止めて下さい」と訴える有権者が後を絶たなかったといっても過言ではないような毎日だったという。(9)

福島第一原発事故の状況は、上述のとおり選挙当時まだ十分には明らかにされていなかったが、それでも「原発と共存する町」の住民にとって、その惨状は「明日は我が身という実感」を抱かせ、それが堂下をトップ当選に押し上げたのであった。

2　前回（二〇〇七年）の志賀町議選――志賀原発民事差し止め判決および臨界事故隠し後

後述するように、今日のフクシマの事態を引き起こした原因となった外部電源の喪失や非常用電源の喪失、配管の破断、冷却材の減少・喪失、炉心溶融の可能性などを指摘して全国初の民事差止判決が出たのが二〇〇六年三月、それからおよそ一年後の二〇〇七年四月二二日に前回の選挙が実施された。

選挙のおよそ一カ月前の三月一五日、北陸電力志賀一号機のいわゆる臨界事故隠しが発覚し、大きな波紋を呼んだ。一九九九年の事故発生から八年間、北陸電力はこの事実を隠していたことになる。これに対し、原子力安全・保安院は臨界事故を厳重注意するとともに、志賀一号機について事実と根本原因の究明、抜本的な再発防止策の報告を指示した。北陸電力はこの指示を受け、志賀一号機を停止し、安全の総点検を実施した。

さらに選挙の直前の三月二五日、能登半島地震があり、選挙投票日二日前の四月二〇日付の地元紙『北国新聞』は、「能登半島地震で志賀原発は想定比二倍の揺れが報道されたが、北電は「安全性は確保」、能登半島地震では一号機の震度計は震度五弱を記録。マグニチュードは六・九で、北電が志賀原発近くの海域にある活断層四本で想定していた数値を上回っていたことが既に分かっている」と報じている。

このように前回の二〇〇七年選挙の直前には、能登半島地震による志賀原発の安全性や、一号機の臨界事故隠しなどが新聞・テレビで連日、大々的に報じられていた。こうした状況は反原発の堂下にとって追い風、有利な状況ではなかったのか。「これらのことは選挙にあまり影響を及ぼさなかったのか」という筆者の質問に、堂下は次のように答えた。

前回選挙は堂下絶対有利という中での選挙でした。いわゆる褒め殺しですが、選挙はどういう体制であろうと勝たなければ意味がありません。私の陣営に気の緩みがあったということです。負けるには負ける理由があります。合併の選挙でした。堂下には組織がある、連合の推薦でこのうち四割でも入れていれば楽勝でした。現実はそうはいきません。一つずつ票をくじられた（取られた―筆者注）ということです。しかも、地元にもう一人いましたから、弱いとなれば、当然票は流れます。

（二〇〇六年）判決（や事故隠し）等はほとんど票になりません。今回は明日は我が身という実感がありましたが、判決や臨界事故隠しは我が身に迫りませんから。今回もそういう言う意味では、原発自体は当初票にならないと考えていました。田舎の選挙をきちんとやることが当選につながるという戦法です(10)。

合併の選挙とは、志賀町と富来町の合併後初の選挙で、合併に伴い定数が三〇から一八に削減、この時は二一人が立候補、志賀地域が一二人、富来が九人、当選ラインは七〇〇票と報じられた(11)。この選挙で、堂下は最下位から二番目の五七三票で落選したことはすでに述べた。すなわち、原発の危険性が指摘された差し止め判決が出ても、能登半島地震による原発の安全性が問題にされても、あるいは臨界事故隠しが発覚しても、「我が身にせま」らない町民であるからには、従来型の「田舎選挙」

が実施されるまでである。すなわち、原発は争点にならなかった。「原発と共存する町」にとって、それほど原発の「安全神話」は強かったのである。

3　フクシマの予言——志賀原発民事差し止めの理由

堂下や金沢市議会議員の森一敏が強く関わった志賀原発訴訟の顛末について簡単に振り返っておきたい。志賀原発には一号機と二号機とがあるが、[12] 一号機については一九六七年、北陸電力が志賀町に原子力発電所（沸騰水型ＢＷＲ）の建設を計画した。一九八八年一二月・八九年七月に合計二〇〇名の原告が金沢地裁に民事差し止め訴訟を提訴した。堂下はこの原告団の代表であり、森も訴訟団の一員だった。一九九四年八月に請求棄却の地裁判決が出されたが、控訴審判決では「アメリカのスリーマイル島事故、チェルノブイリ事故といった重大事故が発生しており、我が国においても多数の事故あるいは問題事象が発生していて国民の原子力発電所の安全性に対する信頼は揺らいでいること、その他、核燃料の再処理問題、将来の廃炉問題など未解決の問題を残しており、原子力発電所が人類の『負の遺産』の部分を持つ」ことが指摘された。「負の遺産」とは、まさに今日フクシマ後の我々の目から見れば実に重い言葉であった。しかし結局、二〇〇〇年一二月、最高裁上告で棄却された。

次に、二号機は一九九九年四月に設置許可がおり、それを受けて一九九九年八月、一七都府県の原告一三五名が金沢地裁に民事差し止めを提訴した。二〇〇六年三月全国で初めての民事差し止め判決が出された。判決の要旨は以下の通りである。(1)直下地震の想定がマグニチュード六・五とされているが、マグニチュード七・三の可能性もあり小規模に過ぎる。また、考慮すべき邑知潟断層帯による活断層を八キロとしているが、四四キロまで想定すべきであるとし、想定を超えた地震動が起こる。(2)万一の地震が発生した場合、外部電源の喪失、非常用電源の喪失、配管の破断、冷却材の減少・喪失等が考えられ、炉心溶融の可能性もあり、機器の単一故障に止まらず、多重防護が有効に機能しない。(3)重大事故が発生した場合、原告らのうち最も遠方の熊本県（原発から約七〇〇キロ）に居住する者についても、許容限度である年間一ミリシーベルトをはるかに超える五〇ミリシーベルトの被曝の恐れがある。(2)で指摘された外部電源の喪失、非常用電源の喪失、配管の破断、冷却材の減少・喪失炉心溶融の可能性、多重防護が有効に機能しないなどが、福島第一原発事故によってまさに現実のものとなり、現在、我々の日々目撃しているところである。

しかし、二〇〇九年三月、名古屋高裁金沢支部で新しい指針が策定されたとして逆転の敗訴判決、さらに二〇一〇年一〇月、最高裁上告で棄却された[13]。

4　金沢市議会議員選挙——脱原発を主張する社民党推薦候補者のトップ当選

志賀原発からおよそ五〇キロ圏内にある金沢市の市議選で原発問題はどう影響したのか。金沢市議選は定数四〇名に現職三二人と新人一六人の四八人が立候補した。結果は現職が議席を死守し、新人八人が当選となり、そのなかで五二〇〇票を得てトップ当選を果たしたのが無所属で社民党推薦の森一敏であった（表2－2参照）。

森も、志賀原発二号機差し止め訴訟をはじめとする志賀原発裁判の原告団の一人として、早くから反原発運動を展開してきた筋金入りの反原発論者である。今回、森の得た五二〇〇票は、二位の玉野（自民現）が五〇五四票で五〇〇〇票以上はこの二人のみで、最下位当選の森尾（共産現）二七七八票のほぼ倍に近い（表2－2参照）。

森は前回の二〇〇七年選挙では一二位の四二四二票であったが、今回は一〇〇〇票近く増やしたことになる。投票率は前回の五二・八九％から四六・二八％と過去最低を記録し、有効投票数も一八三八二八票から一六二六八五票と二万一〇〇〇票以上減少したことを考えれば、森の一〇〇〇票増は、前回森に投じなかった多くの人々が、今回森に投票したことによる。

ただし、森は初出馬した二〇〇三年選挙で五三二六票（二位当選）を獲得しており、今回の選挙はそれらの票が戻ってきたとも言える。しかし、二〇〇三年選挙の有効投票数（一八万九九四票）と比べても、今回は、一万七四〇〇票減少していることを考えれば、今回の森の獲得した五二〇〇票の重みが実感できる。

当選後、森は、「脱原発は新しい社会を構想すること。それを主張して最も多くの有権者が賛同して

表2-2　金沢市議会議員選挙結果

	得票数	候補者	所属	当選回数
当	5,200	森　一敏	無現	3
当	5,054	玉野　道	自現	6
当	4,557	清水　邦彦	無現	3
当	4,450	沢飯　英樹	自現	6
当	4,229	田中　仁	民現	6
当	4,073	高村　佳伸	自現	6
当	4,061	下沢　広伸	自現	2
当	4,050	小阪　栄進	無現	2
当	4,011	粟森　慨	民現	3
当	4,003	高　誠	自新	1
当	3,932	上田　章	自現	5
当	3,870	広田　美代	共新	1
当	3,835	角野恵美子	公現	2
当	3,809	山本由起子	無現	2
当	3,808	源野　和清	公新	1
当	3,787	松井　純一	公現	3
当	3,712	新村　誠一	無現	3
当	3,681	長坂　星児	無新	1
当	3,654	中西　利雄	無現	6
当	3,651	久保　洋子	自現	2
当	3,608	高岩　勝人	自現	2
当	3,548	横越　徹	自現	4
当	3,508	前　誠一	無新	1
当	3,489	松村　理治	無現	3
当	3,476	安達　前	無現	7
当	3,470	秋島　太	公現	2
当	3,451	田中　展郎	自現	4
当	3,449	井沢　義武	無現	9
当	3,430	升　きよみ	共現	10
当	3,429	麦田　徹	民新	1
当	3,425	黒沢　和規	自現	3
当	3,294	宮崎　雅人	自現	3
当	3,285	木下　和吉	自現	8
当	3,274	小林　誠	無現	2
当	3,254	福田　太郎	自現	4
当	3,183	高　芳晴	無新	1
当	3,141	苗代　明彦	無現	5
当	2,993	喜多　浩一	無新	1
当	2,926	野本　正人	自現	2
当	2,778	森尾　嘉昭	共現	7
	2,681	大桑　初枝	共新	
	2,252	北　幸栽	無新	
	2,125	太田　有彦	無新	
	2,097	塚本　敏司	無新	
	1,972	倉　満	無新	
	1,702	荒井　覚	無新	
	1,468	本明　勝	み新	
	543	沖野　正憲	無新	

出所：『北陸中日新聞』2011年4月25日より。

くれた」とし、山野市長と論戦したいと語った[14]。

森は小学校の教員出身で、日教組を支持母体とする社民党推薦候補である。同じ日教組出身の現職山本由紀子と新人塚本敏司の三人が社民党推薦候補であり、三人の合計票は一万一一〇六票。社民党の金沢市内での基礎票は、直前の県議選で盛本芳久の得た九一九八票、二〇一〇年の参院選での比例代表投票での五五三七票、二〇〇九年衆院選での社民党の比例票八六九四票を考えれば、社民党支持ではない、いわゆる無党派層からの森への投票がかなりあったと考えなければならない。

森へのインタビュー

二〇一一年一二月二一日、筆者は金沢市庁舎六階の森が所属する「会派みらい」の一室を訪ねて、今回の統一地方選についてインタビューした。

「今回の選挙は震災後の自粛選挙といわれたが」と問うと、森は「私は自粛しなかった。おしかりも受けた。石川県教組と地元地域後援会、市民運動が一体となった支援体制であったが、三・一一後は電話依頼など一週間ほど自粛した」と語った。

「さて、今回の選挙結果（五二〇〇票のトップ当選）をご自身でどう分析するか」と問うと、彼は「今までの二期八年間の議員活動の評価を受けたと思っている」と語った。市民派で深い思索とその行動力は市議会でも抜きん出た存在である。「フクシマの影響もあった。自身も衝撃を受けた。ずっと反原発を唱えてきたが、今回のような事故を防ぎ得なかったという意識が自分にはある」と、森は志賀町の堂下同様、二〇年以上にわたる反原発運動の結果がフクシマであったことに胸を痛めていた。こうした心境は数少ない反原発学者の小出裕章らと通じるものがある[15]。

森は続けて「脱原発を訴えたが、有権者に通じたという実感があった。今までは労働組合などの身内の人びとの共感は得ていたが、今回は広く市民の方々に脱原発の訴えは届いたと実感した。街頭演説の際などに立ち止まって三〇分、場合によっては一時間『原発はやはりダメですね』と話しかけた有権者がいた。手応えはあった。ミニ集会、個人演説会、総決起集会、街頭演説など選挙期間中の一週間に六〇数カ所を回って演説をした。フクシマの事故と原発に替わるエネルギー対策を訴えた」。

次に、投票率が前回の五二・八九％から四六・二八％と過去最低だったことについて、森は「自粛ムードは確かにあったが、民主党の政権交代に対する失望が有権者にあった。誰に投票してもかわらないというあきらめ。こうした現象の逆現象とも言うべきものが大阪や名古屋の選挙だ」と答えた。

民主党政権の柱だった政治主導は、財務官僚主導の消費税増税に転換し、子ども手当は骨抜きとなり、「コンクリートから人へ」の象徴だった八ッ場ダムの建設工事再開決定など、目も当てられぬ惨状が続いている。世界経済の不安定化から景気の低迷、さらなる貧富の拡大や貧困層の増大は、比較的安定した公務員へのバッシングとなり、それを声高に主張する橋下徹大阪市長の支持に繋がっている。こうした閉塞状況のもと、有権者の多くが「大きな変化への期待、強い政治へのあこがれ、民主党のふがいのなさに対する反発」を感じていると言えよう。

「民主党がその独自性を失い、自民党に限りなく近づく今こそ、それに変わるものが森さんの所属する社民党ではないか、第三極としてなぜ社民党が伸びないのか」と、少し挑発的に問いかけると、彼は「メディアの責任も大きい。自分はメディアの力を借りないで直接訴える」と答えた。なるほど、メディアの選挙報道の大きな役割の一つは、各政党間の争点の明確化にあるはずなのに、争点がないかのような報道が多すぎる。

森の支持基盤は石川県教組金沢支部であるが、同じく日教組出身の山本と支持配分をしている。前回選挙は、森が二期目で山本が初挑戦と言うことで、基礎票の県教組の比率を山本に多く配分した。社民党系の労組全農林や高教組も山本支持であった。したがって、森は二期目では票を減らした。

このことから、労組のみに頼らない幅広い支持基盤の構築が模索された。森自身は社民党員であるが、なぜ社民党「公認」でなくて「推薦」かと問うと、「大きな労働組合は民主党支持であり、旧来の労働組合に依存した運動ではダメ。市民をまきこんだ柔軟なネットワークをつくることが大事」と語った。森の支持者には、保守で自民党の支持者もいる。森の地元である中村や富樫は自民党の強いところだが、こうした自民党支持の人も個人的に森を支持してくれる人がいる。そうした人々の立場を考慮すると、公認は困難だと判断したと言う。

森はインタビューのなかでしきりに「市民」「市民社会」という言葉を口にした。「市民をまきこんだ柔軟なネットワーク」をつくるために「市民の政策研究会」を二期目当選を機に立ち上げた。森の政策や理念に共鳴する市民が集まって（四〇～五〇名の組織）、毎月、ほぼ週一回の割合で輪読会やＤＶＤ上映会、政策発表会を行っている「くるま座」には、毎回二〇人くらいが参加しているという。

例えば一月（二〇一二年）の輪読会では、中野剛志『ＴＰＰ亡国論』（集英社新書）を読んだという。また、一一年一〇月、春の統一地方選で世田谷区長選に当選した保坂展人を金沢に招き、「脱原発と市民自治」というテーマで講演会をもった。さらに「森一敏・保坂展人さんといく　再生可能エネルギーの見学ツアー」を企画して、犀川上流の金沢市営上寺発電所やダムの見学を実施している。

このように森は、脱原発やＴＰＰ問題、あるいは沖縄の基地問題などいわゆる国政問題と称される諸問題にも、市民として発言し、自治体でも取り上げるべきだと言う。「安全保障や外交は国がやると言う発想には反対。自治体が安全保障や外交に意見を言うことは必要。その意思決定に住民が参加する。それこそが本当の地方分権ではないか」と森は主張する。例えば、「イタリアの米軍基地はあくまでイタリアが基地管理権を持ち、地下水汚染の通報を受ければ、市の職員が基地の環境調査ができるなど自治体の米軍基地へのアクセス権が認められている」[16]。こうした考え方は、反原発運動や平和運動にかかわってきた森の原点を示すものである。

金沢市議選の選挙公報に原発はどう訴えられたか

志賀町議選同様、金沢市議選についても、各候補者が選挙公報で原発問題にどのようにふれていたかを見てみよう。

森は、選挙公報について、「気を使うし、重要なものだと位置づけている。自分と直接つながりを持った人には訴えることが出来るし、伝わるはず」と公報の意義を説いた。森の選挙公報は「市政に直球勝負」として五つの柱を掲げている。(1)非戦・平和、(2)脱原発、(3)ほんものの福祉、(4)ゆたかに生きるまちづくり、(5)子どもが主人公の教育、である。森は小学校教員時代から石川県教組金沢支部の書記長などを務め、教育問題や平和運動に力点を置いてきた。自治体選挙ではあまり票にならない非戦・平和を第一に挙げているのは森らしいといえる。(2)の脱原発で「原発反対に身を投じて二五年、未来への責任として脱原発、自然エネルギー政策への転換を求めます」とある。

「自分の原点は平和教育。三・一一がなければ公報に脱原発は書かなかった。自分の心情としては反原発で今までやって来たが、過去二回の選挙の公報には脱原発は書いていないと思う」と彼は語った。三・一一以前に「反原発」を唱える候補者を、世間はほとんど無視していた。それほど原発に対する関心が低かったし、それほど原発の「安全神話」が強かったと言うべきだろう。

森に次ぐ二位当選の玉野（自民党公認）は、「元気なまちに豊かな市民生活」と大書し、「北陸新幹線開業に備え、まちの魅力を発信します」、「スポーツを通して、地域を活性化します」など五つの項目を挙げているが、原発はおろか、他候補者にある「安心・安全のまちづくり」や「地震・津波対策」とい

表2－3　2011・2007・2003年選挙における共産党候補者の選挙結果

2011年			2007年			2003年		
○	広田　美代	3,870	○	升　きよみ	4,437	○	升　きよみ	4,103
○	升　きよみ	3,430	○	森尾　嘉昭	4,160	○	近松美喜子	2,937
○	森尾　嘉昭	2,778	○	大桑　　進	3,269		森尾　嘉昭	2,807
	大桑　初枝	2,681					大桑　　進	2,681
合　計		12,759			11,866			12,528
絶対得票率（%）		3.59			3.38			3.60
投票率（%）		46.28			52.89			52.35

○は当選者
出所：金沢市公式ホームページより。

う文言もない。

三位当選の清水（無所属）も「未来を担う子ども達のために、今、やるべきこと」として、六つの『金沢づくり』を提案。そのなかに「まちづくり」が挙げられているが、「安心して暮らせる金沢」という文言が文章の中にある程度である。

このように、森を除いて上位当選者のみならず、多くの候補者が原発問題に言及していない。少数の候補者が上記の如く「安心・安全のまちづくり」などを挙げている程度である。

一方、日本共産党の四人の候補者は党の政策として原発問題に言及している。四人のうち一人が落選したが、落選した大桑初枝は「安全、福祉は最優先」として、「地震・津波対策」、「志賀原発の安全総点検を」と書いた。升きよみは「志賀原発の常時監視体制の強化と対策を」、森尾嘉昭は「志賀原発の安全総点検を求め、危険なプルサーマル計画は中止させます。原発依存をやめ、自然エネルギーへ転換します」、広田美代は「くらしといのちを守る　福祉防災の金沢市を！」、「志賀原発の安全総点検・プルサーマル計画中止」を載せている。

四人の候補者はいずれも「志賀原発の安全総点検」を掲げるが、脱原発とは言い切っていない。ひとり森尾が、「原発依存をやめ、自然エネルギーへ転換します」と書いている。

では、こうした原発問題に言及した共産党は票が伸びたのか。二〇〇三年、二〇〇七年選挙と比較してみよう。表2－3のように、二〇〇七年選挙では共産党候補者は三人で、全員が当選。二〇〇三年選挙は四人立候補して二人当選している。同じ四人が立候補した今年（二〇一一年）と二〇〇三年選挙の比較は大変興味深いものである。投票率が約六％違っても、両者の得票数はほとんど同じである。すなわち、絶対得票率がほぼ同じだということである。ゆえに、二〇〇三年に比べて二〇一一年選挙は投票率が六％下がった分だけ、共産党が相対的に優位になったということである。ここに組織政党としての共産党の強さと弱さがある。

したがって、今回、フクシマによって共産党への支持が増えたとは言えないのである。フクシマに衝撃を受けた浮動者層は共産党ではなく、森に多く投じたと見るべきである。

5　愚者は経験に学び、賢者は歴史に学ぶ

阪神・淡路大震災の教訓

一九九五年の一月一七日、阪神・淡路大震災が起こった。震度七、マグニチュード七・三、死者およそ六五〇〇名というかつてない都市型大地震であった。

筆者は当時、明石市に近い神戸市西区の海沿いのマンションに住んでいた。午前五時四六分、就寝中の筆者は、下からの強烈なエネルギーに二～三回、突き上げられ、大げさではなく一メール以上も身体が浮上したように感じた。その後、今度は大きな横揺れを経験することになる。新築のマンション自体は崩壊しなかったものの、机を除く部屋中の全ての物品が倒れた。一七年前の記憶は鮮明である。

一・一七の前と後では、筆者の生活はもとより、考え方、大げさに言えば価値観が大きく変わった。

自分の家を所有したいといった所有欲は減退し、多くの品々に囲まれた生活への懐疑が強まった。

神戸の震災後、我々の生活は変わらなければならなかった。それは単に地震対策上の日常からの備えといったレベルではなく、日本のあるいは日本人の将来に対する根源的な生き方に関わる問いかけであった。しかし、震災後の日本の政府が執った方針は、震災復興という名の従来型の「成長路線」であり、その延長線上に小泉構造改革、すなわち新自由主義的政策が展開された。「震災後」の日本の政治は小泉構造改革とは別のベクトル、否、逆のベクトルが求められねばならなかったのではないか。我々はあの「神戸」からほとんど何も学んでこなかったことが、今度の三・一一後の状況で明らかになった[17]。

否、前掲ミッティカは書く。「チェルノブイリの大惨事から二五年が過ぎた。四半世紀経って何千キロも離れた地に、核の悪夢という怪物がふたたび戻ってきた。この二五年間に人間が思考し、反省し、知識を得、理解する時間は十分あったにもかかわらず、情け容赦なく悲劇が繰りかえされたことに驚きを隠せない[18]」。

冒頭の「愚者は経験に学び、賢者は歴史に学ぶ」とは、ドイツの鉄血宰相・ビスマルクの言葉であるが、賢者は他人の経験をイマジネーションを以て自らのものとして生かすことが出来るというのが「歴史に学ぶ」の意味であろう。一方、愚者は自分の経験こそが全てであり、他人の経験や過去の人類の経験を考慮することがない。「神戸」の経験は日本人全体の経験とはならなかった。「神戸」の経験すら学べなかった我々は、一九八六年四月に起こった遠く離れたチェルノブイリ原発事故からはもっと学ばなかった。もちろん、チェルノブイリから学び、日本の原発に警告を発し、日本でも起こりうると訴えた研究者やルポライター・市民グループも少なからずいたし、彼らによる論文も発表された。しかし、それらは政・官・業・学・大手メディアによる「安全神話」キャンペーンのもとでは、ほとんど無視されたのであった[19]。

チェルノブイリ直後の一九八六年衆参同日選挙

その一例を我々はチェルノブイリ事故（一九八六年四月二六日）の直後、一九八六年七月、中曽根内閣のもとで実施された衆参同日選挙に見ることが出来る。

チェルノブイリ事故という史上最大の原子力事故の直後の衆院選で、戦後の原子力政策を推進してきた自民党の中曽根政権が、戦後最大の自民党三〇四議席を獲得したことの意味をどう解すればいいのか。[20]

若き中曽根康弘が、原発関連経費を日本で初めて盛り込んだ予算修正案（二億三五〇〇万円＝ウラン二三五）を提出したのはビキニ事件から二日後の一九五四年三月三日であった。このとき中曽根には「原子力平和利用を通じて将来に核オプションを残す」狙いを持っていた[21]、という。

岸信介もまた、回顧録で次のように語っている。「昭和三三年（一九五八）正月六日、私は茨城県東海村の原子力研究所を視察した。日本の原子力研究はまだ緒についたばかりであったが、私は原子力の将来に非常な関心と期待を寄せていた。原子力技術はそれ自体平和利用も兵器としての使用も共に可能である。どちらに用いるかは政策であり、国家意志の問題である。…平和利用にせよその技術が進歩するにつれて、兵器としての可能性は自動的に高まってくる。日本は核兵器を持たないが、［核兵器保有の］潜在的可能性を高めることによって、軍縮や核実験禁止問題などについて、国際の場における発言力を高めることが出来る[22]」。

中曽根・岸に見られるように、戦後日本の原子力開発の真の狙いは、エネルギー需要に対処するというよりは、戦後のパワー・ポリティックスにおける核兵器の潜在的保有力の確保にあったというべきである[23]。そして、こうした考え方は三・一一後の原発維持派の論拠と重なるものである。

6　国民主権とは何か

三・一一からおよそ一カ月半後の四月二四日に行われた志賀町議選および金沢市議選において、二〇年以上前から反原発運動のリーダーとして活動してきた堂下と森が、それぞれトップ当選を果たした。その意味や背景を本人のインタビューを交えて解明してきた。

しかし、三・一一からまだ日の浅いこの選挙の時点では、多くの国民が福島第一原発事故の本当の深刻さを必ずしも十分に理解していたとは言い難かった。大きなショックを受けたことは事実だが、事態を十分に認識しないまま選挙に突入したのが実情である。それでも多くの人々が原発にNOの意思表示をしたことはすでにみた。

しかし、三・一一からおよそ一年が経過した今、戦後日本の原発政策を推進してきた政府（経産省）・電力会社・専門家（学者）、そして自民党の族議員、さらに大手メディアによる原発の「安全神話」というカラクリが白日の下に晒された。

二〇一一年一二月の野田佳彦首相による「福島の事故収束」宣言にもかかわらず、放射線被曝はいっそうの広がりと深刻さを増している。地元の双葉町町長は、「野田首相の『収束宣言』は現場を知るものとしてとんでもないことと思う。認めるわけにはいかない」、三・一一以来、「これほどの被曝者を出し続けていて、世界から原子力輸出国として認証されるのか疑問です。国家の恥だと思っています」[24]と強く批判した。

国民の意思表示は四年に一度の投票に限定されるものではない。選挙とは別に、住民投票やデモや陳情など様々な国民（主権者）の意思表示がなければ、議会制民主主義は機能しない。ドイツのメルケル政権は、二〇二二年までにすべての原子力発電所を閉鎖することを決定した。イタリアでは国民投票の結果、九四％が原発NOを突きつけた。当事者である日本はどうするのか。原発をどうするか、地域の安全・安心をどう守っていくのか。そのことを、住民自身が決めることが地域主権（森の言う「地方分権」）であり、民主主義の原点でもある。(25)

註

（1）二〇〇六年三月、一審の金沢地裁判決は稼働中の原発では初めて運転差し止めを認めたが、二審で逆転敗訴、一〇年一〇月、最高裁で住民敗訴確定。
（2）『朝日新聞』二〇一一年四月二五日。
（3）『原発事故二〇年——チェルノブイリの現在』柏書房、二〇一一年。この本の著者でイタリアの写真家ピエルパオロ・ミッティカは、来日後の会見で次のように語った。「チェルノブイリ原発事故が起きたとき、ソ連政府は三〇キロ圏内の立入禁止区域を設けましたが、それは現在もずっと続いています。汚染はおよそ二〇万年続くからです。同じ状況が、福島でも起きている。日本政府は二〇キロ圏内の立入禁止区域を設けましたが、これはおそらく二〇万年続くでしょう。なぜなら、汚染の値がとても高いからです。私たちは二五年後の福島で、チェルノブイリの現在と同じ状況に直面するのです。」（『図書新聞』三〇四三号、二〇一一年一二月二四日）。
（4）『北陸中日新聞』四月二五日。
（5）同上。
（6）堂下健一氏へのインタビュー（二〇一二年一月一七日実施）、堂下健一「志賀原発の再稼働を止め、廃炉へ」『季刊水俣支援東京ニュース』六〇号、二〇一二年一月二五日、一二三頁。
（7）経産省原子力安全・保安院が、INES（国際原子力・放射線事象評価尺度）をチェルノブイリ級の最高基準「レベル7」へ引き上げたのは、事故からおよそ一カ月後の四月一二日のことだった。しかし、三月一一日の地震の翌日、一二日のTBS「報道特集」では、「原子力資料情報室」(代表＝故高木仁三郎)の伴英幸がすでに炉心溶融の可能性に言及し、「レベル7」を予告していた。
(8) 前掲、堂下「志賀原発の再稼働を止め、廃炉へ」二三頁。
(9) 同上、二三〜二四頁、および本人よりの聞き取りによる。
(10) 本人よりの聞き取りによる。
(11) 『北国新聞』二〇〇七年四月二一日。
(12) 一九七二年五月二〇日、原発の賛否を問う全国初の住民投票が志賀町の赤住地区で行われた。ところが、石川県と志賀町はこの住民投票に執拗に、強引に介入。なんとか投票にこぎ着けたものの、県・町は、今度は開票とりやめ、投票用紙の廃棄という暴挙に出て、石川県初の住民自治の芽はつみ取られてしまった(田村光彰「能登原発建設をめぐるふたつの住民投票」『技術の人間』一九八八年五月号、五三〜五四頁)。
(13) 岩淵正明「志賀原発訴訟と福島原発事故」二〇一一年九月三日、金沢での講演要旨。および新聞記事(『北陸中新聞』二〇〇六年三月二四日など)参照。
(14) 『北国新聞』四月二五日。
(15) 小出裕章は多くのインタビューや著書のなかで次のように語っている。「私は、原発をやめさせるために原子力を研究してきた者です。事故が起きないように私にできることをしてきたつもりです。だからこそ私は原子力の専門家として、福島第一原発の事故を防げなかったことを本当に申し訳なく思います。」(小出裕章『原発はいらない』幻冬舎、二〇一一年、一八頁)。
(16) 沖縄タイムス社・神奈川新聞社・長崎新聞社『米軍基地の現場から』高文研、二〇一一年、四頁。
(17) 柄谷行人「地震と日本」『現代思想』二〇一一年五月号、二二〜二三頁。
(18) ピエルパロオ・ミッティカ前掲書、五頁。
(19) しかし、チェルノブイリ原発事故で、原発に対する日本社会の意識が一変したこともまた事実である。原発建設の是非をめぐる世論調査では、一九八〇年代初頭まで五〇%を超えていた賛成派が八六年に激減する。代わって、反対派が八六年に初めて四〇%を突破し、これ以降一貫して原発に反対と答える人が賛成派を上回るようになる（樋口直人「未来の『予言者』としての社会運動」大畑裕嗣ほか編『社会運動の社会学』有斐閣、二〇〇四年、二一一頁）。

(20)　一九八六年衆院選は「争点なき選挙」（『毎日新聞』一九八六年七月四日）といわれたが、六月一七日の『朝日新聞』には、「多彩な政策掲げ同日選に挑む各政党」とあって、「憲法」「政治倫理」「教育」「行財政改革」などと並んで「原子力発電」が政策項目に挙げられていた。自民党は日本の原発は厳しい安全規制のもとにあり、またソ連の事故を起こした原子炉とは炉型が異なるので、影響はないと主張した。しかし、社会党や共産党は、チェルノブイリ原発によって原子力発電の安全性に大きな疑念を抱かせたと警告を発した。また、社民連（社会民主連合）は、日本政府の原発優先政策を批判し、政府および電力会社は、太陽熱・太陽光発電、風力発電、潮力発電など再生可能なソフトエネルギーの開発に全面的に取り組むべきだと主張した。

三年後の一九八九年参院選では、比例区に候補者を立てた四〇の政党の中に「原発いらない人びと」が登場したが、得票総数は一六一五二三票で、議席獲得には至らなかった（『朝日新聞』一九八九年七月二五日）。なお、この選挙の直前、当時、社民連に所属していた菅直人衆議院議員は、「原発をつぎの選挙の争点にしてください」という「ミセスのための原発座談会」に出席して、次のように答えていた。「原発にかぎらず、こういう全国民的な課題というのは、本来は直接に国民投票で賛否を決めるのがいちばんいいと思う」、「原発の問題は国会では非常に感度が悪い。…感度が悪いと、なかなか法案としてももっていけない。…原発より消費税のほうへ、やはりみんなの目は向かっているわけですからね。」（『通販生活』カタログハウス、一九八九年夏号、同、二〇一一年秋号、二頁より重引）。チェルノブイリから三年後、今から二四年前の菅元首相の発言である。

(21)　春名幹男「原爆から原発へ　マンハッタン計画という淵源」『世界』岩波書店、二〇一一年六月号、七四頁。

(22)　山本義隆『福島の原発事故をめぐって』みすず書房、二〇一一年、八〜九頁。

(23)　同右。

(24)『北陸中日新聞』二〇一二年一月六日。
(25) 浅野史郎「『お任せ民主主義』を克服できるか」『世界』岩波書店、二〇一二年四月号、一七五頁。

参考文献

白鳥浩編著『政権交代選挙の政治学――地方から変わる日本政治』ミネルヴァ書房、二〇一〇年。
絓秀実『反原発の思想史――冷戦からフクシマへ』筑摩書房、二〇一二年。
杣正夫編『日本の総選挙 1986年 同日選挙 自民党300時代の登場』九州大学出版会、一九八七年。
源川真希『近代日本の地域政治構造』日本経済評論社、二〇〇一年。

[追記] 脱稿後、次のような事実があった。

本章の主役とも言うべき森一敏金沢市議会議員は、二〇一二年一二月の衆院選で、選挙期日前に石川一区の社民党候補者の「投票を呼びかける文書を配った」(『朝日新聞』二〇一三年二月一日) として、公職選挙法違反 (事前運動、文書頒布) の疑いで二〇一三年一月、書類送検された。森は事前運動ではなく、「後援会入会をお願いする文書」を送ったと主張した (同上) が、三月、金沢簡易裁判所は森に罰金三〇万円、公民権停止二年の略式命令を出した。これを受け、森は四月一日辞職した (同上、四月二日)。

こうした事態に至った背景には、本章で示した二〇一一年金沢市議選で、森が反原発を主張してトップ当選したという事実があったが、これについては別稿で論じる予定である。

第3章　東日本大震災と自治体選挙
――被災地福島県の対応――

今井　照

二〇一一年四月はいわゆる統一地方選の施行が予定されていた。しかしその直前の三月一一日に歴史的な規模の東日本大震災が発生し、あわせてかつて経験したことのない原発災害が起きる。東日本大震災は津波を中心に二万人近い犠牲者を生み出し、二年後の時点でも、三〇万人以上の人たちが仮設住宅等に避難者としての生活を強いられている。なかでも福島では、主として原発災害により一五万人の人たちが地域を離れて生活をしており、このうち六万人弱は県外に避難している。

地震、津波、原発という大規模複合災害により、東北地方を中心とした被災地においては、予定されていた自治体選挙が施行できないという事態が予測され、特例的な措置が取られることになった。本章では、まずこれらの特例措置の概要をまとめ、特に福島県を中心とした選挙結果の概況を整理する。そのうえで、選挙の特徴や争点を考察する。これらのことを通じて、自治体における選挙の意義や震災時の議会活動のあり方、あるいは今後の非常時の対応について知見を得ることを目的としている。

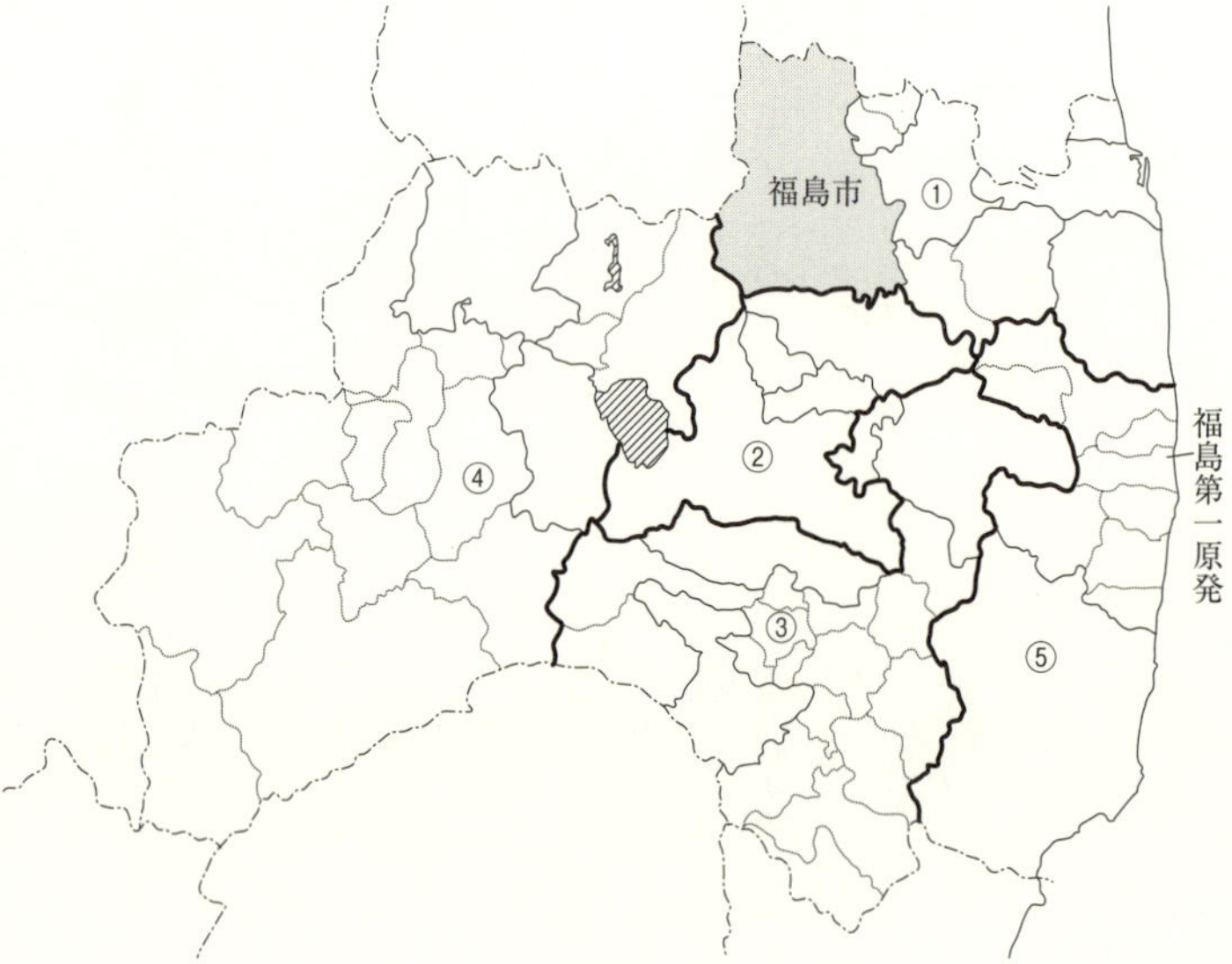

図３－１　衆議院選挙区（福島県）

1　統一地方選延期特例法の論点

総務大臣の指定

東日本大震災の発災直後から総務省は統一地方選の延期に向けて動き出した。震災五日後の三月一六日には「平成二十三年東北地方太平洋沖地震に伴う地方公共団体の議会及び長の選挙期日等の臨時特例に関する法律」案を衆議院に送っている。一七日には委員会と本会議で審議可決され、同日に参議院に付託され一八日に成立している（二二日に公布）。いずれも審議は短時間で、法案の成立については国会全体が協力的だったといえよう。

ただし、参議院には、みんなの党から対案が提出されており、審議未了の扱いになっている。対案は、被災地の自治体だけではなく、統一地方選全体を延期することを求めたものになっていた。非常時において、対応にスピードが求められていたとはいえ、今後、同様の事態が発生した時のことを考えると、この法案にはいくつかの問題点が存在していることを明らかにしておくべきだろう。

第一に、どの自治体選挙を延期するかの判断が総務大臣の指定になっている点である（第一条第一項）。阪神・淡路大震災のあった一九九五年も統一地方選が施行される年だった。このときも今回と同様に「阪神・淡路大震災に伴う地方公共団体の議会の議員及び長の選挙期日等の臨時特例に関する法律」が制定され、やはり自治大臣の指定により兵庫県と三市の選挙が延期されている。ただし、この法律ではその対象範囲を「阪神・淡路大震災に対処するための特別の財政援助及び助成に関する法律」に規定された「特定被災区域」と枠をはめており、なおかつ選挙の公示日まで法定化されているので、今回よりは大臣の裁量の範囲が限定的になっている。東日本大震災の場合、発災五日後の時点では、地震や津波の被災状況はもちろん、おそらく政府自身も原発災害がどの程度のものになるのか、よくわからなかったと思われ、そういう意味では延期する選挙そのものを指定せず、総務大臣の判断に委ねたという事情はわからないでもない。ただ、もしそうだとしても、市町村からの申請あるいは届け出とすることも不可能ではなく、また対案のように選挙全体を延期するという選択肢もないわけではなかった。後述のように、いくつかのトラブルが発生したことを考えれば、どうして総務大臣の指定にしたのかということは問われなければならない。

市町村と県の対立

第二に、総務大臣はこの指定にあたって、当該県の選挙管理委員会の意見を聴くことになっており、県の選挙管理委員会は当該市町村の選挙管理委員会の意見を聴くという構造になっていることである（第一条第五項、第六項）。まずここで書かれている「当該」の定義だが、統一地方選が予定されている自治体という意味なのか、総務大臣が指定しようとする自治体という意味なのかが自明ではない。前者であれば、一般的には「当該都道府県」と書くべきところだが、法案では「当該県」という表記になっている以上、後者ではないかと推測できる。もし後者であれば、意見を聴く時点から既に総務大臣は一定の選別をしていることになる。

さらに問題は、市町村の意見が、まず県のフィルターにかけられてから総務大臣に伝わるという構造になっていることである。はたしてこのような構造は二〇〇〇年分権改革を経験した政府間関係では普遍的なしくみといえるだろうか。もちろん、都道府県が業務としてそれぞれの市町村の意見を集約するということはありうるが、それは個々の市町村の意見を都道府県の判断で捨象してよいということではない。たとえひとつしかない意見であろうと、政府間関係（市町村―都道府県関係）からいえば、尊重されなければならない。なぜなら、それぞれの市町村には固有の地域事情があるということが地方自治の前提にあるからである。

果たして、選挙の実施について、市町村と県との間に意見の対立があり、その結果、きわめて異例な事態を招来する事例が起きている。震災で激しい液状化現象が起こり、多大な被害を受けた浦安市では、統一地方選として予定されていた千葉県議選の施行が不可能と判断した。しかし千葉県選挙管理委員会は可能と判断し、浦安市選挙管理委員会に対し、地方自治法第二四五条の四第一項を根拠とした「勧告」を行い、さらに、この勧告に従わない市選管に対して、第二四五条の七第二項に基づく「是正の指示」を行っている。そもそもこのような対応にまで至ることが異例であるが、これに加えて、千葉県知事は、明らかに本筋ではない難癖をつけて、浦安市長に対し第二四五条の六に基づく「是正の勧告」まで行った(1)。

平時であれば、このような過剰かつ逸脱した関与は、自治紛争処理委員にかけられ、しかるべき措置が取られても当然のことである。しかし、かつて千葉県知事は我孫子市長に対しても、法の主旨を超えた高圧的な対応をし、しかもそれが制度上の欠陥を含むがゆえに結果的に是認されてきた経緯がある(2)。

最終的に、千葉県議選は浦安選挙区だけ投票が行われず、約一カ月後の五月二二日投票の再選挙で議員が選出されている。こうした事例を見ても、総務大臣が県選管の意見を聴くだけに過ぎないしくみは非常時においても問題があり、自治法が定める市町村優先の原則に反するばかりか、そもそも自治・分権の意義を理解していない制度といえる。市町村からの申請あるいは届け出によって決定されるなど、個別市町村の意思を尊重するしくみであるべきだろう。

選挙期間の限定

統一地方選延期特例法の第三の論点は、告示日の規定である。この特例法では「公職選挙法第三十三条第五項又は第三十四条第六項の規定にかかわらず」として、延期する選挙の告示日が決められている。具体的に見ていくと、例えば町村の議会議員や長の選挙の告示日は、公職選挙法上は「少なくとも五日前に」告示をすることになっているところ、この特例法ではこの規定にかかわらず「特例選挙期日前五日に当たる日」となっている。この規定は県や指定都市、その他の市についても、同様の規定のしかたになっている。つまり公職選挙法のそれぞれの号にある「少なくとも」の文字が意図的に消されているのである。

避難者が多数出ている状態、特に原発災害では全域避難によってその自治体の中に有権者が一人もいない状態であり、むしろ選挙期間は平時よりも長く取らなければならないはずである。もしこの特例法のように町村選挙で五日間とすれば、誰が立候補をしているのかさえ、全国各地に避難している有権者に周知することはできないだろうし、まして、不在者投票や期日前投票の機会はきわめて限定的にしか与えられないだろう。総務省として、まっとうな選挙をやる気があるのかどうか疑わしい規定となっている。

その後、統一地方選延期特例法は二回にわたって改正されている。最初の改正は五月一〇日に国会に送付され、二〇日に成立して二七日に公布された。法律名を変えたほか（東日本大震災に伴う地方公共団体の議会の議員及び長の選挙期日等の臨時特例に関する法律）、統一地方選の対象とはなっていなかった六月一一日以降に任期満了を迎える自治体の議会議員と長の選挙についても延期を認めることとした。総務大臣が自治体を指定するという構図は維持されているが、選挙管理委員会からの意見聴取に尊重義務を課したのも特徴といえる。なぜこの時点で尊重義務が課せられることになったのか。委員会審議をみても政府からきちんとした説明が行われた形跡はない。前述の浦安問題が影響していると推測される。

二回目の改正は議員提出で、七月二八日に提案され、八月三日に可決して一〇日に公布されている。延期される選挙施行日の限度を「法律の施行の日から起算して二月を超え六月を超えない範囲」から「平成二十三年十二月三十一日までの間」に延長した改正である。この時点で当初の限度内での選挙施行が無理と考えた自治体があったためであろう。

またこの改正で、告示日の規定が変更されている。前述のように、この特例法では公職選挙法の規定にかかわらず、告示日について「少なくとも」の文字が消され、選挙期間が限定的になっていたが、この改正で「定める日」のあとに「まで」を加えることで、実質的に公職選挙法と同様の規定になった。すなわち選挙期間について、最低の期間を規定することで、事情に応じて選挙期間が延長できるようになったのである。実際に選挙期間を長めにとって施行される事例がこの後に出てくることを考えれば、当然の改正であり、むしろ特例法の規定がそもそも間違っていたことを示している。

2　震災後の自治体選挙

選挙延期（任期延長）の概要

特例法に基づき、選挙延期（任期延長）についての総務大臣の指定は次のように行われた。まず、特例法の公布日である三月二二日に第一次指定として、岩手県内で一市五町村、宮城県内で三市五町、福島県内で一市五町村、合計五市一五町村が指定された。津波と原発の直接的な被災地自治体が指定されている。続いて二四日には第二次指定として、岩手県内で三市三町村、宮城県内で一市六町村、福島県内で五市一〇町村、合計九市一九町村が指定される。ここでは内陸部の市町村が挙げられ、「避難者の受入対策や被災地への職員派遣など」が理由とされている。二九日には第三次指定として、初めて東北三県以外の茨城県水戸市が指定された。法律に基づいてこれらの自治体が総務大臣によって指定されたのであれば、震災直後、わずか数日間の混乱した時期に、総務大臣は各県の選挙管理委員会の意見を聴き、各県の選挙管理委員会は市町村の選挙管理委員会の意見を聴いたということになる。実態として、これらがどのように行われたのかは興味深いところである。

五月の第一次改正によって、新たに六月一一日以降に任期満了の選挙も指定されるようになり、五月二七日には、岩手県一市、宮城県二町、福島県一町の合計一市三町が指定された。以上のように、四回にわたって順次指定された市町村数は、あわせて一六市三七町の五三市町村となるが、選挙数でみると、岩手の県知事選、岩手、宮城、福島の三県の県議選、さらに市町村によっては議会議員と長の選挙の双方がある場合も含まれるのでこれよりも多くなる。結果的に、県知事選一、県議選三、市町村長選一七、市町村議選四四、合計六五選挙が特例を受けて延期されることとなった。

ただし、逆にいうと東北三県でも、当初の予定どおりに執行された選挙もそれなりにある。例えば、福島県でも、喜多方市議選、矢祭町長選、南会津町議選、古殿町長選、玉川町長選、北塩原村議選、鮫川村議選が、当初予定どおりの統一地方選として施行された。これらの市町村には、津波の被害があったわけではないが、延期された市町村と比較して、必ずしも震災の被害が小さかったといえるわけではない。

客観的にみて、それほど被災状況が変わらない市町村で、一方は選挙が施行され、一方は延期されるという違いをどのように考えたらよいのか。市町村ごとに判断の違いが出ること自体は分権型社会にとって当然のことであり、それはそのまま認容されると考えるべきだろう。それでは、なぜここで、総務大臣の指定にこだわったのだろうか。各自治体の意思決定をそのまま選挙延期の決定にしてはいけなかったのであろうか。ここにもパターナリズムの病理を感じる。

延期された選挙のうち、最初に施行された選挙は五月二九日の水戸の市長選と市議選、福島県桧枝岐村の村長選と村議選であり、最後に施行された選挙は一一月二〇日の福島県議選や福島県内の相馬市、川俣町、双葉郡のうちの六町村の町長選や市町村議選だった。

避難生活中の選挙施行

震災以降から二〇一二年四月までの福島県内の自治体選挙の結果は表3－1のとおりである。県議選と四九市町村議会議員選、二一市町村長選が施行された。福島県内の市町村数は五九であるから、この一年余りの間に、議会議員選については八割近く、市町村長選については四割近くが施行されたことになる。

一六万人の人たちが避難している状況で選挙はどのように施行されたのか。震災直後から直接の避難指示が出ている市町村は、双葉郡の八町村と飯舘村の全域、田村市、南相馬市、川俣町の一部、さらにホットスポットでは伊達市の一部が該当する。しかし現実には、その他の市町村からも放射線リスクを回避するために数多くの市民が市外や県外に避難している。

類似の事例としては、東京都の三宅島が二〇〇〇年の噴火による有毒ガスの排出によって四年半余りにわたって全島避難していたとき、国政や都政を含めて、各種選挙を実施してきたことがある。このときは都内の主要個所に投票所を設け、不在者投票で補完した（期日前投票制度は二〇〇三年創設）。ただし、この時の規模は人口でいえば数千人程度であり、また避難も村役場と都庁の斡旋によるものが過半で、住民の所在も把握されていたが、今回はそれ以上の困難が予想された。

しかし結果的には、どの自治体でもほぼ平時と遜色ない選挙が実施できたと評価できるだろう。もち

表 3 - 1　震災以降の福島県内自治体選挙（補欠選挙を除く。2012年 4 月末現在）

	延期特例	直接被災地	選挙	投票（予定）日	投票率（%）	立候補者数	当選者数	当選者現職	当選者新人・元職	新人・元職/当選者(%)	前回投票率（%）	投票率（今回－前回）
議会議員選挙	＊		県議選	2011年11月20日	47.51	88	58	36	22	37.9	56.99	△ 9.48
	＊		福島市議選	2011年 7 月31日	42.36	44	38	30	8	21.1	56.81	△ 14.45
	＊		会津若松市議選	2011年 8 月 7 日	59.98	32	30	24	6	20.0	69.51	△ 9.53
	＊		郡山市議選	2011年 9 月 4 日	43.10	43	40	28	12	30.0	56.87	△ 13.77
	＊		白河市議選	2011年 7 月10日	64.91	28	26	20	6	23.1	71.03	△ 6.12
	＊		須賀川市議選	2011年 9 月 4 日	60.52	32	28	22	6	21.4	71.16	△ 10.64
			喜多方市議選	2011年 4 月24日	69.27	27	26	22	4	15.4	82.05	△ 12.78
	＊	＊	相馬市議選	2011年11月20日	68.96	24	20	13	7	35.0	75.07	△ 6.11
			本宮市議選	2011年 7 月10日	64.91	25	24	20	4	16.7	77.97	△ 13.06
			桑折町議選	2011年10月 2 日	無投票	14	14	11	3	21.4	70.90	
	＊		国見町議選	2011年 6 月19日	無投票	12	12	9	3	25.0	80.33	
	＊		川俣町議選	2011年11月20日	69.89	18	16	14	2	12.5	77.24	△ 7.35
			大玉町議選	2011年 8 月 7 日	無投票	12	12	11	1	8.3	80.62	
	＊		鏡石町議選	2011年 9 月 4 日	66.49	14	12	6	6	50.0	無投票	
			天栄村議選	2012年 3 月25日	無投票	10	10	7	3	30.0	84.64	
			下郷町議選	2012年 3 月25日	86.96	15	12	10	2	16.7	88.81	△ 1.85
	＊		桧枝岐村議選	2011年 5 月29日	無投票	8	8	7	1	12.5	96.59	
			只見町議選	2012年 3 月25日	91.50	14	12	9	3	25.0	93.11	△ 1.61
			南会津町議選	2011年 4 月24日	83.67	22	18	13	5	27.8	86.74	△ 3.07
			北塩原村議選	2011年 4 月24日	84.19	13	12	11	1	8.3	89.49	△ 5.30
			西会津町議選	2011年 6 月26日	85.10	18	14	8	6	42.9	87.28	△ 2.18
	＊		磐梯町議選	2011年 6 月26日	83.55	11	10	6	4	40.0	無投票	
			猪苗代町議選	2012年 2 月19日	70.15	19	16	12	4	25.0	69.39	0.76
			会津坂下町議選	2012年 3 月25日	67.63	17	16	11	5	31.3	76.82	△ 9.19
			柳津町議選	2012年 3 月25日	85.90	13	10	8	2	20.0	86.22	△ 0.32
			三島町議選	2012年 4 月15日	88.82	9	8	4	4	50.0	無投票	
			金山町議選	2011年11月27日	無投票	10	10	8	2	20.0	90.02	
	＊		昭和村議選	2011年 6 月26日	91.35	12	10	5	5	50.0	無投票	
	＊		西郷村議選	2011年 8 月28日	64.71	20	18	15	3	16.7	69.32	△ 4.61
			泉崎村議選	2011年 9 月18日	79.43	11	10	8	2	20.0	84.74	△ 5.31
			中島村議選	2011年 9 月11日	無投票	8	8	7	1	12.5	85.63	
			矢吹町議選	2012年 3 月25日	無投票	16	16	12	4	25.0	68.28	
			棚倉町議選	2011年12月 4 日	75.52	17	14	9	5	35.7	77.99	△ 2.47
			矢祭町議選	2012年 3 月25日	87.56	12	10	4	6	60.0	88.22	△ 0.66
			塙町議選	2012年 3 月25日	83.60	15	14	10	4	28.6	85.76	△ 2.16
			鮫川村議選	2011年 4 月24日	無投票	12	12	11	1	8.3	92.74	
			石川町議選	2011年 9 月 4 日	77.14	15	14	12	2	14.3	80.51	△ 3.37
			玉川村議選	2012年 3 月25日	79.91	14	12	7	5	41.7	83.88	△ 3.97
			平田村議選	2012年 3 月25日	84.22	13	12	11	1	8.3	無投票	
			浅川町議選	2011年 9 月18日	79.32	13	12	9	3	25.0	83.18	△ 3.86
			古殿町議選	2012年 3 月25日	88.20	14	12	10	2	16.7	89.58	△ 1.38
			三春町議選	2011年 9 月18日	66.96	19	16	11	5	31.3	無投票	
			小野町議選	2012年 1 月22日	76.40	13	12	6	6	50.0	81.39	△ 4.99
	＊	＊	広野町議選	2011年11月20日	75.34	15	12	10	2	16.7	88.03	△ 12.69
		＊	富岡町議選	2012年 3 月15日	48.62	16	14	9	5	35.7	無投票	
	＊	＊	川内村議選	2011年11月20日	85.34	13	10	8	2	20.0	93.93	△ 8.59
	＊	＊	大熊町議選	2011年11月20日	68.34	18	14	11	3	21.4	無投票	
	＊	＊	双葉町議選	2011年11月20日	63.65	13	8	6	2	25.0	81.52	△ 17.87
	＊	＊	葛尾村議選	2011年11月20日	88.09	10	8	5	3	37.5	89.11	△ 1.02
	＊	＊	新地町議選	2011年11月20日	80.54	16	13	7	6	46.2	82.79	△ 2.25

	延期特例	直接被災地	選挙	投票（予定）日	投票率（%）	立候補者数	当選者属性	前回投票率（%）	投票率（今回－前回）
市町村長選挙	＊		会津若松市長選	2011年8月7日	59.99	2(新2)	県議	69.51	△9.52
	＊		白河市長選	2011年7月10日	64.91	2(現1新1)	現職	71.64	△6.73
			天栄村長選	2011年8月28日	86.01	2(現1新1)	会社役員	無投票	
	＊		桧枝岐村長選	2011年5月29日	無投票	1(現1)	現職	96.59	
	＊		磐梯町長選	2011年6月26日	83.55	2(現1新1)	現職	無投票	
	＊		猪苗代町長選	2011年6月26日	72.50	2(新2)	元役所課長	80.32	△7.82
	＊		会津坂下町長選	2011年6月26日	無投票	1(現1)	現職	無投票	
			湯川村長選	2011年10月30日	無投票	1(現1)	現職	無投票	
	＊		柳津町長選	2011年6月26日	無投票	1(現1)	現職	88.05	
			三島町長選	2011年5月15日	88.61	2(新2)	元町議	無投票	
			矢吹町長選	2011年12月25日	52.96	2(現1新1)	現職	68.08	△15.12
			矢祭町長選	2011年4月24日	87.22	2(現1新1)	現職	無投票	
			鮫川村長選	2011年8月28日	無投票	1(現1)	現職	無投票	
			玉川村長選	2011年4月24日	無投票	1(現1)	現職	無投票	
			平田村長選	2011年7月24日	無投票	1(現1)	現職	87.35	
			古殿町長選	2011年4月24日	無投票	1(現1)	現職	91.55	
			三春町長選	2011年9月18日	無投票	1(現1)	現職	無投票	
		＊	楢葉町長選	2012年4月15日	78.21	2(新2)	元町議	83.81	△5.60
		＊	川内村長選	2012年4月22日	82.43	3(現1新2)	現職	無投票	
	＊	＊	大熊町長選	2011年11月20日	68.34	2(現1新1)	現職	無投票	
		＊	浪江町長選	2011年11月20日	無投票	1(現1)	現職	73.51	

注：「直接被災地」とは，原発災害で全域が避難した市町村または津波の被害があった被災地とした。

出所：各種報道と福島県選挙管理委員会資料を加工して作成。

ろん、その影には各自治体の努力や全国から選挙施行の応援に駆け付けた自治体職員の尽力があるが、多くの市民の参政権を保障し、被災後の地域のまちづくりの担い手を選出した意義は大きい。

具体的に選挙の施行方法をみていくと、避難指示の出ていた市町村では震災一カ月後の四月には、ほぼどの自治体でも九九％以上の市民の所在を把握できていた。義援金や東電からの仮払補償金などの手続きを通じて、ほとんどの市民が役所に所在を届け出ていたからである。むしろ把握が困難だったのは、避難指示の出ている自治体ではなく、その周辺の地域から放射線リスクを考えて避難した人たちの所在確認だった。この人たちに対しては、当該自治体は所在を確認する動機も術もない。この場合には、避難者も積極的に当該自治体に届け出る可能性は少ない。

選挙は、役所そのものが避難している施設など、主要な避難先に投票所が設けられ、あわせて期日前投票と不在者投票の併用で実施された。ただし期日前投票と不在者投票は手続き的に混同しがちな制度であり、実態としては避難している有権者に混乱をもたらした。不在者投票は、事前に当該自治体に手続きを取り、それを受けて避難先の自治体で投票を行う制度であり、期日前投票は事前に特別の手続きはなく、指定された投票所で投票日前に投票できる制度であるが、一旦、不在者投票の手続きを取り始めれば、期日前投票はできなくなる。この二つの制度は、そもそもこのような大規模な災害避難を想定した制度ではなく、またそれぞれの整合性もあまりないこともあり、今後はもう少し別のやり方が工夫されてもよいだろう。

投票率の推移

投票率は、前回選挙と比較して、猪苗代町議選を除くすべての選挙で減少している。これが震災による影響なのか、全国的な政治動向と同じものなのか、即断はできない。原発災害によって、すべての住民が自治体の外に避難している双葉郡の町村では、投票率の低下が心配されていたが、双葉町議選と広野町議選を除いて、全般的には大きな低下にはなっていない。むしろ投票率の低下が目立つのは、福島市議選、郡山市議選、本宮市議選など、直接被災地（原発災害による全域避難自治体と津波被災自治体）ではなく、どちらかといえば県内では都市部にあたる地域である。矢吹町長選も投票率の減少幅が大きいが、これは圧倒的に現職優位の選挙が行われたためだろう。

投票率を県議選の市町村別でみたのが表3－2である。全体では前回選挙と比較して一〇ポイント近く低下している。全般的には町村部に比べて市部の低下が大きいが、原発災害によってすべての住民が域外に避難していた双葉郡の町村では、県議選と同日に町村議選があった場合を除いて、減少率は高い。特に震災の直接被災地では、市町村議選と比較して県議選への関心が低下している傾向が見てとれる。功刀俊洋は県議選の投票率低下について、震災に対する「県当局の対応に対する県議会の顔もまた見え

表3-2 2011年福島県議選市町村別投票率

選挙区	市町村	投票率(%)	前回投票率(%)	差
福島	福島市	44.48	55.39	△10.91
会津	会津若松市	46.26	58.05	△11.79
郡山	郡山市	39.60	50.20	△10.60
いわき	いわき市	44.64	53.33	△8.69
白河	白河市	46.60	62.68	△16.08
	西郷村	38.89	59.87	△20.98
	泉崎村	49.89	61.26	△11.37
	中島村	52.60	62.04	△9.44
	矢吹町	54.49	61.68	△7.19
須賀川	須賀川市	44.62	無投票	
	鏡石町	56.31	無投票	
	天栄村	69.54	無投票	
喜多方	喜多方市	無投票	無投票	
	北塩原村	無投票	無投票	
	西会津町	無投票	無投票	
	磐梯町	無投票	無投票	
	猪苗代町	無投票	無投票	
相馬	相馬市	無投票	59.37	
	新地町	無投票	無投票	
二本松	二本松市	55.19	64.75	△9.56
田村	田村市	64.35	無投票	
	三春町	52.93	無投票	
	小野町	66.31	無投票	
南相馬	南相馬市	49.44	55.96	△6.52
	飯舘村	43.23	無投票	
伊達	伊達市	51.42	60.90	△9.48
	桑折町	53.49	59.32	△5.83
	国見町	54.51	61.31	△6.80
	川俣町	70.08	65.95	4.13
本宮	本宮市	無投票	58.58	
	大玉村	無投票	56.93	
南会津	下郷町	78.96	81.84	△2.88
	桧枝岐村	88.89	89.68	△0.79
	只見町	85.44	85.29	0.15
	南会津町	78.71	80.67	△1.96
河沼	会津坂下町	64.59	無投票	
	湯川村	55.16	無投票	
	柳津町	74.99	無投票	
大沼	三島町	無投票	無投票	
	金山町	無投票	無投票	
	昭和村	無投票	無投票	
	会津美里町	無投票	無投票	
東白川	棚倉町	無投票	72.60	
	矢祭町	無投票	78.69	
	塙町	無投票	78.52	
	鮫川村	無投票	80.40	
石川	石川町	56.91	62.10	△5.19
	玉川村	48.48	58.61	△10.13
	平田村	48.89	63.96	△15.07
	浅川町	50.42	53.95	△3.53
	古殿町	59.16	72.41	△13.25
双葉	広野町	75.17	60.00	15.17
	楢葉町	45.11	64.05	△18.94
	富岡町	39.38	62.30	△22.92
	川内村	85.27	76.97	8.30
	大熊町	68.35	63.53	4.82
	双葉町	63.67	67.87	△4.20
	浪江町	46.08	69.61	△23.53
	葛尾村	88.01	74.64	13.37
全市計		45.25	54.87	△9.62
全町村計		57.93	66.95	△9.02
県計		47.51	56.99	△9.48

注：前回と今回とでは選挙区の再編が行われている。

前回投票率における福島市の数値は，旧飯野町の数値を含む。

前回投票率における会津若松市の数値は，旧河東町の数値，二本松市の数値は旧二本松市，南相馬市の数値は旧小高町，旧鹿島町の数値を含まない（いずれも無投票選挙区であったため）。

出所：福島県選挙管理委員会資料を加工して作成。

なかったのではないか」と分析している[3]。

無投票になった選挙区は県議選で五選挙区（前回は九選挙区）市町村議選では九選挙（前回は八選挙）、市町村長選では一〇選挙（一一選挙）となっており、県議選については無投票選挙区数が減少しているが、県議選はこの間に選挙区の再編が行われたため、単純には比較できない。その他は前回とほぼ同数で、震災以降の大きな変化はみられず、市町村議選では二回続けて無投票になった選挙区はない。このうち統一地方選延期特例に該当する選挙では、国見町議選、桧枝岐村議選、桧枝岐村長選、会津坂下町長選、柳津町長選が無投票になっている。延期特例や直接被災地と無投票選挙との関係も必ずしも明瞭ではなく、震災が無投票選挙数を増やしたとか減らしたという判断はつかない。

当選者に占める新人の割合は、市町村ごとにさまざまで、特段の傾向が見られるわけではない。無投票後の選挙においては新人の割合が増える傾向にあるが、いずれにしても震災の影響があるとは言いきれない。直接被災地の特徴も特に見られない。

市町村長選挙で現職が立候補し敗退したのは天栄村長選だけで、他には例がない。一般に市町村長選挙の現職当選率は高いが、震災以降は特に高くなっているといえるかもしれない。

3　自治体選挙の政治動向

不問に付された政治責任

延期特例を受けて、当初予定より七カ月後の二〇一一年一一月二〇日を投票日として福島県議選が施行された。党派別の当選者数は表3－3の通りである。

選挙前の議席数と比較すると大きな変動は見られない。民主党は選挙前議席より一議席を減らしたが、

表3-3　2011年福島県議選党派別当選者数

	当選者数	現職	前・元・新	選挙前	前回当選者数	得票率(%)	前回得票率(%)
民主党	15	12	3	16	11	23.1	16.3
自民党	27	19	8	26	29	40.9	46.7
公明党	3	2	1	3	3	6.4	6.2
共産党	5	2	3	3	3	8.7	8.1
社民党	1	0	1	2	3	3.6	5.2
みんな	1	0	1	0	0	2.6	0
無所属	6	1	5	3	9	14.7	17.5
計	58	36	22	53	58	100.0	100.0

注：選挙前には欠員が5あった。
出所：得票率の分母は有効投票総数で，前回選挙については，『全国首長名簿2010年版』地方自治総合研究所，2011年，により，今回選挙は朝日新聞の報道に基づいて計算した。

前回当選者数や前回選挙の得票率と比較すると伸びたという評価も不可能ではない。自民党は選挙前より一議席を増やしたが、過半数には及ばず、前回選挙と比較しても一議席減だった。みんなの党は三選挙区に候補者を擁立したが、一議席を獲得しただけだった。こうして議席数を見ると勝者も敗者もいない選挙結果だといえる。

選挙の争点も曖昧になった。例えば、選挙直前の一〇月二〇日の福島県議会の本会議で県内の一〇の原発のすべてを廃炉とするように求める請願が「起立総員」、すなわちすべての会派の賛成で採択された。ただし、退席者も五人いた（表3－4）。

福島県は既に八月一一日に策定した「福島県復興ビジョン」の中で、復興に当たっての三つの基本理念をあげ、その一番目に「原子力に依存しない、安全・安心で持続的に発展可能な社会づくり」という脱原発方針を掲げている。この脱原発の理念が明確にされるまでには有識者等による検討委員会で議論が重ねられたが、最終的に県庁との調整によってようやく盛り込まれることになったという経緯がある。

表３－４　福島県議会の原発廃炉請願に対する態度

民主党	14人が賛成，２人が退席
自民党	25人が賛成，１人が退席
公明党	３人全員が賛成
共産党	３人全員が賛成
社民党	２人とも賛成
無所属	１人が賛成，２人が退席

出所：『朝日新聞』2011年11月６日。

原発災害は二年後においても一五万人の避難者を生み出し、さらに一〇〇万人単位で、世代を越えた将来にわたる健康不安を抱える被害者を生み出した。何十年と住むことができない地域も生み出している。あらためていうまでもなく原発災害の異常さ、甚大さは世界史的規模といえる。しかし、国政では既に財界や電力界などの原子力ムラが息を吹き返し、反転攻勢に出つつある。ここで直接的な被害を受けた福島県が反原発、脱原発の意思を鮮明にするのは当然のことだろう。

だが、そこに問題が生じなかったわけではない。県知事をはじめとした県庁や県議会議員が雪崩を打って脱原発に転換したということは、原発災害をめぐる争点が形成されないということにつながるからである。

また、これによって、これまで多かれ少なかれ原発を推進してきた県庁や県議会の責任を問う場がなくなってしまったということにもなる。佐藤栄佐久前知事は、いまでこそ脱原発の旗手になっているが、データ改竄発覚後の原発再稼働を認めた責任者であり、佐藤雄平現知事は、福島第一原発におけるプルサーマルの稼働を認めた責任者でもある。もちろん、知事たちの決断は、地元の地域の意向や県議会の意向を反映したものでもあったはずであり、原発災害に対する県議会の責任も知事と同じようにあったことは疑いない。

市民に対するこれらの政治責任は問われることがなく、選挙というフィルターを通じて、いつのまにか原発推進派が脱原発派に衣替えしている姿は異様でもある。こういうことも選挙の機能の一部とはいえ、これではまたいつの間にか脱原発派が原発推進派に再衣替えしてしまうかもしれない。有権者はそれを直感的に理解しているために、県議選の投票率が低下することになったのではないか。

原発災害避難地域で、震災後から二〇一二年四月までに市町村長選挙の投票があったのは、楢葉町、川内村、大熊町である。楢葉町では引退する現町長の後釜として新人二人が立候補したが、川内村と大熊町は現職と新人が対立することになった。県議選と比較すると、この三つの町村長選の争点は明確で、今後の町のあり方を争点に実施された。

大熊町長選では、前町議で新人の木幡仁が、元の町に帰れないということを前提として、新たな土地に町を作って移住するということを主張した。現職の渡辺利綱は、除染をして戻れる環境を作りつつ、元の町内の比較的放射線量が低い地域に、医療、福祉、商業圏を備えたニュータウンを造成するという構想を示した。結果は、三四五一票対二三四三票で、現職が勝利した。会津若松市やいわき市を中心としつつも全国に拡散している有権者は、元の町への回帰を望んでいることを示した（投票率六八・三四％）。ただし、報道等の評価では、新人がかなりの善戦をしたといわれている。つまり、一定程度の有権者は、戻ることを断念したうえでの選択を考えたのである。

震災後の自治体議会活動

震災前から、自治体議会に対する市民の評価は著しく低かった。(1)議員定数が多過ぎる、(2)議員報酬が高すぎる、(3)何をしているのか分からない、という評価が全国的にも一般的だったといえよう。だからこそ、「行政改革」としての議員定数削減が支持されてきた。自分の町の議員定数が何人か、議員報酬がいくらかは知らないのに、議会への不信感だけが高まっていくという状況だった。

「平成の大合併」の推進勢力のひとつであった地域財界が、合併すれば議員を減らせると主張したことに対し、市民は何の抵抗感も示さなかったどころか、一部の地域では合併後の議会に対して、在任特例を認めず早期に解散すべしという直接請求が頻発したことからもこのことは明瞭である。当然のことながら、議員定数問題が「行政改革」という認識は、理屈上から考えると錯誤に満ちている。だがそれが現実だったのである。

福島県内においては会津若松市議会などに議会改革の動きが起こり、全国的に見ても先端的な挑戦が行われてきた④。一方、福島県議会の議会基本条例は、実質を伴わない事例として有識者から批判の対象になってきたように、全般的にいえば議会改革の実はまだあがっていないというのが実情といえよう。

さらに震災によって被災地では、自治体議会の評価は地に落ちたといっても過言ではない。象徴的には、震災直後、今は大変な時期なのでしばらく議会を開会するのをやめよう、という声が議会から聞こえてきたことにすべてが表現されている。本来であれば、大変なときだからこそ議会も一丸となってがんばろうというのが常識的だが、議会を開くこと自体が迷惑な行為であると自ら認識されていたのである。確かに、議会を開くとなれば、議会事務局職員はもちろん、首長やすべての管理職の時間と労力を割かせることになる。そのようにしか、これまでの議会が運営されてこなかったのであり、議会は自分たちで会議を開催することもできなかったということを震災が顕わにしたのである。

個々の議員は避難所でのボランティア活動などにいそしむ人たちも少なくなかった。地域の世話役でもあった人たちは、津波や原発災害の避難に際して、まさに命をかけて地域の取りまとめをした。しかしそれでも議会として何ができたのかと問われると、答えを見出せない。朝日新聞と共同で実施している原発災害避難者調査においても、例えば「議員一人で復興ビジョンを作れるとは思わないけど、圏内の避難所や仮設を回って、町民の愚痴や要望を聞くのだって仕事。そういう仕事が全然できていない」という声があがっている。

役所ごと避難した双葉郡八町村では、震災後の議会は避難先で招集された。避難した市民たちのなかにはそのときだけ議員の姿をみるという人もいて、月に一回、会議を開いて報酬をもらいにきているだけではないか、という陰口も交わされていた。震災前からの自治体議会への評価と同様に、市民の評価には多くの誤解が含まれていることも確かだが、しかしそういう誤解を招きかねないような活動実態であったことも確かである。

さらに、議会や議員に対する役所の職員の評判も最悪である。被災者であり避難者でもある役所の職員が、日々、市民に怒鳴られながら執務している最中に、議員が役所に電話をかけてくるのは、あの人をどこの仮設住宅に入れてくれ、といった「口利き」だったという。

震災後の議会における議員活動も相変わらずだった。市町村長や知事への「質問」に終始し、国や県に対する市町村長や知事の姿勢を「追及」するだけだった。民主主義の政治機能を発揮する議会活動ではなくて、単なる諮問機関や監視機関としての議員活動にとどまっていた。

もちろん、これらは明治以降に積み重ねられてきた歴史的な課題であり、個々の議員の資質によるものではない。理論的には、期せずして一九七七年に一気に登場する「二元的代表制論」の深化が求められるところであるが、⑤ 震災によって理論的にも実践的にも深まったとは到底言えず、むしろ全国的にみれば、議会を敵視する首長のパフォーマンスが目立つようになったという意味で、退化したともいえよう。

管見の限り、唯一の例外は浪江町議会であった。浪江町議会は震災直後から、役所に任せてばかりではなく自分たちも行動しなければならないと考えた。全町民が全国に散り散りに避難をしている混乱の渦中にあって、闘病中の一人を除き議員全員が集まり、緊急集会を開き、とにかくこの状況を外に示していこうと決める。まだ新幹線も高速道も再開していないときに、議員自らが議会のマイクロバスを運転し、何時間もかけて東京に向かい、官邸、府省大臣、東電を回り、現状を訴えた。これらの面接のアポも議員自らが伝手をたどってとった。もちろん随行職員は一人もいなかった。

その後、浪江町議会は五回にわたり、避難所、仮設住宅、県外避難先等全国五四カ所をまわって町民との懇談会を繰り返している。町民から叱られることも多かったが、それは役所も来ない地域まで回った議会に対する期待の裏返しでもあった。震災前、浪江町議会では議会基本条例の議論に入っていた。その中で、議会が町民と懇談会をすることが当然だという共通理解が形成されていたからこそ、震災直後からこのような行動をとることができたのであろう。

平時への還元

議会は震災に際して何を準備しておけばよかったのだろうか。震災対応はその場その場での判断の積み重ねになるので、あらかじめマニュアルを用意しておくことは、重要ではあるがそこに頼ることはできない。むしろ平時から議会としての自立的な活動を前提として行動するということが、なによりも震災対応を準備することにつながるだろう。

そのうえで、議会としての防災計画を立案しておくことは必要不可欠である。管見の限り、議会としての防災計画や活動維持計画を立てているところはほとんどない。また、行政が組織化する防災体制と議会がリンクしているところもほとんど聞かない。避難所の設置や運営には議会も積極的に関わるべきだろう。逆にいえば、このようなときに活動できる議員こそが求められているのであり、「質問」や「追及」に終始し、ときには「口利き」の代理人と化す旧来の議会像や議員像を改めることにも繋がるに違いない。

震災時の議会活動が見えなかったもうひとつの要因は、選挙の延期特例にあったかもしれない。本来であれば三月の本会議で予算を可決し、事実上の任期を終えるはずの議員たちが、延期特例によって、その後も場合によっては半年以上も議員を務めることになった。規範的にいえば、あってはならないことだが、突然、延長されてしまった任期にあって、なすべきことを見失った議員がいたかもしれない。

そういう意味でいえば、延長特例の功罪も検証しておく必要がある。原則として、条件さえ整えられれば、できる限り早く選挙を実施すべきである。問題はこの条件をどのように見極めるかという基準だが、確かにこれを客観的に立証するのはかなり困難だと思われる。選挙は単に投票行為だけが保障されればよいのではなくて、議論が十分に展開され、それを有権者が知って判断するだけの時間も重要である。

投票行為の保障については、期日前投票や不在者投票をさらに使いやすくすることで工夫の余地はありそうだが、選挙期間については平時の二倍程度は必要なのではないか。逆に選挙期間を十分に保障することで、投票所運営が多少不十分でも選挙を早めに実施した方が、その後の復興に向けた取り組みに際して効果的なのではないか。現に、少なくない被災自治体の議会議員に新人が選出されている。このようなときにこそ人材は発掘されるのであり、そのような人材が活躍する場を早く提供することも必要なのではないか。

4　震災における首長

首長の存在感

福島の市町村は地震、津波、原発という災害に順次対応を迫られることになった。首長や職員は、情報がない中、限られた時間で、しかもほとんど寝ずに、次々と避難の決断をしていかなくてはならなかった。決断ばかりではなく、それを市民に周知したうえで、移動手段のない人にはバスを手配し、病院や高齢者施設を含めて避難先を探すなど、自らも被災者であるにもかかわらず、無数の作業を並行して進める必要があった。これらのことについては、既に様々な形で記録されている(6)。

震災直後から原発災害避難者の調査を朝日新聞と共同で進めてきたが、震災三カ月目の二〇一一年六月の調査では、国や東電と比較すると市町村に対する震災対応の評価が高かった(7)。その理由を尋ねてみると、評価が高い場合も低い場合も、市民は首長をみて評価している場合が少なくないことがわかる。例えばポジティブな評価では次のような声が挙げられる。

「震災直後の村長の避難対応は早く適切だった。仮設住宅の建設も早く、通学の便も考慮している」

「村長はひんぱんに顔を出して、みんなのところを回ってくれる。村職員ががんばってくれるから避難者みんなが元気でいられる」

「他の自治体の首長より、地震や津波の対応が早かった。避難所の指定、指示が早かったと思う」

「市長が率先して旗をふって避難先を探し、確保してくれた」

「町長はひげもそらずにがんばっているようだ。できることはやっている」

逆にネガティブな評価では次のような意見が聞こえてきた。

「村長が避難を躊躇したのが出遅れにつながった」

「市長は一度は『外に避難して』と言ったのに、今は『戻ってこい』。本当に安全かどうかわからないのに」

「同じ避難所に他の村長は毎日、避難者の様子を見に来る。うちの町長はダメ。たまに来ても素通りするだけ」

「町長が単独行動しており、町民の意見を全然きいていない」

「市長の出身地に重点的に仮設住宅をつくっている気がする」

「町長はプルサーマルにしても深く考えていたか疑問」
「町長は何もしていない。偉い人が来たときだけ誘導している」
「市長には国より先に動いて欲しかった」

もちろん同じ市町村長に対して正反対の評価もある。ここでわかることは、市民は首長の一挙手一投足を注視するということだ。

「仮の町」構想の浮上

前述のとおり、原発災害自治体では、元の町に「戻る」「戻らない」を争点に選挙が行われた例があるように、震災から一年が経過した時点で、焦点化しているのが、いわゆる「仮の町」構想である。「仮の町」は、元の町に「戻る」、元の町には「戻らない」という二つの選択肢の中間地点に位置づけることができる。浪江町では復興検討委員会が、「町外コミュニティ」を整備する案をまとめた（二〇一二年三月一四日）。大熊町では復興計画検討委員会が「仮の町」を素案として町長に提出している（三月一六日）。双葉町は「仮の町」移転構想関連予算を可決した（三月一九日）。

ただし、現時点で「仮の町」の様相が具体的に考えられているわけではないし、おそらく、人によってイメージが異なるだろう。震災直後から「仮の町」に似たようなアイデアは語られてきた(8)。社会学者の間では「セカンドタウン」構想が提起されている(9)。いずれも共通するのは、元の町に「戻る」でもなく、元の町には「戻らない」でもないということであり、この曖昧さ自体に大きな意義があると考えている。

なぜ「戻る」「戻らない」の選択肢以外の方法が必要なのか。その意味は、現在の避難者をさらに追い詰めることをしないということだ。現在、順次、避難区域の見直しが進められており、二〇一二年三月には広野町が、四月には川内村が元の役場庁舎に復帰した。このように「戻ろうと思えば戻れる」という区域になった場合、放射線リスクを重視して避難という選択をしている人は、単に「戻れない」から意思的に「戻らない」への移行を余儀なくされる。

このような事態に対して、何人かの首長が出した構想が「仮の町」である。いつ戻れるかわからないという環境の自治体はもちろん、区域の見直しによって戻るとされた自治体においても、戻る、戻らない以外の選択肢を示さないことには、市民のつながりを切断することになってしまうからだ。

既に一五万の避難者の多くは、二年間を避難先の地域で暮らしている。例えば、そこでは子どもを通学させ、家庭ごみをその地域のルールに基づいて出し、上水道や公共下水道を利用している。避難先の地域とは既に密接不可分な関係を築いている。だが、避難者という一時的な存在では、避難先のまちづくりに参加し、関与していくことがはばかれる。地域によっては、住民票の移動を求められたという避難者もいる。

では、転出転入の手続きを取って、避難先の住民になれば解決がつくかといえば、そうはいかない。そうすれば、避難元の自治体の市民ではなくなり、避難者への支援や賠償請求、復興へのプロセスやビジョンへの参加などに不安が残り、さらに参政権などの市民権を失う。避難の長期化や、放射線リスクの長期化が、現実として推測されるという環境において、避難者はどちらか一つではなくて複数の地域に関わっていかざるを得ない。それが実態なのだ。住所が一つしか認められないというのは、国家統治上の都合に過ぎず、そのことによってAかBかという選択を避難者に迫ることは、避難者の生活や心情をさらに引き裂くことになる。

参政権の二重化

それでは「仮の町」を具体的にどのように構想したらよいだろうか。「仮の町」といっても、元と同じような町をそのまま復元するということは、縮小社会を迎えるときにありえない。一方、町がなくなるということも考えていない。つまり、片方に「元と同じような町」、片方に「町がなくなる」というポイントをおけば、その軸上のいずれかの地点で「仮の町」が作られる。この選択肢は無限にありうる。

筆者の考える「仮の町」は限りなく小さくてもよい。極端なことをいえば、町のコアとしての役所の建物が一つあるということが「仮の町」を体現する。コアがリアルな実在として存在することそのものに意義があるからだ。実際には、長期間にわたって戻れない地域が存在する。また戻れるとしても、すべての住民が戻るわけではない。ここで重要なのは、現実に全国で暮らしている避難者が、避難先の地域での市民権も保障され、震災前の地域での市民権も保障されるということなのだ。

本章との関連でいえば、参政権が震災前の自治体と避難先の自治体とで二重に保障されるという点が肝要である。もちろん、これまでそのような事例はない。しかし、一般的にいっても、これだけ経済活動が広域化してくれば、勤務先と住居とが異なる自治体にあるということは当たり前になってくる。しばしば昼間市民のまちづくりへの参加について議論になるが、参政権を二重に保障することで、このことはクリアされる。福島の事例を端緒にして、自治体のあり方や市民権のあり方を考える契機となる。バーチャル自治体の制度設計は、それほど難しいものではない。ハードルが高いのは、むしろ既存の法制度を見直さなくてはならないということだ。したがって、改革の矛先は「中央」に向かう。だから「中央」の抵抗が予想されるのだ。

そこで求められるのが自治体のリーダーシップである。首長というリーダーばかりではなく、議会も市民もリーダーシップが求められる。ここでのリーダーシップとは、既存の法制度を踏まえながらも、それを乗り越えて、よりよい法制度を創造していく作業であり、それに向けた力の結集である。
　このようなリーダーシップをリーダーが発揮できるのは、選挙による信託以外にはない。被災地における生活再建をすすめるためには、やはり選挙を施行することが重要なのである。もちろん、条件整備には厳しいものがあるが、全国の関係者の応援を仰ぎつつ、できる限り速やかに選挙を施行すべきであることが、今回の震災を通しても得られた経験といえるだろう。

註

(1)　白藤博行「『震災有事』と『自治の振興』」森英樹・白藤博行・愛敬浩二編著『三・一一と憲法』日本評論社、二〇一二年。
(2)　今井照「都道府県・市町村関係の制度と実態――自治紛争処理委員制度は機能したか」北村喜宣・山口道昭・出石稔・礒崎初仁編著『自治体政策法務』有斐閣、二〇一一年。
(3)　功刀俊洋「福島県議選は何を語るか」『地方自治職員研修』通巻六二八号（二〇一二年二月号）。
(4)　会津若松市議会『議会からの政策形成――議会基本条例で実現する市民参加型政策サイクル』ぎょうせい、二〇一〇年。
(5)　今井照「二元『的』代表制を考える」『日経グローカル』六〇四～六〇九号（二〇一一年四月四日号～六月二〇日号）。
(6)　例えば、『ガバナンス』誌上に連載されている葉上太郎のレポートや、今井照「東日本大震災と自治体政策――原発災害への対応を中心に」『公共政策研究』第一一号（二〇一一）、等。
(7)　今井照「原発災害避難者の実態調査（一次）」『自治総研』通巻第三八七号（二〇一一年七月号）。ちなみに、第二次調査の報告は同誌通巻第三九八号（二〇一一年一二月号）、第三次調査の報告は同誌通巻第四〇二号（二〇一二年四月号）に掲載されている。
(8)　今井照「自治体再生のために――新しい自治体観の提起に向けて」『地方自治職員研修』第四四巻七号通

巻六一八号（二〇一一年六月号）、同「被災自治体とシティズンシップ（市民権・市民性）」『ガバナンス』通巻第一五三号（二〇一二年一月号）。

（9）　山下祐介・開沼博編著『「原発避難」論』明石書店、二〇一二年。

参考文献

朝日新聞特別取材班『生きる　原発避難民の見つめる未来』朝日新聞出版社、二〇一二年。

今井照「『仮の町』をどのように考えるか」『月刊自治研』二〇一二年九月号。

今井照「『仮の町』構想と自治の原点」『ガバナンス』二〇一二年九月号。

今井照「『仮の町』が開く可能性」『世界』二〇一三年四月号。

第4章　政権交代効果を生かせなかった民主党

――岡山県議選――

山口希望

二〇一一年統一地方選挙は、民主党政権にとって二〇〇九年政権交代選挙の勝利、二〇一〇年参院選の敗北に続く、全国的規模の選挙として注目された。

しかし、前後半戦とも民主党の議席は振るわず、菅直人首相（当時）は後半戦終了後の四月二六日の閣僚懇談会で、「率直に敗北と認めざるを得ない」と述べた。(1)

岡山県における選挙結果も厳しいものだった。(2)民主党は県議選と岡山、津山両市議選で計二〇人の候補者を擁立したが、当選は半数の一〇名にとどまった。(3)県議選では、一議席増の五議席となったものの、公認候補者一一人、推薦二人のうち、半数以上の八人が落選している。これに対し、自民党は三四議席を確保し、選挙後には無所属当選者を加え三七議席となり、選挙前の議席を上回った。

本章では、二〇一一年統一地方選挙における岡山県議選における民主党の候補者擁立過程から選挙戦に至る過程を時系列で追う。

衆議院、参議院ともに県内第一党を誇っていた民主党が、何ゆえにかくも少数政党に甘んじ、候補者擁立さえもままならないのか。また、岡山県議会がなぜ政権交代前の「保守王国」であり続けているのかについて、岡山一区の事例分析を交えながら、考察していきたい。併せて、その「保守王国」に生じている構造的な変動についても考察する。

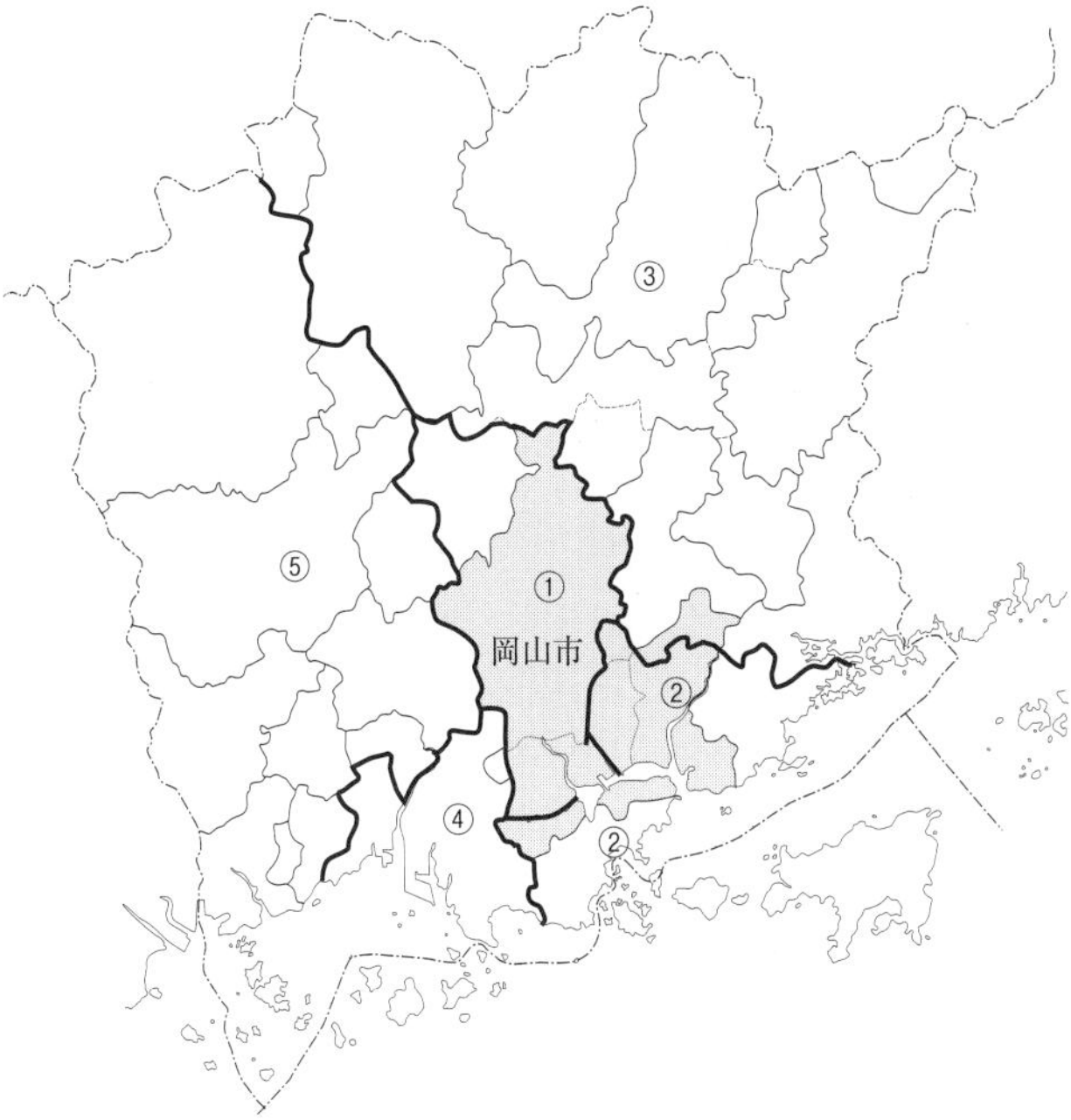

図4-1　衆議院小選挙区（岡山県）

1　岡山県政界の概況

「保守王国」が崩れた衆議院選挙区

岡山県民主党は、全国的には敗北となった二〇〇五年衆院選でも、自民党の郵政「造反議員」対刺客の混乱に乗じて議席を増やしている。続く二〇〇九年衆院選、二〇一〇年参院選でも連勝し、国会議員数では自民党を抜き去って県内第一党となっていた。

しかし岡山県は、かつては「保守王国」であり、橋本龍太郎と加藤六月が「六龍戦争」と呼ばれた熾烈な競争を繰り広げた地域である。その二人が亡くなった現在、全国的な派閥の領袖クラスの議員は存在しない(4)。

一九九六年衆院選において、ライバルの加藤六月が新進党から比例区での当選に留まり、「六龍戦争」に勝利を収めた橋本は「自民党王国」を築いた。岡山県における衆議院小選挙区五議席は、一九九六年衆院選から二〇〇三年衆院選まで自民党が独占していたのである。ところが、二〇〇一年の自民党総裁選で小泉純一郎が橋本に圧勝して以降、橋本の影響力は急速に衰え、二〇〇四年七月に発覚した日本歯科医師連盟の闇献金問題で引退に追い込まれることになる。

橋本引退後の二〇〇五年衆院選（郵政選挙）では、岡山県で小選挙区の議席を維持できたのは、郵政民営化に早くから賛成を表明していた一区の逢沢一郎と五区の村田吉隆だけだった。二区の熊代昭彦と三区の平沼赳夫(5)は「造反議員」とされ、党本部から刺客候補が送り込まれた。二区では、熊代が出馬断念に追い込まれ、刺客として送り込まれた現職岡山市長の萩原誠司もまた、民主党の津村啓介に敗れ、比例復活当選となった。三区の平沼は無所属候補者として当選した。四区では衆院解散後に出馬表明した橋本の二男である岳が、小選挙区で民主党の柚木道義に敗れ、比例復活当選となった。こうして、自民党が五議席を独占していた岡山県は、二〇〇五年衆院選で例外的に敗北した地域になったのである。この選挙で民主党が小選挙区で獲得した二区と四区は、二〇〇九年衆院選においても議席を維持したが、一区、三区、五区においては、未だ小選挙区での議席を獲得したことがない。しかし、一区、五区で民主党候補者が比例区で復活当選を果たしたことから、県連所属の衆議院議員の数は四人となり、自民党の三人を上回っていた。

衆議院岡山一区は、自民党の逢沢の牙城であり、小選挙区比例代表並立制が導入されて以来、五期連続当選している（中選挙区時代も含めると八期連続当選）。逢沢は、三代続く世襲の政治家であり、野田佳彦元首相と同じく、松下政経塾の一期生でもある。岡山県は、二〇〇五年の郵政選挙で例外的に自民党が敗北した地域だが、逢沢は当時、いち早く郵政民営化に賛成の意を表し、二度目の挑戦である菅源太郎[6]にダブルスコアの大差をつけて当選している。二〇〇九年の政権交代選挙においても、民主党新人の高井崇志に肉薄されながら四〇七六票差で逃げ切っていた（高井の惜敗率は九六・三％）。

なお、都市部に強い民主党の得票傾向は「一区現象」と呼ばれるが、中国ブロックでは自民党が一区に強い、「逆一区現象」が続いている。二〇〇九年衆院選で、中国五県における第一区の議席は自民党が独占したのである。しかし、岡山一区では、小選挙区では逢沢に敗れた高井崇志が、比例中国ブロックで復活当選したため、民主党岡山県総支部連合会（以下、民主党岡山県連と略記）岡山県第一区総支部は、初めて現職の国会議員を総支部長とすることになったのである[7]。

民主党独占区の参議院選挙区

参議院岡山選挙区（定数二）は、二〇〇七年以来、自民党空白区である。二〇〇七年参院選で民主党新人の姫井由美子が、自民党の大物議員である片山虎之助を破ったことから、二〇〇四年当選の江田五月とともに岡山選挙区の議席を民主党が独占したのである。県議一期目からの転身だった姫井は、全県的にはほとんど無名の新人といってよかったが、「姫の虎退治」というキャッチコピーとともに全国的な注目選挙区の候補者となり、勝利を手にした。続く二〇一〇年参院選でも、民主党に対する逆風の中、自民党は山田みかを擁立したが、圧倒的な知名度を持つ江田に対し、議席奪還はならなかった。自民党は、二〇〇九年政権交代選挙の余波の中で候補者公募を行ったが、複数の公募合格者から辞退されるというアクシデントに見舞われた。一度は選外となった山田は、自民党県連の要請を受け、当時勤めていたフランスの日本法人を辞めて帰国して自民党候補者となった。三六人の自民党県会議員が、たちあがれ日本や公明党などとの「しがらみ」に揺れ、業界団体も離反していく中で、山田は苦戦を強いられた。しかし、最終盤には持ち前の明るさと行動力で江田陣営が瞠目するほどの伸びを見せ、自民党の比例区票を大きく上回る実績を上げた(8)。

岡山県民主党は、最長老の江田が社会民主連合の出身である以外、国会議員は全員がいわゆる民主党ネイティブであり、自民党にルーツを持つ政治家はいない。したがって、岡山県自民党が、これまでに新進党やたちあがれ日本、新党改革などに分裂を繰り返してきたにもかかわらず、民主党に合流した勢力はないのである。保守系にルーツを持つ政治家がいないことは岡山県民主党の特色の一つであろう。また、社会党にルーツを持つ政治家もいないのである。

なお、江田が県内唯一の民主党国会議員だった頃から民主党岡山県連を牽引してきたこともあり、県連所属の衆議院議員四人はすべて江田系であり、したがって菅グループ（国のかたち研究会）である。

自民党絶対安定多数の県議会

民主党は岡山県議会では圧倒的に少数政党である。二〇一一年統一選改選前の時点で、定数五六の県議会ではわずか四議席で、三六議席を擁していた自民党には遠く及ばない状況であった。岡山県知事は、九六年に江田五月を破って当選した石井正弘が四期目を務めており、岡山市長は二〇〇五年に民主党推薦の高井崇志を破って当選した高谷茂男が二期目を務めている。どちらの議会においても、民主党は少数野党である。

二〇一一年統一地方選の結果は、岡山県議会の定数五六議席のうち、自民党が三七議席[9]という絶対安定多数を占めたのに対し、民主党はわずか五議席に過ぎなかった。自民党は、すべての常任委員会で委員長を取り、かつ過半数を占める絶対安定多数を誇っている。なお、会派としての民主・県民クラブは九人[10]、他に連合系無所属と合わせても一〇人であった。民主・県民クラブの党籍を持たない議員三人のうち二人は連合系（基幹労連および自動車総連出身）であり、あとの一人は市民運動系の「虹と緑」に所属する女性議員である。

このように、民主党公認候補者と連合推薦候補者とは一致していない。連合組織内の出身者であり、かつ民主党籍を持つ県会議員は、北区・加賀郡選挙区の高原俊彦（自治労出身）ただ一人である。

2　民主党岡山県連の候補者擁立方針

「県および岡山市議会における勢力拡大をめざして」

岡山県における民主党国会議員団には保守系からの合流がなかったため、保守系国会議員の系列議員が民主党の地方議員となることもなかった。したがって、地方議会における民主党の議席はもともと少なく、これまではわずかな伸びでも評価されてきた。二〇〇七年統一地方選においても、民主党は岡山県議選に五人の候補者のうち、四人を当選させたことなどで、「健闘した」と評価された[11]。しかし、政権交代によって、地方議会でも二大政党制が意識され、自民党と比較されるようになると、それがこれまでの実績であっても、与党としての民主党の議席はいかにも見劣りがするものだった。

二〇〇九年一一月二九日、民主党岡山県連常任幹事会は、来たるべき二〇一一年統一地方選のために、「県および岡山市議会における勢力拡大をめざして」を決定した。そこでは、国政では民主党政権が成立した一方で「県内の自治体における政治状況は総選挙前と変わっていないという現実を、私たちは、直視しなければならない」という認識が示された。その上で、「民主党の政策を、マニフェストに沿って暮らしの中で実現していく現場は、自治体」であるとして、(1)国政とは異なる二元代表制の下にある地方自治体において、政権交代というこれまで経験のない環境変化の中で、いかにして「国民の生活が第一」の政治を、国民の思いに応えながら、具体的にしていくか、(2)「民主党が取り組んでいる『分権型陳情への改革』を真に実効性あるものにし、地域主権国家を実現するためにはどうしたらいいのか」という二つの課題を立てた。そして、これらの重大な課題には「政権政党という立場からきわめて現実的に臨まなければならない」としたのである[12]。

ここで、この方針が「県および岡山市議会における勢力拡大をめざして」となっていることについて、付言しておきたい。県連常任幹事会において一部国会議員から、県議会および政令市である岡山市などを除く地方議会議員選挙では、公認候補者を立てず、推薦候補者のみを擁立するという方針が提案されていたのである。それは、地方議会での劣勢を短時日で解決することは困難との認識に立ったものであり、地方議会において多数を占める保守系無所属議員を、政権交代によって国政与党となった民主党に引き付けようとする発想であった。

一見、奇策のようにも感じられるが、政権交代後の二〇一〇年参院選において、県内でも郵政政策研究会（特定郵便局長会）が民主党支持となったことをはじめとして、各種団体が民主党と自民党に対し、並列して推薦を行うといった動きなどがあったため、[13]「地区の一致した推せん」を重視する農業・過疎地域の保守系無所属議員[14]には一定の効果があるとみることもできたのである。また、圧倒的な保守勢力を敵対勢力とみなさず、与党効果によって友好勢力に変えていこうとする姿勢は、民主党らしいともいえる。民主党は野党時代から、与党とも野党ともつかないポジショニングをとり、「ゆ党」と揶揄されてきた。このように対決姿勢を取らない、あいまいな戦術は民主党の属性として指摘できよう。

しかし、県及び県都以外の議員を推薦のみとする方針は、民主党基軸を組織方針とする連合岡山や、対象者となる現職の地方議員などからの強い反発があり、県連常任幹事会でもまとまらなかった。

民主党の消極的な獲得目標

民主党の目標は、県議会、岡山市議会とも全議席の四分の一以上を獲得目標とする、「きわめて現実的」なものだった。

前述の「県および岡山市議会における勢力拡大をめざして」では、県議会においては、「最低でも自民党の単独過半数割れ」を目指し、「公認・推薦候補を定数の四分の一である一四以上に増やすこと」が目標とされた。「公認議席の拡大のため、候補者の公募を行う」とともに「無所属議員と政策協定を結び、推薦するといった新しい取り組みも進めていく」ことが確認された。また、民主党として「定数削減を求めていくが、その場合でもこの目標数値は変わらない」とされた。

このような岡山県連による候補者擁立方針は、「きわめて現実的」であっても、「政権政党という立場」からは消極的に過ぎるものといえよう。県議会における自民党の過半数割れは、民主党が定数の四分の一を獲得することによって得られるものではないし、民主党の獲得目標と同等以上の議席を他党が獲得しなければならない。また、その際には県政与党である公明党も「非自民」に含まれることになる。なお、民主党が目指す一四議席の内訳における公認・推薦の比率も不明である。

さらに定数削減を求めることは、自民党が過半数を制する得票能力を持っていることを暗に認めている以上、民主党にとって不利な状況を作り出すことになる。党勢から見れば矛盾した主張といえるだろう。

「おかやま候補者発掘プロジェクト」

一二月一一日、県庁内で民主党の岡山県議会・岡山市議会議員選挙の候補者公募が記者発表された。人材は、県内だけでなく、全国から人材を募集し、応募枠には、自薦の「立ち上がれ！　僕らの候補者」編と、他薦の「みんなで探そう！　お宝候補者」編の二種類が用意された(15)。一二月一二日から受付が始まり、締め切りは二〇一〇年二月九日であった(16)。その対象については、「年齢、性別、職業を問わず、幅広い層からの応募を期待」し、「県内に限らず、県出身者やゆかりの方はもちろん、Ｉターンも歓迎」するとされた(17)。

翌二〇一〇年二月一二日には応募状況が発表された。この時点での応募総数は四〇人であり、うち自薦は二二人、他薦は一六人だった。自薦はすべて男性で当時の職業は、会社員、会社経営、福祉関係施設職員、学校法人職員、地方公務員、国会議員秘書などであった。県外からの応募も七人含まれていた。他薦には女性三人が含まれており、職業は自営、会社員、行政関係者、教育関係者、国会議員秘書などである。県下全域からの応募であり、県外からはなかった。この後、自薦の候補者には書類審査と面接選考等、他薦の候補者には、「丁寧な調査を行ったうえで、本人との面談や、所定の書類審査等を適宜行う」ことも合わせて発表された。また、最終的な候補者決定時期や公表方法については、応募状況を踏まえて決定することとされた。

続いて三月一三日、党本部から参院選候補者として応募して選外となった者のうち、岡山県連での選考を承認した、女性一人を含む四人が公募者に追加された。さらに引き続き他薦の候補者の調査やさらなる候補者発掘（擁立）について模索することも発表された。

しかし、二〇〇九年九月には七二％だった鳩山内閣の支持率も、二〇一〇年の四月には三二％と激減していた(18)。「政治とカネ」をめぐる支持率低迷の中、岡山でも民主党に逆風が吹き始めた。岡山県においても、四月一一日投票の浅口市長選で、民主党が支援した姫井成《しげる》が元自民党県議の栗山康彦に敗れたのである。姫井は、菅直人副総理兼財務大臣の従兄にして義兄であり、夫人菅伸子の実兄（菅夫妻はいとこ同士）である。保守系は栗山と姫井に二分されていた。菅自身、告示前に一回、告示後に二回、現地入りした。選挙期間中、複数の秘書を事務所に送り込み、選挙最終日には、市内七カ所で演説した。菅側近の荒井聰首相補佐官や江田五月参院議長など他の大物も続々、現地入りした。民主党岡山県連も全面的に支援し、東京の民主党国会議員秘書団も浅口市に派遣された。それでも姫井は敗れた。落選後、姫井成の事務所に顔をそろえた県関係の民主党衆院議員四人は、口々に「逆風」を敗因の一つに挙げた(19)。

「二〇一一年統一地方選挙に向けた候補者擁立方針」

こうした中、選挙一年前となった二〇一〇年四月二四日には、県連の常任幹事会・自治体議員団会議合同会議が開かれ、「二〇一一年統一地方選挙に向けた候補者擁立方針」が策定された。そこでは、党本部の基本方針である、(1)地方自治体議員の空白区解消をめざす、(2)定数三名以上の選挙区における複数候補者擁立をめざす、⑶女性自治体議員候補者の積極的擁立をめざす、の三点を踏まえ、以下のような修正が行われた。

共通方針
・女性候補者の積極的擁立をめざす。
・公認候補の擁立は、現職を除き、原則公募によるものとする。
県議会議員選挙
①一人区は、可能な限り公認候補を擁立する。
②二人区は、必ず一名以上の公認候補を擁立する。
③三人区以上についても、非自民勢力と合わせて、当該選挙区の定数の過半数を超えるよう、公認候補を擁立する。
④県議会全体では、公認・推薦議席を一六以上に増やす。
⑤推薦候補の擁立や、無所属議員との政策協定締結など、新しい取り組みも進めていく。
⑥女性候補者を最低でも、二人以上に増やす。
⑦以上の取り組みを積極的に行うことにより、自民党の過半数割れを必ず実現する。(20)

共通方針にあるように、「公認候補の擁立は、現職を除き、原則公募によるものとする」としたことは、自民党の議席が圧倒的な岡山県議会においては、保守系現職の取り込みや保守系候補者のリクルートメントは不可能であり、結局は公募による「無党派層」頼みとなったことを示している。獲得議席について、県議会では一四から一六に上方修正されている。しかし、その基調が変わったわけではなく、党の主体的力量を高めようとするよりも、推薦候補者の擁立や無所属議員との政策協定締結などによって、自民党の公認候補者を減らしていこうという、消極的な方針に変わりなかった。しかも、「県議会全体では、公認・推薦議席を一六以上」、というスタンスでは、民主党の主体的力量では自民党の過半数割れに追い込むことはできないことを表明しているに等しかった。

「現職自治体議員の公認・推薦に関する要領」

民主党岡山県連では、新人候補者への公募の要件を特に設けていなかったが、現職議員に対しては厳しいハードルを設定した。五月三〇日の県連常任幹事会では、「現職自治体議員の公認・推薦に関する要領」が承認され、現職についても公正で透明な手続きを開始することとされた。公募によって積極的に新人を擁立しようとしていた反面、現職に対しては貢献度などの基準を設け、その公認・推薦には厳しい条件が課されたのである(21)。

要領における評価の項目は、(1)議会における活動の評価（質問回数や出席回数などの実績など）、(2)その他の議員活動の評価（政策実現能力や執行部とのコミュニケーション、特定地域等への著しい利益誘導の有無など）、(3)民主党への貢献度（党勢拡大への尽力など）、(4)選挙に関わる事項（後援会活動やレポート配布枚数、当選可能性など）、(5)その他（党への忠誠度など）、の五項目にわたった。

以上について、「再選を目指す現職議員（前回選挙の出馬形態に関わらない）」のうち、民主党の「公認」もしくは「推薦」を希望する者は、経歴書や学歴証明書などとともに、上記項目を踏まえた「説明資料」を県連に提出することが課された。県連はそれを各総支部に転送し、総支部においては、公認、推薦の適否を判断し、県連に上申することになる。ところが、最終判断は総支部に任されていなかった。総支部から上申された候補者については、県連選挙対策委員会が選考の上、常任幹事会で決定されるこ

とになっていたのである。(22)

現職の地方議員にとって厳しい条件が課されたことは、この要領が国会議員を中心に作られたことを物語っているとともに、国会議員と地方議員が対立関係にあったことを示唆するものであろう。民主党は、地方主権を「改革の一丁目一番地」と標榜しているが、党首選などにおける票配分は国会議員優位であるなど、党運営はしばしば分権的ではない。この要領にいたっては、地方議員を党の代理人とみなし、党への忠誠度を測ろうとする、前衛党的な組織論のように見える。

いずれにせよ、この要領によって、現職であることは既得権どころではなくなった。特に要件を課していない公募候補者よりも立候補へのハードルが高く設定されたことは、県連の主導権を国会議員が握っていたことを示すだろう。これが現職議員と公募候補者との軋轢を生むことについては後述する。

3　民主党の候補者擁立状況

七次に渡った公募合格者発表

県議候補の擁立状況について時系列的に記述したい。

五月三〇日に行われた県連常任幹事会では、三名の第一弾合格者を決定し、翌三一日に記者会見が行われた。県議候補者として、岩本典子（主婦・三四歳）が合格者として発表された。また、「おかやま候補者発掘プロジェクト」第二弾の募集を行うこともアナウンスされた。(23)

この頃には、鳩山内閣の命脈も尽きようとしていた。小沢一郎幹事長と鳩山首相自らの政治とカネの問題、さらには沖縄の米軍普天間基地の県外移設を果たせなかったことから、社民党の連立離脱を招き、六月四日、政治のリーダーシップを果たせなかったとして総辞職したのである。

表4-1　民主党岡山県議会議員公募候補者等一覧

	発表日	名前	年齢	選挙区	発表当時の肩書
第一弾	5月30日	岩本典子	34	岡山市北区・加賀郡	主婦
第二弾	8月1日	金田稔久	38	津山市・苫田郡	道の駅久米の里支配人
		三宅和広	35	倉敷市・都窪郡	柚木道義衆議院議員政策担当秘書
第三弾	9月23日	山本計至	41	岡山市南区	高井崇志衆議院議員秘書
第四弾	10月31日	秋山幸子	52	総社市	愛知県立大学非常勤講師
第五弾	11月11日	萱野哲也	31	笠岡市	花咲宏基衆議院議員秘書
第六弾	12月24日	中川雅子	35	東区	ダンス・インストラクター
第七弾	12月28日	木口京子	43	岡山市南区	大学講師

出典：県連資料から筆者作成。

同日の代表選で、その後を継いだ菅直人内閣の発足当初の支持率は六一％となり、V字回復を果たしたと思われた。(24) しかし、菅首相が参院選を前にして、「消費税を一〇パーセントに引き上げる」との発言を行ったことをきっかけに、支持率は急落した。民主党は、二〇一〇年参院選で大敗を喫し、与党議席は過半数割れとなった。この「衆参ねじれ国会」によって、国会での法案審議は軒並み停滞することとなる。

しかし、岡山県の参院選では、その影響は限定的だった。岡山市北区には菅直人の本籍地があり、菩提寺もある。菅自身の出生地は山口県宇部市だが、同じ中国地方であること、さらに菅の長男である菅源太郎が岡山一区から二〇〇三年、二〇〇五年の衆院選に出馬していたものの、いずれも逢沢一郎に敗れ、比例区での復活当選も果たせなかった。政権発足直後、高井崇志の地元秘書は、筆者に対し岡山での内閣支持率はさらに三割増しに感じるほどだと語っていた。

七月一一日の参議院選挙では、自民党の候補者選びが難航したこともあり、菅直人の三三年来の盟友であることを繰り返し演説で語っていた江田五月が、自民党の山田みかに大勝したのである。参議院岡山県選挙区は、引き続き民主党の独占となった。

だが、この参院選勝利は自民党の敵失もあり、ベテラン江田に対する業績投票的な側面が強かった。このため、全国的には大敗した民主党への逆風の影響は、統一地方選の公募候補者選びにも影響してくることになる。公募合格者の発表は、小出し・散発的になっていく（表4－1参照）。

八月三〇日に民主党の統一自治体選挙第一次公認が決定された。[25]それまでに発表された公募合格者に加え、現職の公認も発表された。県議選では、現職の高原俊彦（岡山市北区・加賀郡・四七歳／一期）、一井暁子（岡山市中区・四〇歳／一期）、木下素典（津山市・苫田郡・三五歳／一期）が公認された。

公募合格者の発表は一二月二八日の第七弾まで続いた。県議八人、岡山市議四人のわずか一二人の新人候補者を発表することが七次にわたったこと、また、その過程で応募者が思うように集まらず、第二弾の募集を行ったことなどは、民主党への逆風だけではなく、人材を継続的に供給する基盤がほとんどない脆弱な組織であることを示している。松下政経塾のような政党横断的なものではなく、民主党独自の候補者人材育成システムを確立しなければならないだろう。

また、公募の形をとりながらも、県議選候補者八人のうち三人は国会議員秘書であり、「身内」といえた。

「二〇一一年統一自治体選挙公認候補者に対する各種支援」

九月二三日の県連常任幹事会では、統一自治体選挙（県議会・岡山市議会）の公認候補予定者に対する財政支援などを決定した。[26]それは、いわゆる三バン（地盤・看板・カバン）のない人でも世の中に貢献できる土台として新設したものと説明された。

現職の県議・岡山市議公認候補者には、党本部からの公認料を県連を通じて交付する六〇万円に加え、県連から交付する一〇万円で計七〇万円。新人の県議・岡山市議には、県連経由の党本部からの交付金一〇〇万円に加え、県連から三〇万円で計一三〇万円が交付されることになった。また、貸付金として党本部の「新人候補者擁立のための供託金相当額の貸付」制度によって、県議六〇万円、岡山市議五〇万円、さらに県連単独の「新人候補者に対する貸付」制度が設けられ、一候補者あたり五〇万円を限度として貸し付けられ、貸付枠は四人程度とされた。この貸付には、当選後は民主党会派に属することなどが条件とされた。

これらの貸付金は、当選後分割払いで支払い、落選の場合は返済不要とされた。また、その他の支援として、新人候補者やスタッフに対する「研修会」の実施、候補者に対する中央からの弁士派遣協力が党本部からなされることになった。

地方議会では弱小勢力に過ぎない民主党がこうした貸付金を交付できるのは、国政において第一党である民主党への政党交付金のゆえである。したがって、その勢力に比して潤沢な選挙資金を持つ民主党にとって、地方議会の議員が拡大するための潜在力は、少なくとも資金面ではあったはずである。

4　一区における県議選

本節では、衆院小選挙区では一区にあたる二つの選挙区、すなわち岡山市北区・加賀郡選挙区と岡山市南区選挙区の事例を取り上げたい。

岡山市内の県議選の選挙区画については、二〇〇九年の政令指定都市移行に伴い、区割りも変更された。それまで岡山市は、「岡山市第一・加賀郡（定数一二）」と「岡山市第二（同七）」の二選挙区だったが、「北区・加賀郡（同八）」、「中区（同四）」、「東区（同三）」、「南区（同四）」の四選挙区に分かれたのである。定数は同じだが、選挙区の面積は狭まり、選挙区はよりローカルとなったのである。二〇一一年統一選は、この区割りで初めて行われる選挙となった。また、岡山市の政令市移行により、岡山県議選と岡山市議選は、前半戦の四月一一日にダブル選挙として行われることになった。

候補者の選挙活動は、総支部ごとに決められた。一区総支部では、各候補者に担当の中学校区を割り当て、原則としてその学区内を活動地域とした。各候補者は、高井崇志事務所から情報提供された学区ごとの支持者の名簿と候補者独自の名簿をもとに訪問活動を行った。また、総支部長である高井と候補者が弁士として参加する総支部主催のタウンミーティングが中学校区ごとに行われた。タウンミーティング前には該当学区を各候補者が訪問活動を行うとともに、各選対が人を集めてポスティングを実施することを原則としていた。しかし、選挙後に「候補者の支援者は総支部が決めた担当学区とは関係なく各地に散らばっており、支援者にも混乱や戸惑いがあったことも事実である」[27]と総括されているように、新しい地域割りへの困惑があった。公募候補者は「地域代表」よりも、「無党派層」に近く、地域割りが不利になったことは否めない。候補者公募と実際の選挙戦のミスマッチが候補者本来の力を弱め、十分な成果につながらなかったのではないか。候補者ごとのきめ細かな選挙対策が必要だったといえるだろう。

現職・岡田幹司の公認漏れと新人・岩本典子の公認

北区・加賀郡選挙区は、選挙区画の変更により、定数八に対して現職九名が立候補した。現職一人が必ず落選する、厳しい選挙区だった。民主党の候補者は、現職一期の高原俊彦、公募の新人の岩本典子、前回の公認から推薦となった現職一期の岡田幹司の三人である。

岡田の推薦は、一〇月三一日に発表されたが、岡田は党籍を有する現職県会議員であり、前回は公認候補者だった。

岡田の議員活動の不足については一部から指摘されていたが、議員として不祥事などを起こしていたわけではなかった。岡田の所属する一区総支部は、「現職自治体議員の公認・推薦に関する要領」にしたがって、公認申請を県連に上申していた。しかし、前述のように最終的な決定権限は県連常任委員会が握っていた。

県連常任幹事会では、一部の国会議員から岡田の議員活動の不足を理由に公認を認めないという意見が強く出されたのである。一区総支部は、あくまでも岡田の公認を求めていく姿勢で臨み、一時は常任幹事会との間で一触即発の関係となった。しかし、岡田自身が折れ、推薦候補者でもよいとの意思表示を行い、県連常任幹事会から推薦候補者として認定されたのである。

岡田は、二〇〇七年の県議選で自治労県本部書記長だった高原俊彦とともに初当選を果たしていた。民主党籍を持つ現職が複数存在する選挙区は、岡山県内で唯一だった。また、前年参院選の比例区票は、二〇〇九年衆院選から大幅に減票したものの、三万四六五七票であり、それでも自民党の二万三六七〇票を上回っていた(28)。このため、定数三名以上の選挙区では複数候補者擁立をめざすという県連の方針もあり、定数八人の同選挙区では現職二人分以上の得票が期待されていた。

そのための新人が公募合格者第一弾で公認されていた岩本典子だった。岩本の夫が県職員であることから、現職の高原を組織内候補者とする自治労は組織分断と見て、岩本の公認を調整段階から牽引していた。しかし、一区総支部では調整が行えず、県連は岩本の公認を押し通したのである。

こうして民主党一区総支部としては、北区・加賀郡選挙区で公認の高原、岩本、推薦の岡田の三人の候補者を擁することになった。しかし、このような経過から、民主党の北区における三人の候補者が連携することは考えられなかった。

岩本は、告示直前の新聞のインタビューに、「労働組合から支援を得られると思ったが、一切、応援がないことになった。それに（県連が）多くの候補者を立てた。ショックです」[29]と答えた。これは、一区総支部として、公募合格者に対する事前の説明が十分でなかったことや、支援体制や現職候補者との調整も不十分であったことを示している。この発言は、当然ながら自治労のさらなる反発を呼んだ。

ミス観光岡山、岡山観光連盟などを経て、主婦からの応募となった岩本は無党派層に訴える候補者といえた。だが、岩本の選挙事務所は市内中心部におかれたものの、地域割りのために、選挙区内全域に「浅く、広く」支持を訴えることはできなかった。組織がなく無党派層に期待するしかなかった岩本には不利であった。また、選挙事務所もボランティア中心であり、選挙実務に精通したベテラン・スタッフなどはいなかった。

岡田も少ない選挙スタッフに苦しんだ。社会党代議士だった故上田卓三や大阪府議会議員の秘書を務めた岡田の出身母体は、中小企業の経営相談などを行うティグレ（元中小企業連合会＝中企連）である。上田が創設したティグレは、大阪府が発祥の地であり、府内に五人の大阪府議会議員を擁していた。しかし、二〇一一年統一選では、橋下徹率いる大阪維新の会のブームによって、ティグレのスタッフは大阪から離れられなくなり、岡田事務所に専従を送ることができなかった[30]。

前回の選挙で自治労岡山県本部書記長からの出馬となった高原俊彦は、オーソドックスな「労組選対」を組み、三人の中では、最も選対の体制が整っていた。このため、高原は前回より二五〇〇票あまり減票したものの、一万一〇〇一票を獲得し、五位で当選を果たした。岩本は一〇位、岡田は一一位で落選した。

前回の統一選で当選した高原と岡田の合計得票は二万二五七五票であり、今回の三人の合計得票である二万一九九一票を上回っていた。民主党が逆風下に無理な候補者擁立を行ったことがわかる。また、これは調整の失敗でもある。岩本と岡田の得票を足した一万九九〇票は、候補者を絞れば二人当選が可能だったことを示している。同選挙区の最下位当選者の得票は、八〇一九票だったのである。

南区における木口京子公認の衝撃

定数四の南区では、高井崇志の公設第一秘書の山本計至は、公募に応募した形にはなっていたが、早くから本人が立候補の意思表示していたこともあり、その公認は当然視されていた。高井の東京大学時代からの盟友であり、岡山県に本社を持つ建設会社大本組に長く勤務した経験を持つ山本は、地域の一致した推薦を受けた「本命」候補だった。

一区総支部では、あわよくば山本の擁立のみで選挙戦に臨み、無投票に持ち込もうと考えていた。町内会や南区商工会、電力総連、自治労など、幅広い推薦を取り付けた山本は、他の候補者が現れたとしても、唯一の民主党候補者としてトップ当選が当然視されていた

しかし、思わぬ候補者が現れる。公募合格者の木口京子の選挙区が南区に割り当てられたのである。落下傘候補の木口は、九六年衆院選で岡山五区、前年の井原市長選に出馬（いずれも落選）していた。このため、一区総支部は岡山市内での出馬に反対だった。しかし、南区からの出馬は木口本人の意向でもあった。最後の公募合格者発表となった二〇一〇年一二月二八日、木口の南区からの擁立が発表された。一区総支部は木口の擁立に反対だったため、選対は二区の津村啓介事務所が主力を担うことになった。(31) 県議選における南区選挙区は、人口比で八六・二％が一区で、一三・八％が二区である。平成の大合併による急速な市町村合併に、衆議院の選挙区画が対応できていないため、旧行政区単位でズレがあるのだ。(32) 木口京子の擁立にあたって、一区総支部はここを衝かれたのである。県連の公認が決まった後も、木口の名前は、一区総支部が発行したプレス民主号外「岡山県第一区総支部公認候補者一覧（一部推薦含む）」（二〇一一年三月一日発行）に含まれることはなかった。

木口の擁立によって、無風ないし無投票さえも予想された南区選挙区は、定数四の議席を五人で争う熾烈な選挙区となった。

番狂わせとなった南区の選挙結果

広大な敷地に二階建てのプレハブが二棟建てられた山本の選挙事務所は、町内会や商工会、各労組から構成され、人の出入りも活発だった。地域の代表として、保守系の市議会議員候補者が山本とともに街頭演説する姿も見られた。山本は「本命」候補者として、盤石の選挙態勢を築いていたのである。

これに対し、木口は「空中戦」で対応するしかなかった。個人演説会を二度開いた以外の選挙活動は、朝立ち、街頭演説、訪問活動に費やした。県議選、市議選を通して、南区で唯一の女性候補者であることは強みだった。

ところが、選挙戦最終盤の四月八日に異変が起こる。山本が民主党の公認を辞退したのである。その理由は、「総合的な判断」としか説明されなかった。[33]これについて、県連は、「本人から申し入れがあり、七日夜にやむを得ず受け入れた。（それまでに期日前投票した有権者には）申し訳ない」と説明、高井崇志県連幹事長は、「候補への中傷があった。（中傷内容について）本人は否定したが、党に迷惑をかけるということで公認辞退を申し出た」としている。[34]山本を中傷する怪文書やDVDが選挙区内に数次にわたり、配布された。真贋は不明だが山本と他の女性候補者とされる人物を執拗に追ったビデオであった。[35]激戦区においては常套手段ともいえる、こうしたネガティブ・キャンペーンに対し、民主党候補者の耐性は弱いといえるだろう。

公認辞退によって、山本事務所から労組からの派遣者などが引き上げる中、木口陣営は最終日となった四月九日には「唯一の女性候補者」に加え、「唯一の民主党候補者」であることを電話や街宣などでアピールした。

選挙結果は、「本命」の山本が唯一の落選者となる番狂わせとなった。木口が一万一九二〇票を獲得し、三位当選を果たしたが、山本は九三五七票を獲得しながらも次点となった。四位当選者の保守系無所属の新人、小林孝一郎[36]とはわずか一八九票の僅差であった。木口と山本の票を合算して二等分すれば、小林の票を上回っていたのである。

5　選挙の結果と課題

岡山県における選挙管理の問題と低投票率

選挙結果の分析に先立って、岡山県の選挙管理体制について述べておきたい。

今回の統一選における岡山県議選の投票率は五〇・一八％で、戦後二番目の低さだった。その背景には、岡山県選挙管理委員会の選挙啓発の取り組み状況の遅れもある。

まず、岡山県選挙管理委員会では、選挙公報を発行していない。したがって、今回の県議選において、無投票を除く六三人の候補者について、岡山県民は選挙公報によって、各候補者を比較衡量する術を持たなかったのである。ただ、これは県選管だけの責任ではない。県議会で何度か公報の発行が議論されたのに、実現に至っていないからである[37]。

また、岡山県における投票所の少なさも低投票率と無関係ではないと思われる。四七都道府県の投票所の数は、二〇〇〇年代から減少に転じているが、直近四年間での減少率では、岡山県が一〇・一％減となっており、鳥取、島根に次いで第三位である[38]。

こうしたことは、低投票率の構造的要因と考えられ、現職に有利なバイアスになりかねないため、改善が求められる。

候補者段階での民主党の「不在」

県議選では自民党が二〇選挙区すべてに三六人の候補者を立てたのに対し、一六議席以上を目標に掲げていた民主党は、八選挙区に公認一一人、推薦二人の計一三人しか擁立できなかった。このうち、四月一日の告示の時点で、九選挙区の一一人が無投票当選を決めており、一一人のうち、一〇人は自民党現職であった（後の一人は連合推薦）。これは、二〇〇七年統一選の六選挙区八人よりも多くなっている。民主党が当選確率を優先し、候補者を立てられなかったことの結果でもあった。過半数の一二選挙区で、民主党は有権者に選択肢を示すことができなかったのである。

民主党は一六人の議席獲得を掲げながら、推薦を含む一三人しか候補者を立てられなかったことについて、民主党岡山県連幹部は、選挙前に「告示ぎりぎりまで擁立を目指したいが、数より当選できる確率が大事。候補者を無理に立てても支援できなければ、今後にダメージが残る」と漏らしたという[39]。だが、過半数の選挙区で候補者を立てられず、複数擁立区も四選挙区にとどまったという事実は前述の候補者擁立方針にも反し、今回の県議選における民主党の「不在」を有権者に印象づけたであろう。

民主党が県議選において、過半数の一二選挙区で候補者を立てられず、しかもそのうち九選挙区で無投票当選を許したことは、有権者に選択肢を示すことができなかっただけでなく、自民党への「勝ち馬投票」に拍車をかけたといえるだろう。これも低投票率の要因の一つと考えられる。

総支部の実力の差が表れた選挙結果

選挙結果は、衆議院小選挙区ごとの総支部の力量の差が如実に表れる結果となった。

表4－2のように、民主党の公認候補者は八選挙区のうち、五選挙区で五人の候補者の当選にとどまった（推薦候補者は二人のうち一人が当選）。小選挙区ごとの結果を見ると、二区と四区はともに二人全員当選、一区が五人中二人当選、三区と五区ではどちらも二人全員がともに落選となっている。

衆議院小選挙区で議席を獲得している二区と四区の全員当選は、候補者擁立から選挙戦術まで（候補者を絞ったことを含め）一日の長があったといえよう。

一区は岡山市を擁する都市部でありながら力量以上の候補者を立てて、票が拡散している。しかし、すでに見たように両選挙区とも複数当選が可能な得票があるため、今後は候補者調整が課題である。それには、候補者ごとのきめ細かな票割り、地域割り等が必要であろう。

現職と新人が共倒れとなった三区は、比例復活の議員もいない民主党空白区にもかかわらず、力量以上の候補者を立てている。次点となった金田稔久と自民党の最下位当選者との票差はわずか一八一票であり、現職の木下素典は次々点となった。また、無投票となった九選挙区のうち、五選挙区は三区内である。特に小選挙区では三区に属する二人区の備前市・和気郡で、自民党現職二人が無投票当選したことは、「二人区は、必ず一名以上の公認候補を擁立する」という候補者擁立方針にも反するものである。ただし三区は、たちあがれ日本の平沼赳夫が小選挙区、自民党の阿部俊子が比例復活している選挙区であり、民主党は小選挙区・比例復活ともに空白となっているため、総支部機能は最も弱いといえる。

五区についても、候補者を擁立したのは、ともに二人区であったが、当選圏の戦いにはならなかった。それでも比例復活の花咲宏基を総支部長とする五区は、五選挙区のうち三選挙区で候補者を擁立したのである。

このように、選挙結果には衆議院の小選挙区ごとの総支部の力量がそのまま出たといえるのである。

表4－2　岡山県議選における民主党候補者の選挙結果

衆院小選挙区	県議選選挙区	名前	年齢	現新別	結果	備考
1区（5－2）	岡山市北区・加賀郡（8－12）	岡田幹司	54	現1	落	推薦
		高原俊彦	48	現1	当	
		岩本典子	35	新	落	
	岡山市南区（4－5）	（山本計至）	41	新	落	4月8日に公認辞退
		木口京子	43	新	当	
2区（2－2）	岡山市中区（4－5）	一井暁子	41	現1	当	
	岡山市東区（3－4）	中川雅子	35	新	当	
3区（2－0）	津山市・苫田郡（4－6）	木下元典	35	現1	落	
		金田稔久	39	新	落	
4区（2－2）	倉敷市・都窪郡（14-17）	三宅和弘	36	新	当	
		三原誠介	61	現3	当	推薦
5区（2－0）	笠岡市（2－3）	萱野哲也	31	新	落	
	総社市（2－3）	秋山幸子	53	新	落	

出典：筆者作成。

表4－3　岡山県議選（2011年4月10日投開票）

党派	当選者	改選前	増減
自由民主党	34	36	－2
公明党	5	5	±0
民主党	5	4	1
共産党	2	3	－1
無所属	10	16	－6
合　計	56		

注：自民党は選挙後，無所属を加え，37議席に。

民主党の組織的課題

民主党は候補者擁立の段階で「不在」が多く、国政における二大政党制を前提とすれば、それが最大の敗因といえる。その要因として、逆風下にあって、連合以外の候補者供給基盤を持たない民主党が、公募候補者に頼らざるを得ず、しかも当選確率を優先させたために候補者を少数に絞りすぎたことが第一に挙げられよう。

民主党は、組織の外から「無党派層」を募るしかなかった。だが、呼びかけの対象が「無党派層」である限り、逆風下でのリクルートメントは困難を極めるだろう。その少数の公募候補者ですら、選挙区調整の失敗などによる疑心暗鬼もあり、広がりのある選挙戦が展開できなかったのである。

したがって、今後、「日本維新の会」などの第三極との競合も予想され、受け身にならざるを得ない民主党としては、安定的な人材供給基盤の確立が喫緊の課題である。

国政選挙においては、伝統的な自民党支持団体も民主党を並列あるいは、単独推薦するケースも見られた。それは、民主党本部による陳情受付の幹事長室一本化の成果でもある。民主党政権は、自治体や業界団体の陳情について、霞が関詣でを封じ、自民党議員の中央省庁に対する影響力を排除しようとしてきた。しかし、今回の統一選では、自民党との関係を温存する団体も多く、民主党候補者への推薦は限定的だった(40)。与党であるうちに、地域における影響力強化を図っておかなければ、圧倒的な保守の壁を突き崩すことはできないであろう。

しかし、最も大きな課題は、民主党の最大の支援団体である連合との信頼関係の構築と候補者の一本化である。国政レベルでは一致している連合と民主党だが、地方議会レベルでは同一歩調を取っていない。連合岡山は、実際には安定的な候補者人材供給基盤になっていないのである。

上述したように、県議会の会派としての民主・県民クラブは九人だが、連合系無所属の一人は会派に入っていない。また、民主・県民クラブの党籍を持たない議員三人のうち二人は連合系（基幹労連および自動車総連出身）である。岡山市議会では、さらに入り組んでおり、民主党公認議員四人を含む市民ネットは七名だが、このうち連合推薦候補は二名だけである。これ以外の連合推薦候補四名が所属する明政クラブ（六名）は、保守系議員との共同会派となっているのである。

民主党の最大の選挙部隊は組合員九万五〇〇〇人を擁する連合岡山であることは論を俟たない。しかし、連合岡山の高橋徹会長は、選挙後「信頼関係の再構築から始めたい」と語っており、協力体制の構築は容易ではない。今回の統一選でも、県議選、岡山市議選の計五選挙区で、連合岡山の組織内候補者と民主党候補者が競合し、激しい票の奪い合いとなった。選挙後の民主党国会議員との協議では、連合岡山から、「擁立段階の調整ができていない」との強い不満が出された。(41) こうした関係の希薄性は、民主党岡山県連所属の国会議員は、全員が公募候補であり、労働組合出身者がいないことにも起因しているだろう。(42)

今回の統一選では、国政選挙と同様に民主党と連合が一体となった選対を作ることを不可能だった。さらに単組ごとの候補者となる地方議会では、それぞれの組合の取り組みにばらつきが出ることも当然であった。連合の支援候補者と民主党の公認候補者が競合する場合には、両者は敵対的な関係となることも選挙戦で明らかになった。

この構造のままでは、今回のような逆風下においては、候補者のリクルートメントが困難になるのであり、それは、国政においても同様といえよう。民主党ネイティブ議員はしばしば連合との関係を「古い関係」として忌避しがちである。だが、最大の支持基盤との関係を緊密なものにした上でなければ、今回の統一選で果たすことのできなかった「無所属議員と政策協定を結び、推薦するといった新しい取り組み」などを進めても、組織の不安定要因にしかならないのである。

自民党は「復調」したのか

岡山県自民党は、今回の統一選において二〇〇九年衆院選、二〇一〇年参院選の連敗の影響を全く感じさせない勝利を得た。しかし、これは自民党の「復調」を示すものと言えるものだろうか。

ある自民党の中堅議員は選挙後、「今回の県議選は自民党が躍進したわけではなく、民主党がつまずいただけだ。勝利したと錯覚すると国政選挙にも響く」と語ったという。かつて一〇万人を超えていた自民党岡山県連の党員数は、二〇一〇年末には一万四六三九人にまで激減している。党公認の当選者のうち、三三人は現職であり、追加公認を入れても初当選組は四人に過ぎない(43)。

東日本大震災直後のため、選挙運動は自粛モードとなり、知名度のない新人には不利であり、さらに低投票率によって、現職有利となったことは否めない。だが、選挙後の自民党県議会議員団や県連では、旧態依然たる派閥均衡と年功序列によって、正副議長や県連役員が決められるなど、改革の姿勢は見られない(44)。

また、今回の統一選では、地方にまで業界団体の民主党支持が波及せず、民主党は政権交代効果を生かすことはできなかった。しかも、民主党の陳情一元化システムの効果は、自民党の政権復帰によって閉ざされてしまったのである。

県段階における自民党の党運営が旧態依然であるならば、ベテラン議員の多くが引退期を迎えるだろう二〇一五年統一地方選において、それは試されることになる。民主党が多くの候補者を立て、地域に浸透してくれば「交代期」の選挙となろう。自民党もまた人材発掘や世代交代という課題に直面しているのである。

また、選挙制度による国会議員と地方議員の関係変化も指摘できる(45)。民主党の議席構造は、逆ピラミッド型であり、「頭はあるがそれを支える足（地方議員）がない政党」の典型である。しかし、民主党国会議員が系列の地方議員をあまり持たないまま、国政で第一党になったという事実は、一党優位体制時代の自民党国会議員とその系列の保守系地方議員による、いわゆるボス・チェーン・システム[46]（候補者―県議会議員―市町村議会議員―地元有力者―有権者という、縦に結ぶ人的系列）が機能しなくなっていることを示している。

それは、衆議院の選挙制度が中選挙区制から小選挙区比例代表並立制に転換したことに起因する。小選挙区選出の議員（あるいは同選挙区から落選し、ブロックで復活当選した議員）にとって、一人の県議に頼ることは、その県議と深刻な競争関係にある別の県議や候補者を敵に回すことになりかねないため、国会議員は、中選挙区制の下で選ばれてくる特定の県議に集票を依存する戦略からの脱却を図るようになってきている[47]。小選挙区比例代表並立制という衆議院の選挙制度と、地方議会の選挙制度との違いは、ステレオ・タイプのボス・チェーン・システムを過去のものにしつつある。「多すぎる地方議員」を系列に持つことは、様々なコンフリクトを抱えることになり、小選挙区進出への阻害要因ともなり得るのである。こうした構造変化は、「足のない」民主党にとって、国政進出が容易になったことをも示している。

それは、国会における多数派と地方議会における多数派が一致しないという現象を引き起こしている。自民党議員が引退・改選期を迎える時期までに、自民党自身が改革を断行できなければ、盤石の「保守王国」も不動のものとはいえない。

註

（1）『読売新聞』二〇一一年四月二六日。
（2）岡山県における統一地方選の「統一率」はわずか一二・五％であり、全国平均の二八・九九％を大幅に下回っている。県知事選と県都岡山市長選、第二の都市である倉敷市長選も統一選に含まれていない。二〇一一年統一地方選は、前半（四月一〇日投票）の岡山県議会、岡山市議会、後半の津山市、玉野市、里庄町、新庄村、西粟倉村の計七自治体で行われ、計二二九人が一八三議席を争った。『朝日新聞』岡山版、二〇一一年四月一六日。

(3)　『山陽新聞』二〇一一年四月二六日。

(4)　橋本龍太郎の二男、橋本岳は岡山四区で落選中であり、加藤六月の女婿、加藤勝信は岡山五区からコスタリカ方式（二〇〇九年衆院選では五区から当選）で当選している。今では、ともに自民党籍である。

(5)　その後も岡山市長選で落選した熊代は、二〇一一年統一地方選における岡山市議会選挙で東区からトップ当選を果たした。

(6)　元首相菅直人の長男。菅直人の本籍地のある岡山一区から二度立候補しているが、いずれも逢沢一郎に敗れ、比例区での復活も果たせなかった。

(7)　小選挙区ごとに設けられた民主党の総支部は、当該選挙区の国会議員もしくは議員候補者が総支部長を務めることになっている。

(8)　山口希望「江田ブランドと溶解した自民党組織」白鳥浩編著『衆参ねじれ選挙の政治学』ミネルヴァ書房、二〇一一年、一六三〜一七〇頁。

(9)　選挙後の追加公認を含む。

(10)　中区から当選した一井暁子は、岡山県知事選立候補のためとして、二〇一二年二月一三日に議員辞職した。

(11)　『読売新聞』大阪版、二〇〇七年四月二四日。

(12)　民主党岡山県総支部連合会「県および岡山市議会における勢力拡大をめざして」二〇〇九年一一月二九日。http://www.minsyu.org/koubo/img/seiryoku.pdf　民主党岡山県連についての記述は、国会議員及び秘書、県会議員、市議会議員からのインタビューに加え、同県連ホームページにおける「県連の活動」などを参照した。

(13)　『山陽新聞』二〇一〇年七月八日。

(14)　黒田展之編『現代日本の地方政治家』法律文化社、一九八四年、一六八頁。当該部分の執筆は新藤宗幸。
(15)　これに伴い岡山県連では、二〇〇九年一二月から一〇〇万円をかけて「おかやま候補者発掘プロジェクト」として公募をPRするホームページを開設した。『朝日新聞』岡山版、二〇一一年一二月一一日。
(16)　民主党岡山県総支部連合会HP「県連の活動」二〇〇九年一二月。http://www.minsyu.org/?cat = 37
(17)　民主党岡山県総支部連合会選挙対策委員会「『岡山候補者発掘プロジェクト』はじめます！」二〇一一年一二月一一日。
(18)　NHK放送文化研究所「政治意識月例調査」による。
(19)　『朝日新聞』岡山版、二〇一一年四月一三日。
(20)　「二〇一一年統一地方選挙に向けた候補者擁立方針」二〇一〇年四月二四日。http://www.minsyu.org/koubo/img/100424.pdf
(21)　民主党岡山県総支部連合会選挙対策委員会「現職自治体議員の公認・推薦に関する要領」。http://www.minsyu.org/img/100601.pdf
(22)　同上。
(23)　第二弾は、八月三一日に自薦六名、他薦二〇名の応募があったことが発表された。
(24)　NHK放送文化研究所「政治意識月例調査」による。
(25)　選挙の呼称について、民主党本部は「統一地方選挙」としているが、岡山県連では「統一自治体選挙」としている。かつて社会党が「地方」ではなく「自治体」であるとして使用した呼称であり、既成政党で使用しているのは社民党のみである。
(26)　「二〇一一年統一自治体選挙公認候補者に対する各種支援」。http://www.minsyu.org/100924.pdf
(27)　民主党岡山県総支部連合会一区総支部「二〇一一年　統一自治体選挙（四月一〇日投票）選挙総括」。一区については、この総括を参照した。
(28)　岡山県選挙管理委員会のホームページから引用。http://www.pref.okayama.jp/syokyoku/senkyo/h22_sanin/index.htm

(29)『朝日新聞』岡山版、二〇一一年三月二〇日。
(30)ティグレの政治団体であるティグレ・フォーラムのホームページによると、同フォーラムの大阪府議会議員は、二〇〇七年統一選で五人が当選したが、二〇一一年統一選では一人となっている（http://www.tigreforum.jp/）。
(31)岡山県選挙管理委員会からの回答。選挙人名簿登録者数（平成二三年三月三一日現在）による。
(32)なお、本章執筆時の二〇一二年四月時点においても、衆議院の選挙制度改正の論議は緊急的なものにとどまっており、抜本改正は第四七回衆院選からとされている。したがって、定数是正の岡山県内影響を受けない岡山県の選挙区画が、第四六回衆院選において是正される見通しはなく、県議会の選挙区画とのかい離は解消しない。
(33)『朝日新聞』岡山版、二〇一一年四月一二日。
(34)『山陽新聞』二〇一一年四月一七日。
(35)当該ＤＶＤは、ある新聞記者の好意で視聴した。
(36)選挙後に追加公認され、自民党会派に所属。
(37)『朝日新聞』岡山版、二〇一一年四月二一日。同記事によると、岡山市においても、「有権者の強い要望」を受け、政令指定都市移行を控えた二〇〇七年に、初めて新聞折り込みの形で発行されたという。
(38)『朝日新聞』二〇一〇年一二月六日。
(39)『朝日新聞』岡山版、二〇一一年三月一二日。
(40)『山陽新聞』二〇一一年五月三一日。
(41)『山陽新聞』二〇一一年五月三一日。
(42)二〇一〇年参院選全国比例で当選した難波奨二はＪＰ労組出身で岡山県連所属であるが、岡山県内に事務所を構えていない。
(43)『山陽新聞』二〇一一年六月一日。
(44)二〇一二年も派閥均衡、年功序列人事が行われた。『山陽新聞』二〇一二年五月三日。

(45)　河村和徳・竹田香織「系列再編の視点から見る政権交代」白鳥浩編著『衆参ねじれ選挙の政治学』ミネルヴァ書房、二〇一一年、二五六頁。
(46)　杣正夫編『日本の総選挙　一九六九年』毎日新聞社、一九六九年、二二一頁、当該部分の執筆者は横山桂次。
(47)　山田真裕「保守支配と議員間関係──町内二派対立の事例研究」『社会科学研究』五八巻五・六号、二〇〇七年、六〇頁。

参考文献

黒田展之編『現代日本の地方政治家──地方議員の行動と背景』法律文化社、一九八四年。

白鳥浩編著『政権交代選挙の政治学──地方から変わる政治』ミネルヴァ書房、二〇一〇年。

白鳥浩編著『衆参ねじれ選挙の政治学──政権交代下の二〇一〇年参院選』ミネルヴァ書房、二〇一一年。

菅原琢『世論の曲解──なぜ自民党は敗北したのか』光文社新書、二〇〇九年。

谷聖美「市町村議員の対国会議員関係──保守系議員に力点をおいて」『岡山大学法学会雑誌』三六号、一九八七年。

山田真裕「保守支配と議員間関係──町内二派対立の事例研究」『社会科学研究』五八巻五・六号、二〇〇七年。

第5章　「保守王国」における民主党の限界
——熊本県議選、熊本市議選——

秋吉貴雄

1　問題の所在

二〇〇九年九月に歴史的な政権交代を果たした民主党は、政権をより強固なものとするため、二〇一〇年参院選と二〇一一年統一地方選の勝利を目標とした。しかし、政権および民主党への支持率が低下する中で迎えた参院選で惨敗を喫すると、地方基盤の強化の重要性が再認識され、統一地方選での勝利は至上命題となった。

本章で分析対象とするのは、熊本市選挙区における熊本県議選および熊本市議選である。熊本県は「保守王国」と称されるように、各種選挙においてこれまで自民党及び保守系無所属議員が圧倒的な強さを誇ってきた（秋吉二〇一〇、二〇一一）。その一方で、県庁所在地である熊本市においては、近年民主党の巻き返しが顕著になっていた。衆議院熊本一区では民主党候補者が連続して勝利を収め、また、熊本市を一部含む衆議院熊本二区や参議院熊本選挙区においても、民主党候補者の熊本市での得票数は自民党候補者を上回った。

そのような状況の中、二〇一〇年に行われた参院選において民主党の新人候補者が自民党の現職候補者に敗北し、系列議員のネットワークの弱さが露呈すると、民主党熊本県連にとっては統一地方選にお

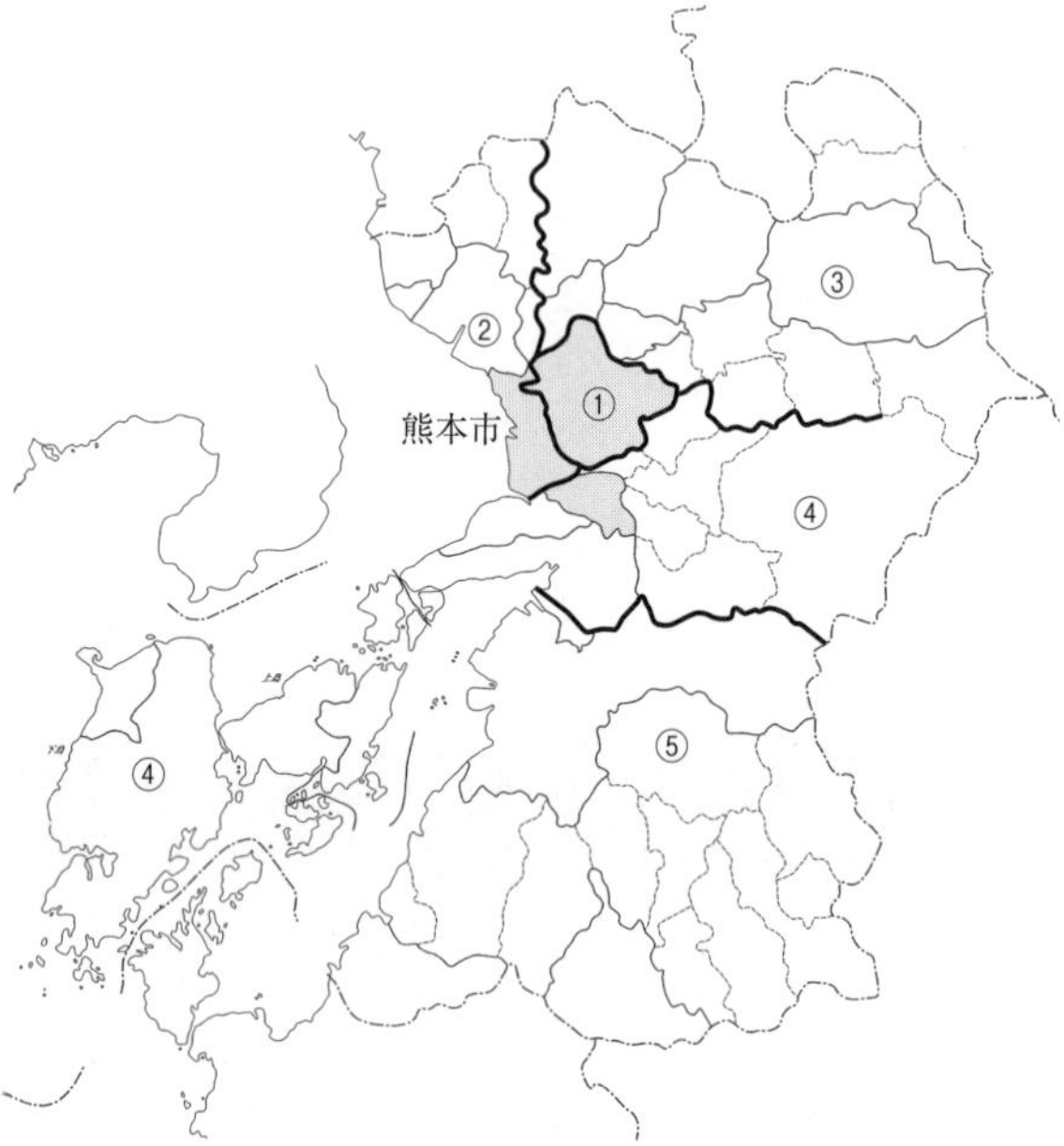

図5－1　衆議院小選挙区（熊本県）

いて民主党地方議員を増やすことが最重要課題となり、組織としての対応を行うこととなった。

しかし、開票の結果、民主党は致命的な打撃を受けた。熊本市選挙区においては、県議選では現職候補者一名が落選し[1]、市議選では現職候補者三名は当選したものの、新たに発掘した新人候補者三名は相次いで落選した。

近年の国政選挙で民主党候補者の得票が自民党候補者の得票を上回ってきた熊本市選挙区において、民主党は県議選、市議選の双方でなぜこのような惨敗することになったのか。以下で検討していく。

2 熊本市選挙区の構造

熊本市の基本特性

県庁所在地である熊本市は、熊本県における政治経済の中心として位置づけられていた（表5－1）。熊本県の他市町村とは対照的に、人口は増加傾向にあり、高齢化率も低く、また第一次産業比率も極端に低くなっている。衆議院熊本一区の都市度（二〇〇三年データ、五区分）で、熊本県内で唯一「やや都市」と区分されるように[2]、地方の中核都市としての特性を有している。

さらに、熊本市にとって大きな変化となったのが市町村合併である。平成の大合併の流れで、二〇〇八年一〇月に下益城郡富合町を、二〇一〇年三月に鹿本郡植木町と下益城郡城南町とを編入合併することによって、二〇一一年一〇月に中核市から政令市への移行が閣議決定された。その結果、市域はさらに拡大され、中学校区で四二区、小学校区で九二区もの規模になった。

表5－1　熊本選挙区の市町村の人口・産業構造

市町村名（旧名）		有権者数	人口	人口増減率（2000～05年，%）	高齢化率（%）	第一次産業比率（%）	第二次産業比率（%）	第三次産業比率（%）
熊本市	熊本市	580,274	669,603	1.1	18.5	3.4	16.6	77.5
	植木町		30,772	-1.5	22.6	19.1	25.2	55.0
	城南町		19,641	-0.2	24.5	11.2	24.7	63.8
	富合町		7,962	0.9	30.0	17.1	20.8	62.0

出所：国勢調査（2005年），『熊本日日新聞』2010年7月12日。

「保守王国」における民主党地方議会議員

熊本市は熊本県内の他市町村とは異なり、いわゆる都市型選挙区に近い性格を有していた。しかし、南九州地域の「保守王国」としての側面も有しており、県議会、市議会ともいずれも自民党、保守系無所属が圧倒的多数を誇ってきた。

県議会に関しては定数四九議席で、同議会の会派構成は二〇〇七年の選挙の結果、(1)自民党県議団（山本秀久代表、三一人）、(2)民主・県民クラブ（渡辺利男代表、七人）、(3)公明党（竹口博己代表、三人）、(4)新社会（岩中伸司代表、一人）、(5)無所属（七人）となっていた。[3] その中で熊本市選挙区は定数一六であり、自民党が七議席を有していたのに対し、民主党が有していたのは、鎌田聡と濱田大造のわずか二議席であった。[4]

鎌田は一九六七年に熊本市に生まれ、熊本県立熊本西高等学校を卒業後、日本電信電話株式会社に入社した。同社労働組合での活動後、一九九九年の県議選で初当選してから連続当選し、三期目となっていた。その間、一九九九年に民主党熊本県連常任幹事、二〇〇一年に県連副代表、二〇〇三年に県連代表を歴任し、二〇〇七年からは県連代表代行に就任するといったように、県連幹部としてのキャリアを重ねていた。

濱田は一九七〇年に熊本市に生まれ、熊本県立熊本高等学校卒業後、早稲田大学政治経済学部に進学し、同大学卒業後に日商岩井株式会社へ入社した。二〇〇三年の県議選に無所属で出馬し、次点で落選した。同年、松野信夫の事務所に入り、秘書を務めた後、二〇〇七年の県議選に民主党から出馬し、当選した。そして、当選後は県連副幹事長に就任し、さらに政権交代後は、県連政調会長ならびに陳情窓口の県連地域政策推進室室長に就任した。

一方市議会に関しては定数四八議席で、同議会の会派は、二〇〇七年の選挙終了後に、(1)自民党市議団（主海偉佐雄代表、一六人）、(2)社民・民主・人（ヒューマン）市民連合（東すみよ代表、一〇人）、(3)くまもと未来（下川寛代表、一〇人）、(4)公明党市議団（磯道文徳代表、七人）、(5)共産党市議団（益田牧子代表、三人）、という五つの会派が届けられた。

県議会と同様に自民党・無所属保守系の議員が大半を占める中、民主党が有していたのは、上田芳裕と田尻将博と田辺正信とのわずか三議席であった。

上田は一九六七年に熊本市に生まれ、熊本県立第二高等学校を卒業後日本電信電話株式会社に入り、労働組合での活動後、二〇〇七年の市議選で初当選した。

田尻は一九五一年に熊本市に生まれ、熊本市立三和中学校卒業後に九州電力に入社し、同社に勤務しながら熊本県立熊本高等学校定時制を卒業し、九州電力労働組合での活動後、一九九一年の市議選で初当選してから連続当選し、五期目となっていた。

田辺は一九五〇年に熊本市に生まれ、熊本市立商業高等学校（現・熊本市立千原台高等学校）卒業後日本電信電話公社に入社し、労働組合での活動後、一九九一年の市議選で初当選してから連続当選し、五期目となっていた。

国政選挙における民主党の巻き返し

熊本市という比較的都市部でも「保守王国」としての側面は有していたため、県議会、市議会の双方

表5－2　国政選挙区における得票率の推移（衆院熊本1区，参院熊本市区）

	民主（%）	自民（%）	その他（%）
第43回衆院選(2003/11/9)	54.22(松野頼久)	39.06(岩下栄一)	6.71(共)
第20回参院選(2004/7/11)	50.24(本田良一)	42.60(木村仁)	7.16(共)
第44回衆院選(2005/9/11)	47.94(松野頼久)	46.90(木原稔)	5.16(共)
第21回参院選(2007/7/29)	54.45(松野信夫)	41.05(三浦一水)	4.50(共)
第45回衆院選(2009/8/30)	55.42(松野頼久)	39.47(木原稔)	5.11(共,幸)
第22回参院選(2010/7/11)	43.16(本田浩一)	38.28(松村祥史)	18.57(み,共,創新)

出典：秋吉（2010，2011）。

で民主党は少数勢力となっていた。しかし、民主党が政権交代への準備を進め、全国の都市部の選挙区で勝利を収めるようになると、国政選挙で徐々に民主党が優勢となってきた（表5－2）。

衆議院熊本一区においては、松野頼久が二〇〇〇年衆院選から連続して自民党候補者相手に勝利を収めていた。松野頼久は父親が防衛庁長官、農林大臣等を歴任し、自民党総務会長を務めた松野頼三であり、地元では保守層に食い込んでいたことから、二〇〇五年の郵政解散選挙においても議席を守った。

また、衆議院熊本二区においても、熊本市においては民主党が優勢となっていた。二〇〇三年衆院選では、熊本市で自民党現職の林田彪の得票を上回り、松野信夫は比例で復活当選を果たした。二〇〇五年の郵政解散選挙では野田毅が松野信夫に圧勝したものの、二〇〇九年衆院選では林田が、社民党との候補者調整から突如選挙区替えを行った民主党新人の福嶋健一郎に熊本市で大差をつけられ、落選したのであった（秋吉二〇一〇）。

一方、参議院選挙においても同様に、熊本市では民主党候補者が優勢に立っていた。二〇〇四年衆院選では、選挙区全体では自民党の木村仁が本田良一に勝利したものの、熊本市だけ見ると木村は本田に二万票もの差をつけられていた。そして、二〇〇七年参院選では、民主党の松野信夫が自民党現職の三浦一水に対し、熊本市で約四万票、得票率にして約一三%もの大差をつけて当選したのであった。また、民主党に逆風が吹いた二〇一〇年衆院選においては、民主党新人の本田浩一は自民党現職の松村祥史に敗れて落選したものの、熊本市では得票率にして約五%の差をつけていたのであった。

3　民主党県連基盤強化の試み

組織体制の変化

前回の参院選熊本選挙区では民主党は松野頼久の秘書を務めていた本田浩一を擁立し、改選の一議席に挑んだ。同選挙の民主党の候補者としては女性県議が有力視されていたが、同県議は社民党色が強かったため、県連幹部は難色を示した（秋吉二〇一一）。そして、保守層を開拓するため、新人であったにもかかわらず県連は本田を候補者として公認した。しかし、本田は熊本市では自民党の松村祥史に差をつけたものの、落選することとなった。同選挙では自民党が系列の地方議員の後援会をフル活動させ、組織型選挙をさらに原始化させた泥臭い「地上戦」を展開したのに対し、民主党は閣僚や党幹部を連日投入する「空中戦」を挑んだ結果、熊本市を除いた全県での敗北となった。民主党県連の松野信夫が「地方議員を増やし、地道に地固めをする。しっかりと組織作りをして党の足腰を強くしたい」と述べたように(5)、民主党の熊本県組織をどのように強化するかということが緊急課題となった。

そして、その参院選での敗北の責任を取る形で、松野信夫県連代表、田尻幹事長、鎌田代表代行の三役が辞表を提出し、二〇一〇年一〇月には松野頼久を代表とする新体制が民主党県連大会で承認された(6)。衆議院議会運営委員会筆頭理事でもあった松野頼久は地元活動が難しいため、幹事長人事が注目されたが、党所属の地方議員が二一名という層の薄さから、代表代行を辞任した鎌田が幹事長に就任することになった[7]。

松野頼久代表は就任後の会見において、県議選の理想を「二ケタ」議席とした上で、全選挙区での候補者擁立のための公募導入を検討することと、従来の支援団体以外にも新しい業界団体との交流を検討することを示した[8]。

候補者リクルーティングの失敗

「出たい人より、出したい人[9]」という言葉に顕著に示されるように、地方議会の選挙においては地道な地元活動をもとに当該地域の信頼を勝ち取った者が推される形で立候補するのが通例の形であり[10]、当選への近道でもある。しかし、民主党県連は、前述の松野頼久新代表の意向を踏まえ、翌年の統一地方選の候補者を公募することを二〇一〇年一一月に発表した。松野頼久代表が「参院選の敗北で地方の基盤づくりが重要だと痛感した。これまで政治の世界に顔を出していなかった人にも手を挙げてもらい、多様な人材を幅広く集めたい」と語ったように[11]、従来の女性候補者限定のみであった供託金用資金貸付を男性候補者まで拡大し、さらに候補者が落選した場合はその返済を免除すると発表した。

民主党県連が国政選挙以外で候補者を公募することは初めてのことであり、その動向が注目された。公募発表から締切まで一月足らずという短期間ではあったが、前述のように資金貸付及び落選時の返済免除という特典から多くの応募が期待された。しかし、一二月に発表された応募状況は驚くものとなった。応募総数はわずか五名にとどまったのであった[12]。

松野頼久県連代表は「一人でも（応募で）拾えれば、大きな意義がある」と主張したものの、民主党政権への逆風が大きく影響した形となり、また、新人公募という県連の方針に対しても党関係者から「公募締め切りから選挙まで実質三カ月。逆風の中で、組織を持たない普通の人が手を挙げても当選は難しい」と述べたように[13]、積極的な意義を見出すことが難しい状況となった。

候補者の確定

地方選初めての公募は不調に終わったものの、一二月四日に統一地方選準備状況のため熊本入りした岡田克也幹事長から複数定員の選挙区には候補者を擁立することを指示され、「候補者を立てないことには勝てない」と檄を飛ばされたこともあり[14]、引き続き候補者擁立を進めた。

県議選に関しては、県内で二二ある選挙区のうち複数定員である一〇選挙区での候補擁立を進めた。その一方、熊本市選挙区に関しては一六名という定員であったものの、県議会で同一会派を組む平野みどりと西聖一という無所属候補二名を民主党が推薦することとなったため[15]、党独自の新人候補の擁立は断念した。そして、民主党の公認候補者は現職の鎌田と濱田の二名となった。

市議選に関しては、新人候補者の発掘が注目の的となった。前回の熊本市議選においては二十代の無所属新人が五名立候補して全国的にも注目されたため[16]、今回の市議選においても二十代や三十代という若年層の票の掘り起こしが可能となる新人候補者が民主党から立候補することが想定された。

しかし、後述するように民主党への逆風が強くなるなか、候補者は大幅には伸びなかった。その結果民主党が公認を決めたのは、現職の田尻と田辺と上田の三名とあわせて、大塚信弥、西井辰朗、山本浩之、という同じ三〇歳の三名で、合計六名となり、当初期待されていたよりも少なかったものの、同党が市議選で擁立した過去最大の候補者数となった。

その三名の新人候補者について見てみると、大塚は熊本学園大学卒業後は参議院議員松野信夫の秘書を務めていた。山本は久留米大学経済学部卒業後にフラワーショップを経営していた。この二名とは異なる経歴を有していたのは西井であった。西井は九州ルーテル学院大学卒業後に熊本大学教育学部研究生課程を修了し、前回の市議選に無所属で立候補し、落選した。その後西井は自らが設立したＮＰＯ代表を務めながら、早くから民主党に事務所スタッフとして関わり、民主党熊本県連常任幹事青年委員長に就任していた。

4　選挙戦の展開

民主党への逆風

二〇一〇年七月の参院選惨敗が示すように、民主党政権への国民の「期待」は「失望」へと変化していた。鳩山由紀夫首相が政権運営で迷走した挙句に退陣し、衆院選で掲げたマニフェストの実現が困難であることが明白になりつつあった。さらに、菅直人首相がマニフェストには示していなかった消費税増税の意向を示し、民主党政権への信頼は低下の一途をたどっていた。そのため、民主党は統一地方選での巻き返しに向け、一〇月には枝野幸男や長妻昭といった閣僚経験者を岡田幹事長の補佐役に起用して幹事長室を強化するといったように、党勢の立て直しを模索していた。

しかし、注目された菅政権での予算編成は政権交代時に掲げた「政治主導」から「財務省主導」へと大きく後退し[17]、各種世論調査でも民主党政権への失望感が高まっていることが示された[18]。そして、民主党への逆風を一層強めたのが、小沢一郎と前原誠司という党首経験のある二人の有力議員をめぐるスキャンダルであった。

鳩山政権時から小沢一郎の政治資金問題は指摘されていたものの、検察が不起訴にしたことから同問題は沈静化するかに思われた。しかし、二〇一一年一月三一日に小沢が強制起訴されることとなり、同問題が再びクローズアップされることとなった。元秘書の供述調書の信憑性が問われていたため、無罪になることが想定されていたものの、脱小沢を図っていた執行部は一定の処分を科すことも視野に入れていることも示していた。[19] このような党内抗争に対し、熊本県連の鎌田幹事長も指摘したように、有権者が党への不信感を募らせることが懸念されていたものの、[20] 二月には小沢に近い衆議院議員一六人が会派離脱届を提出する事態となった。さらに、三月には前原誠司外相の外国人からの献金受領問題が発覚して外相を引責辞任することとなり、菅政権および党への大きなダメージとなった。

個人ベースの選挙戦術

民主党は支持率の上昇が見込めないまま統一地方選に臨むこととなったが、さらに市町村合併が選挙戦自体に影響を及ぼすことになった。前述のように、熊本市は政令市に向けて旧富合町、旧城南町、旧植木町の三町と合併を行った。その結果、県議選では旧富合町のみが熊本市選挙区に繰り入れられるにとどまったものの、[21] 有権者数は一万人以上増加した。大きな影響を受けたのは市議選であった。旧富合町は次期任期まで特例が残るため定数一で選挙が行われることとなったが、先に合併を行った旧植木町は特例が切れ、また城南町は特例を適用しなかったため、[22] 両町は熊本市議選に繰り入れられ、有権者数は四万人以上増加した。[23] 熊本市議会は定数増を行うこともできたものの、有権者の理解を得られないとして見送ったため、事実上の減員選挙となった。

そして、県議選熊本市選挙区には定数一六に対し二二人が立候補を表明し、熊本市議選には定数四八に対し六六人が立候補を表明し、双方とも激戦となった。

消費税と社会保障の関係、環太平洋連携協定（ＴＰＰ）といった国政が抱える問題に加え、熊本市が二〇一二年に政令市を迎えるにあたってどのような地域づくりを行っていくか、ということが争点になると思われた。

しかし、三月一一日の東日本大震災、福島第一原発の事故が大きな影響を及ぼすことになった。二つの「事件」によって、災害対策や危機管理も争点に加わり、候補者ごとに広がった。さらに選挙運動自体も大きな影響を受け、双方の選挙でも会派間の申し合わせによって選挙カーでの拡声器での遊説を自粛する「静かな選挙」となった[24]。

このような状況下でまず選挙選に突入した熊本県議選では、民主党は松野頼久県連代表が強調したように、政権交代後の新熊本地方合同庁舎Ｂ棟の建設再開等の実績を訴えた。そして各候補者レベルでは、同党公認の鎌田はＮＴＴ労組を核とした上で労組票を固めるのと同時に地元校区での票固めを進めた。また、同党推薦の西は自治労を核とし、平野は高教組を核としたように、それぞれの有する組織を中心にした選挙を行った[25]。しかし、同党公認の濱田は個人後援会を核にしたものの、他の公認推薦候補者とは対照的に主に無党派層への浸透を図っていった[26]。

後述する県議選での厳しい結果を踏まえた上での戦いとなった市議選では、民主党幹部はさらに危機感を強めていた。通常の地方議会の選挙では、自身の名前を浸透させるのに地元活動を中心として約一年から一年半の準備期間を要するため[27]、時間が全く足りない民主党の公募候補者たちにとっては浮動票が頼みの綱であった。しかし、県議選での投票率が低下して市議選でも同様の低投票率が予測されたため、新人候補者の得票の伸び悩みが懸念された。選挙に初めて挑戦する大塚と山本には松野頼久と松野信夫の後援会スタッフが支援する形で党としてのバックアップが行われた[28]。

そして、現職の上田と田辺は出身のＮＴＴ労組を核とした活動を行い、田尻も同じく出身の九州電力労組を核に票固めを行っていった。それに対し、新人の大塚、西井、山本は、「草の根」活動によって支援の輪を広げていくことを模索していた[29]。また、市議選では選挙公報が配布されたが、大塚は雇用と子育て支援を公約に掲げ、西井は（政策ではなく）自身の立候補の思いを熱く語り、山本は安心して暮らせる安全な地域社会の実現を公約に掲げていた。

開票結果

統一地方選前半戦として県議選は四月一〇日に投票が行われ、即日開票された。民主党は松野頼久が県連代表就任以来、「県議会での二ケタ議席の獲得」を目標に掲げてきたが、当選したのは鎌田のみのわずか一名という惨敗であった（表5－3、表5－4）。民主党への逆風が強まっていたことから苦戦することは予想されたものの、「熊本市選挙区での現職濱田が二八四票差で落選したことは驚き」として大きく報道された[30]。

特定の組織との結びつきがない濱田は、投票率低下による苦戦が予想された。そして、熊本市選挙区での投票率が前回よりも五・五九％低い四六・七〇％となったとはいえ、前回選挙七位で得票率五・三八％（得票数一四六七五票）で初当選した濱田が得票率を四・〇〇％（得票数九八七二票）まで低下させ、二八四票差の次点で落選したことは民主党惨敗の象徴であった。

県議選二週間後の四月二四日に投票が行われた市議選でも、民主党は苦杯をなめることとなった。県議選と同様に投票率が前回よりも三・〇七％低い四四・〇三％となり、民主党公認の六人の候補者の明暗がくっきりと分かれた。

表5－5に示されるように、現職の上田、田尻、田辺は全員当選した。六六人の候補者で四八人が当選する中、田辺は四六位と苦戦したが、田尻は六位、上田は二一位と、それぞれ上位、中位での当選となった。一方、新人の大塚、西井、山本は全員落選した。大塚は五四位、山本は五五位と票が伸びず、前回の市議選経験者で、かつ前回の選挙後深く民主党に関わってきた西井は五九位と惨憺たる結果となった。

表5－3　熊本県議選熊本市選挙区開票結果（2011年4月10日）

順位	候補者名	所属	得票数	当落					
1	小杉 直	自現	16,362	当	12	平野 みどり	無現	11,695	当
2	村上 寅美	自現	15,279	当	13	井手 順雄	自現	11,151	当
3	馬場 成志	自現	14,917	当	14	松岡 徹	共元	10,944	当
4	荒木 章博	無元	13,837	当	15	岩下 栄一	無元	10,941	当
5	鎌田 聡	民現	13,679	当	16	西 聖一	無現	10,156	当
6	氷室 雄一郎	公現	13,006	当	17	濱田 大造	民現	9,872	
7	大西 一史	無現	12,500	当	18	高島 和男	無新	9,710	
8	前田 憲秀	公新	12,424	当	19	松村 秀逸	無新	8,706	
9	城下 広作	公現	12,145	当	20	倉重 力	無新	7,557	
10	橋口 海平	無新	12,036	当	21	古川 泰通	無新	6,376	
11	藤川 隆夫	自現	11,876	当	22	猿渡 寛良	無新	533	

出典：『熊本日日新聞』2011年4月11日。

表5－4　熊本県議選（2011年4月10日投開票）

党派	当選者	改選前	増減
自由民主党	28	25	＋3
公明党	3	3	±0
民主党	1	2	－1
共産党	1	0	＋1
社民党	0	0	±0
諸　派	1	1	±0
無所属	15		
合　計	49		

表5－5 熊本市議選開票結果（2011年4月24日）

順位	候補者名	所属	得票数	当落	順位	候補者名	所属	得票数	当落
1	松野 明美	無現	11,196	当	34	紫垣 正仁	自現	3,622	当
2	満永 寿博	自現	6,913	当	35	藤山 英美	無現	3,622	当
3	古川 泰三	無現	6,653	当	36	澤田 昌作	自現	3,561	当
4	寺本 義勝	無新	5,671	当	37	益田 牧子	共現	3,535	当
5	津田 征士郎	自現	5,389	当	38	福永 洋一	無新	3,505	当
6	田尻 将博	民現	5,364	当	39	田中 敦朗	無現	3,483	当
7	江藤 正行	自現	5,297	当	40	重村 和征	無現	3,444	当
8	園川 良二	公新	5,220	当	41	大石 浩文	無現	3,416	当
9	坂田 誠二	自現	5,213	当	42	東 すみよ	社現	3,396	当
10	藤永 弘	公新	5,094	当	43	那須 円	共現	3,396	当
11	田尻 清輝	無現	5,089	当	44	牛嶋 弘	自現	3,315	当
12	竹原 孝昭	自現	4,976	当	45	大島 澄雄	無新	3,219	当
13	藤岡 照代	公現	4,892	当	46	田辺 正信	民現	3,189	当
14	原口 亮志	無現	4,871	当	47	田上 辰也	無新	3,168	当
15	井本 正広	公新	4,844	当	48	田尻 善裕	無現	3,163	当
16	齊藤 聰	自現	4,816	当	49	佐々木 俊和	無現	3,094	
17	鈴木 弘	公現	4,748	当	50	志垣 英海	無新	3,041	
18	西岡 誠也	無新	4,682	当	51	大森 男	無新	2,962	
19	有馬 純夫	公現	4,665	当	52	原 亨	自現	2,907	
20	浜田 大介	公新	4,579	当	53	村上 博	無現	2,750	
21	上田 芳裕	民現	4,362	当	54	大塚 信弥	民新	2,342	
22	高本 一臣	無新	4,223	当	55	山本 浩之	民新	2,335	
23	落水 清弘	自現	4,096	当	56	園田 脩	無新	2,104	
24	北口 和皇	無現	4,035	当	57	又吉 玲司	無新	2,003	
25	白河部 貞志	無現	3,967	当	58	矢住 勝大	無新	1,825	
26	家入 安弘	無現	3,831	当	59	西井 辰朗	民新	1,668	
27	田中 誠一	無現	3,811	当	60	竹下 貴丸	無新	1,607	
28	三島 良之	自現	3,802	当	61	三島 美枝	無新	1,296	
29	上野 美恵子	共現	3,800	当	62	池部 知子	無新	980	
30	下川 寛	無現	3,762	当	63	本田 憲哉	無新	904	
31	税所 史熙	自現	3,709	当	64	松本 雄一	無新	716	
32	小佐井賀 瑞宜	無新	3,697	当	65	中川 浩一郎	無新	592	
33	倉重 徹	自現	3,692	当	66	清田 香織	無新	175	

出典：『熊本日日新聞』2011年4月25日。

5　敗北の要因と含意

これまで都市部に強いとされてきた民主党が、なぜ熊本市での県議選、市議選において惨敗を喫したのか。民主党政権への逆風や、大震災と原発事故による争点の拡大と選挙活動への制限といった、これまで一般に指摘されてきた要因は熊本においても確認されるが、本章で注目するのが、地方選挙での民主党型選挙戦術の限界である。

いわゆるマニフェスト戦術として知られるように、民主党は中央で作成したマニフェストをトップダウンによって党本部から地方まで一貫して主張してきた。それによってボトムアップによる政策形成を行ってきた自民党を凌駕し、前回の衆院選では保守王国においても自民党現職を撃破したのであった（秋吉二〇一〇）。

しかし、大選挙区を前提とした地方都市部の選挙区は個人対個人の戦いになり、県議会、市議会というレベルでは候補者との個人的なつながりを有権者は重要視するため[31]、党としてのマニフェスト戦術というのは事実上不可能になってくる。それに加えて、濱田の敗戦後に松野信夫が述べたように[32]、労組候補者と他候補者の間での温度差から一定の労組票を割ることができなかった。さらに、前述のように民主党への批判が強まる中、選挙ポスターや選挙広報などに民主党公認を明記しない新人候補者が出てくる事態にもなり[33]、特定の組織を有しない候補者がすべて落選していったことは必然であった。

様々な選挙区の形態を有する地方選挙と、小選挙区を基本とする国政選挙とのねじれは、党としてどのような選挙戦術をとっていくべきかということの判断を極めて難しくするものであり、民主党は改めてこのジレンマに直面したことが指摘されるのである。

註

(1) 全県においても民主党は一議席しか獲得できなかった。四一の都道府県で行われた都道府県議選挙での民主党の獲得議席一議席というのは最低であり、熊本県はその五県のうちのひとつであった（他に、山梨県、和歌山県、高知県、鹿児島県）。

(2) 東京大学菅原琢研究室ウェブサイト日本政治データ（URL http://freett.com/sugawara_taku/data.html）。なお、熊本二区は「中間」、熊本三区、四区、五区は「農村」となっている。

(3) 会派無所属であった大西一史（熊本市選挙区）、早田順一（山鹿市選挙区）、吉田忠道（菊池郡選挙区）の保守系三議員はその後二〇〇八年四月に「無所属改革クラブ」を結成し、新会派として届け出た。

(4) 一六議席の内訳は、自民党七、公明党三、民主党二、無所属四（保守系一、革新系三）であった。

(5) 『熊本日日新聞』二〇一〇年七月一二日。

(6) 『熊本日日新聞』二〇一〇年九月三〇日、一〇月一〇日。

(7) 『熊本日日新聞』二〇一〇年九月三〇日。なお、代表代行には衆院熊本二区選出の福島が就任した。

(8) 『熊本日日新聞』二〇一〇年九月三〇日、一〇月一〇日。

(9) 熊本県議会議員大西一史氏へのインタビュー。

(10) 熊本県議会議員大西一史氏へのインタビュー。

(11) 『熊本日日新聞』二〇一〇年一一月七日。

(12) 『熊本日日新聞』二〇一〇年一二月一二日。

(13) 『熊本日日新聞』二〇一〇年一二月一二日。

(14) 『熊本日日新聞』二〇一〇年一二月一二日。

(15) 高教組の支援を中心に一九九七年の県議補選から当選を重ねていた平野は、前回の参院選で民主党からの立候補が有力視され、一時は民主党に入党していた（秋吉二〇一一）。しかし、候補者調整でもつれたことから民主党から離党し、今回は無所属で立候補した。一方、熊本県庁出身の西は職員組合からの支援を受けていたものの、二〇〇七年県議選に（民主党からではなく）無所属で立候補して当選し、今回も無所属で立候補した。

(16)『AERA』(二〇〇七年三月二六日号)。しかし、記事のタイトル「「脱プア」は議会を目指せ――統一地方選で「就活」」にも見られるように、これらの候補者に対しては冷やかな反応であり、立候補者五名中当選したのはわずか一名であった。
(17)『熊本日日新聞』二〇一〇年一二月二九日。
(18)『熊本日日新聞』二〇一一年一月三日。
(19)『熊本日日新聞』二〇一一年二月一日。
(20)『熊本日日新聞』二〇一一年二月一日。
(21)旧城南町は下益城郡区に、旧植木町は鹿本郡区に残ることとなった。
(22)『熊本日日新聞』二〇一一年三月一八日。
(23)『熊本日日新聞』二〇一一年三月一八日。
(24)『熊本日日新聞』二〇一一年四月四日。
(25)『熊本日日新聞』二〇一一年三月二九日。
(26)『熊本日日新聞』二〇一一年三月二九日。
(27)熊本県議会議員大西一史氏へのインタビュー。
(28)『熊本日日新聞』二〇一一年四月一四日。
(29)『熊本日日新聞』二〇一一年四月一四日。
(30)『熊本日日新聞』二〇一一年四月一三日。
(31)熊本県議会議員大西一史氏へのインタビュー。
(32)『熊本日日新聞』二〇一一年四月一三日。
(33)『熊本日日新聞』二〇一一年四月二七日。

参考文献

秋吉貴雄「「保守王国」の崩壊――熊本二区」白鳥浩編著『政権交代選挙の政治学――地方から変わる日本政治』ミネルヴァ書房、二〇一〇年。

秋吉貴雄「二つの終焉――熊本選挙区」白鳥浩編著『衆参ねじれ選挙の政治学――政権交代下の二〇一〇年参院選』ミネルヴァ書房、二〇一一年。

堤英敬・森道哉「民主党地方組織の形成過程――香川県の場合」上神貴佳・堤英敬編著『民主党の組織と政策――結党から政権交代まで』東洋経済新報社、二〇一一年。

村松岐夫・伊藤光利『地方議員の研究――「日本的政治風土の主役たち」』日本経済新聞社、一九八六年。

森正「民主党地方組織と労働組合」上神貴佳・堤英敬編著『民主党の組織と政策――結党から政権交代まで』東洋経済新報社、二〇一一年。


［謝辞］本章を執筆する上では熊本県議会議員大西一史氏から多大なお力添えをいただいた。記して感謝申し上げたい。もちろん、本章に関する一切の責任は筆者にある。

第Ⅱ部　知事選挙の変容

街頭演説をする橋本徹・大阪維新の会代表
(2011年1月13日)(毎日新聞社提供)

第6章　自民・民主激突の構図
――北海道知事選――

浅野一弘

1　なぜ民主党候補は敗北したのか

二〇一一年四月一〇日、第一七回統一地方選前半戦の折に行われた、北海道知事選では、現職の高橋はるみが、一八四万八五〇四票を獲得して、三度目の当選を果たした。表6－1からもわかるように、高橋は、得票率六九・四四％で、ほかの候補者の追随を許さない、圧勝であった。この選挙結果について、「高橋の得票は木村の三倍以上。木村は社会党時代を含めても民主系としては〝最弱〟の候補になってしまった」と評する地元誌もあったほどだ[1]。

しかしながら、同日に行われた北海道議選における各党別の得票率を見ると、高橋を推薦した自民党と木村俊昭を推薦した民主党が、ほぼ互角に戦っていることがわかる（表6－2参照）。もちろん、高橋の場合、自民党に加えて公明党の推薦も受けており、そこで、両候補の得票率に差が出たと言えなくもない。だが、北海道議選における自民党と公明党の得票率を併せても四一・六九％にしかならず、高橋が知事選で獲得した六九・四四％という得票率の説明がつかない。

他方、北海道議選における民主党の得票率三一・三三％と、知事選で民主党が推した木村の得票率二〇・四五％を比較すると、一〇・八八ポイントもの開きがあることがわかる。いったいこの得票率の差

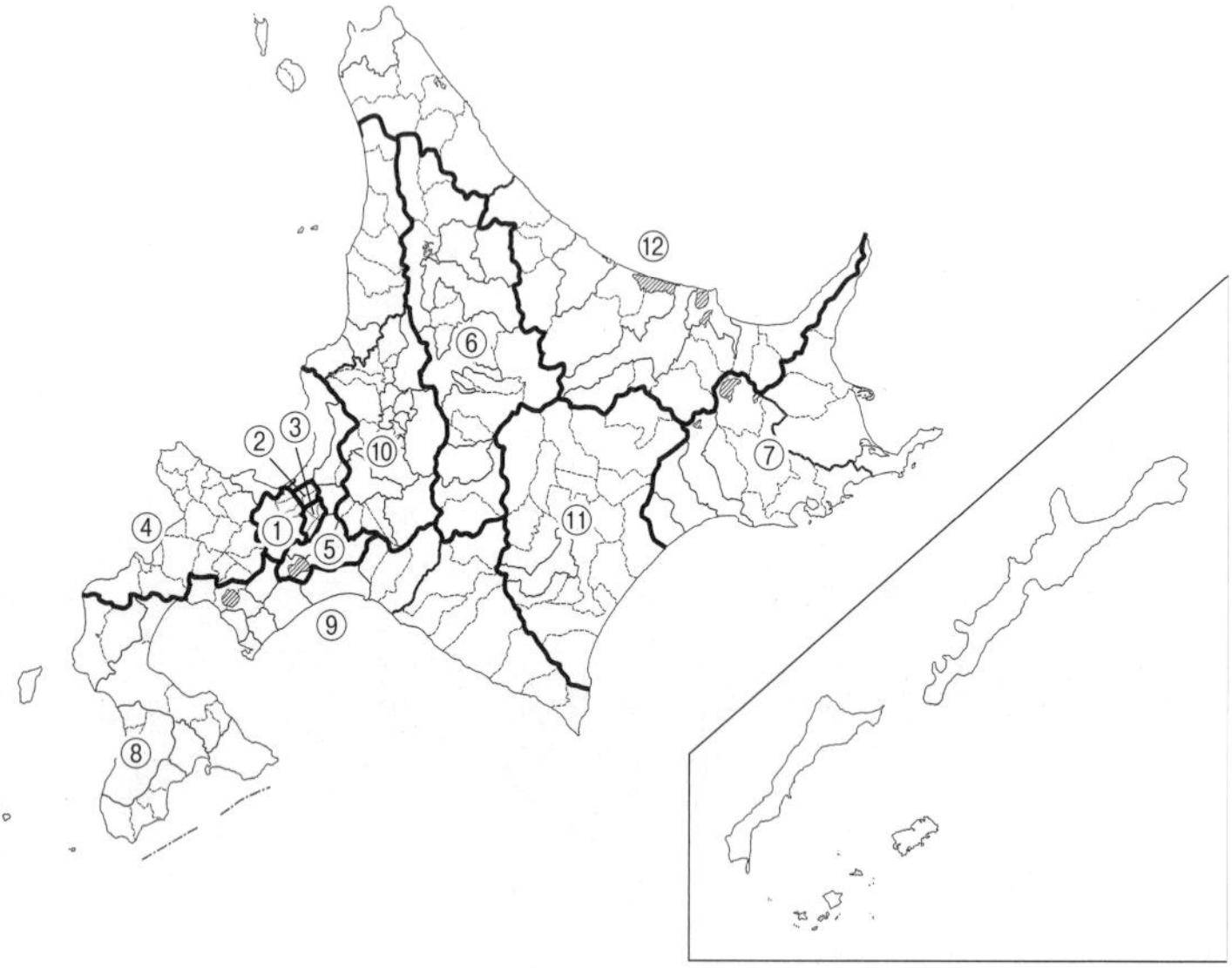

図6－1　衆議院小選挙区（北海道）

は、何を物語っているのであろうか。それは、北海道議選では民主党候補者に票を投じながら、知事選では木村に票を投じなかった有権者がかなり存在するという事実だ。

そこで本章においては、なぜ木村が、これほどまでに低い得票率に終わったのかについて検証してみたい。裏返せば、どうして、現職の高橋が、それほどまでに高い得票率であったのかを浮き彫りにするということである。なお論述の順序としては、はじめに、今回の知事選の特色について概観する。次に、高橋の強さ＝木村の弱さの理由について検討する。そして最後に、札幌市長選の候補者との選挙協力という観点から、知事選に関する簡単な私見を述べたい。

表6-1　北海道知事選挙（2011年4月10日）における候補者別獲得得票数

候補者		推薦	得票数	得票率（%）
高橋はるみ（3）	無現	自・公	1,848,504	69.44
木村俊昭	無新	民・社・国	544,319	20.45
宮内　聡	無新	共	176,544	6.63
鰹谷　忠	無新		92,491	3.47

出所：http://www.pref.hokkaido.lg.jp/hs/h23tdgsokuho/tkouhosyagoukeizendou.htm（2012年7月30日）。

表6-2　北海道議選（2011年4月10日）における各党別獲得得票数

	得票数	得票率（%）
自民党	680,482	35.63
民主党	598,354	31.33
公明党	115,734	6.06
みんなの党	43,099	2.26
共産党	82,611	4.33
諸　派	54,381	2.85
無所属	334,978	17.54

出所：http://www.soumu.go.jp/main_content/000116142.xls（2012年7月30日）。

2　北海道知事選の特色

北海道知事選の重要性

民主党北海道の佐野法充幹事長は、「衆院選挙で勝って政権を取れても、それでもって政権交代が実現したと思ってはダメだ。参院選挙で勝って、そして道政奪還を果たして、道内における与野党のねじれ現象を解消して初めて、われわれが目指した政権交代が実現するのです。この三つの戦いは一体のものなのです」と述べていた(2)。同じように、北海道選出の町村信孝衆議院議員も、かねてから、二〇一〇年の「参院選を勝って来年（二〇一一年）の統一選を勝ち、そしてその後に来るであろう衆院選に向けてがんばる」「今度（二〇一〇年）の参院選はホップ、統一選がステップ、衆院選がジャンプという位置付けです」（カッコ内、引用者補足）と語っていた(3)。

このように、民主党、自民党のいずれにとっても、今回の統一地方選は重大な意味を有しており、なかでも、知事ポストをいずれの政党が獲得できるかに多大な関心が集まっていた。

候補者の横顔

では、ここで、両党が推薦した候補者の横顔を紹介しておこう。

民主党・社民党・国民新党の推薦を受けた木村は、毎月一〇カ所以上から依頼を受け、講演・意見交換・現地視察により、地域活性化に全力で協力、応援している人物であった。ちなみに、同候補者は、一九六〇年オホーツク管内西興部村生まれ。遠軽高校、法政大学卒業、同大学院政策科学研究科修士課程修了の経歴をもっている。一九八四年小樽市入庁後は、全国初の歴史的建造物のライトアップや「ガラスの街・小樽」のブランド化、ものづくり職人活動等を仲間とともに企画・実現するなどして、地域再生請負人などと呼ばれた。二〇〇六年四月から内閣府経済社会システム担当政策企画専門官として出向。地域活性化、政策の立案・推進・調査・研究・政府広報などを担当し、二〇〇九年四月、農林水産省大臣官房企画官に就任。地域の担い手育成や地域ビジネス創出をはじめ、主に農林水産業などを担当した。その後、二〇一〇年四月から小樽市産業港湾部副参事（次長職）として、小樽市役所に戻っていたものの、二〇一〇年六月から農林水産省大臣官房企画官をつとめていた(4)。

他方、自民党・公明党の推薦を受けた高橋は、「昭和二九年一月六日富山県富山市生まれ」で、一九七六年に、一橋大学経済学部を卒業後、通産省に入省し、大西洋国際問題研究所（在パリ）研究員（一九八五年）や中小企業庁経営支援部経営支援課長（二〇〇〇年）をつとめた。そして、北海道経済産業局長（二〇〇一年）、経済産業研修所長（二〇〇二年）を歴任したのち、二〇〇三年四月の北海道知事選で初当選した経歴をもつ人物であった(5)。もともと高橋が二〇〇三年の知事選に立候補する道筋をつけたのは、前出の町村であったとされる。通産官僚であった町村は、高橋が、「通産省（現・経済産業省）に入省したとき、指導教官のような立場だった。自民党が堀達也の知事三選に異を唱えて、北海道経産局長から経済産業研究所所長に転勤したばかりの高橋を擁立した際も中心となった」ようだ。そのため、「町村は知事の重要な後ろ盾の一人」とも呼ばれていたのだ(6)。しかも、「町村氏の父親で衆院議員や北海道知事を務めた町村金五氏は、高橋知事の祖父の高辻氏と旧内務省で同期という間柄だった」という(7)。

現職知事であった高橋は、二〇〇三年の初めての知事選出馬の折から、自民党を最大の支持基盤としていた。しかも、「与党・中央とのパイプが高橋道政の〝ウリ〟だった(8)」。しかし、二〇〇九年八月三〇日の衆院選を契機に、この状況は一変した。なぜなら、この選挙において、民主党は三〇八議席を獲得し、政権交代が実現したからである。そのため、民主党とのパイプ構築を迫られた高橋は、鳩山由紀夫政権発足後の「一〇月末の連合北海道の定期大会にも初めて出席」したし[9]、二〇一〇年「一月には連合の新年交札会にも顔を出した[10]」。

だが、高橋の思惑とは裏腹に、民主党との距離感を実感するような出来事が起こった。それは、「民主党北海道（三井辨雄代表）と道内業界団体などが意見交換する政権交代後初の政策懇談会が（二〇〇九年一〇月）一五日、札幌市内で開かれた」ときのことであり、「初日は道経連など一一団体の代表や高橋はるみ知事らが出席。多くがこれまで選挙で自民党を支持してきた団体とあって、新たな与党との関係づくりを目指し、アピール合戦を繰り広げた」（（　）内、引用者補足）。「道幹部約二〇人と出席した高橋はるみ知事は、地域主権を掲げる民主党の分権政策などを評価し、『民主党は北海道発展のためのパートナー』と持ち上げた。しかし、知事は先の衆院選で自民、公明両党の候補の応援に奔走しただけに、同党北海道の鉢呂吉雄前代表は『非常に違和感がある。にじり寄られても困る』と皮肉った」のだ[11]。

この点に関して高橋は、「私は過去二回の知事選で自民党のご推薦をいただいていますので、一部の民主党の国会議員の方々から大変厳しいお言葉を頂戴しました」とした上で[12]、「一〇月でしたか、政権交代後初の政策懇談会がありました。道からも私と幹部職員二〇人ほどで出席させていただき、一度そういう発言がありました。でも、その後、一一月にも様々な政策要請をおこなっていますが、そういう話はありません」と語っていた[13]。だが現実には、民主党の北海道議会議員の一人が、「高橋はるみ知事は人気があるけど、自民党の『下請け』ですよ。民主党政権の下で何ができますか」と述べるなど、「高橋知事の過去二回の選挙を票やカネで支えてきた業界団体などを、政権与党の看板を使って引きはがす『兵糧攻め』に奔走する」姿も見られた[14]。

こうした状況を受けて、二〇〇九年の「政権交代で高橋知事は三戦戦略の練り直しを迫られている。

従来のように自公べったりというわけにはいかない」ため、「全方位で、政権党の民主党にも接近し、自らは〝道民党〟という形で戦うことになるだろう」と、語る者もいた[15]。このように、「自民党や公明党、業界団体におんぶにだっこではダメ。これまで二回の知事選とはやり方を変えないと戦えない。自前の後援会を拡大し、高橋知事を支持してくれる道議たちと草の根、道民党でやっていくことになる」との声が、後援会の幹部たちの口からも出てくるようになった[16]。現に、「日本商工連盟北海道連合会や道農協政治連盟など業界団体は、政権与党の民主党に配慮して、過去二回の『推薦』から、『自主投票』に切り替えるアクシデントもあった」のだ[17]。さらに、高橋陣営は、自民党の「党道連からだけ推薦を受け、党本部の推薦は断るという〝苦肉の策〟」を編み出し、「少しでも政党色を薄める」方法をとろうとしたものの、これまで、「散々、世話になっておきながら、『推薦はいらない』というのは虫がよすぎる」（自民党道議）との声がわきおこり、結局、「高橋の後援会が自民党本部へ推薦を要請、二月三日に正式に推薦が下りた」という事態も見られた[18]。

この点に関連して、二〇一〇年「一二月二四日、知事の後援会幹部と自民党道連幹部が札幌市内のホテルにひそかに集まった」折、「後援会側が一枚の組織図を提示すると、自民党側が凍りついた」ことがあったようだ。というのは、「選挙対策本部の要職は経済人が占め、同党議員の名前がなかったからだ[19]」。そのためであろうか、「『全道選挙のため最低二億円はかかる』といわれる知事選」であるにもかかわらず[20]、今回、「自民党本部が用意したのは知事選一〇〇〇万円」だけでしかなかったという[21]。

さて、知事選の告示（三月二四日）を目前に控えた、三月一九日・二〇日の両日に実施された地元紙の世論調査では、「出馬表明が一月中旬と出遅れた木村氏は、民主党支持層の二割しか固め切れておらず、無党派層でも出遅れている」とされていたが、他方の「高橋氏は支持政党別で、推薦を受けている自民、公明両党の支持層の八割以上を固めたほか、支持政党なしの『無党派層』で約五割、民主党支持層でも四割超の支持を得ている」との結果が出た。[22]

さらに、四月二日・三日の調査でも、「高橋氏は、推薦を受けた自民、公明両党の支持層の八割余を固めたほか、支持政党なしの『無党派層』で六割、民主党支持層でも四割を超す支持を得ている」とされ、他方の「木村氏は、民主党支持層で支持を伸ばしているが、三割弱しか固め切れていない」のが実情であった。要するに、現職の高橋の方が、「幅広い支持を集め、なお優位に戦いを進めている」のに対して、選挙を一週間後に控えてなお、木村のほうは、「知名度アップと組織固めに全力を挙げている」ような状況であったのだ。[23]

こうした劣勢をはねかえすことを目的に、木村陣営では、選挙戦術の転換を図った。具体的には、「当初は党派色を薄めるため国会議員の応援を控えた」ものの、選挙戦終盤になって、木村を「民主党の候補だと印象づけて、少しでも支持層を固め」ることとした。[24] そのため、民主党北海道の幹部が、「札幌市内の道議候補の事務所を回り、演説で木村氏の名前や政策に触れるよう指示」をし、「全道の道議候補にも文書を送り、木村氏支援の徹底を呼びかけた」という。[25]

高橋と北海道電力との結びつき

だが、結局、土壇場での方針転換が、実を結ぶことはなかった。先述したように、木村は、高橋の三分の一以下の得票数に終わってしまったのだ。ちなみに高橋は、「一七九市町村で他候補の得票を上回り、道知事選史上で初めて『完全制覇』を成し遂げた」のであった。しかも、「得票率（有効投票に占める獲得票の割合）も六九・四％となり、戦後の歴代道知事で二番目」の高さを記録した。[26]

なお、投票日当日の出口調査の結果、「高橋はるみ氏は推薦を受けた自民、公明両党支持層の九割超を獲得し、支持政党なしの『無党派層』の約七割を取り込んだ」。具体的には、「自民党支持層の九三％、公明党支持層の九一％を得た。従来の支持基盤を確実に固めた上、現職の知名度を生かして無党派層の六八％を獲得」したのだ。しかも高橋は、「民主党支持層の四四％も取り込み、大差での勝利を決定的にした」わけだ。それに対して、「木村氏は民主党支持層の四七％しか固めきれず、無党派層も二〇％だった」とのことであった[27]。

今回の知事選の敗因について、荒井聡民主党北海道代表は、「残念ながら今回の選挙は、震災の影響があり、新人が選挙活動をするのに大変厳しい状況だった。木村さんの主義、主張、理念を十分に訴える準備ができなかった。また、基本的に選挙運動期間が短かった。政策内容は負けていなかったが、伝える時間がなかったということ」だ、と語っていた[28]。

他方、「自民党道連会長の伊東良孝は『道議会、市議会、市町村議会と連動的な選挙をおこない、圧倒的な勝利だった。震災の自粛ムードがどのような影響が出るのか心配だったが、政策の要望や実情をつぶさに聞いて、見て、それを道政を生かしてきた人柄と実績が高く評価されたのではないか』と話していた[29]」。

もっとも、「今回の選挙戦は高橋陣営にもいくつものウイークポイントがあった」とされる。具体的には、「地方の後援会組織づくりが万全ではなかったこと」と「選対幹部の間にも確執があった」ことであった[30]。加えて、「道経連の歴代会長は、北電首脳が務めているが、今年四月の知事選では、政権与党に配慮して中立の姿勢だった。そのため、初当選、再選時と異なり、北電、道経連が高橋知事を積極的に応援することはなかった」のだ[31]。その上、「選挙資金も前回に比べれば潤沢ではなかった。当初は四年前の半分のカネで選挙を戦わざるを得ないという見方があったほど」であった。結局、「最終的に金融機関からの借入れでしのいだものの、ケチケチ作戦を徹底するしかなかった[32]」。ある自民党関係者も、「今回の選挙は、お金がかかってない」と指摘しているほどだ[33]。こうした様々なハンディがあったにもかかわらず、高橋は、大量得票で三選目を手中に収めたのである。

ところで、「〇三年の初当選時、経産省から強い要請を受けた北電、道経連は高橋知事を熱心に支援した」という。[34]このときの「選挙は〝北電選挙〟と称されたほど北電が肩入れした」。[35]それは、「高橋はるみは経産省出身で、基本的には原発推進の立場」であったからだ。[36]この点に関して、例えば『東京新聞』は、「高橋はるみ北海道知事の、北海道電力との蜜月ぶりには驚かされる」とした上で、「同社幹部からの政治献金は毎年の恒例。北電元会長が資金管理団体の会長も務める」と報じていた。[37]具体的に、北海道電力から高橋の資金管理団体・萌春会への政治献金は、「〇四年は少なくとも十七人から四十万円、〇五年も十七人から四十四万円、〇六年は十六人から四十五万円。〇七年もほぼ同額の献金があったとみられる。さらに〇八年は会長、社長ら十人から三十六万円、〇九年も十人から三十三万円が献金されていた」という。そして、この萌春会の会長をつとめるのが、「元北電会長で、北海道経済連合会（道経連）の会長も務めた南山英雄氏」であった。[38]北電とのこうした蜜月関係があったからこそ、高橋は、福島第一原子力発電所の事故からおよそ五カ月後の二〇一一年「八月一七日に記者会見を開き、北電の泊原発三号機の営業運転再開にゴーサインを出した」というわけだ。ちなみに、「東京電力・福島第一原発事故以来、営業運転を再開したのは泊原発が全国初」であったという。[39]北電との関係を裏づけるかのように、高橋は、知事選の間、「泊原発は一九九三年の北海道南西沖地震の際も影響なく、稼働停止すらしませんでした。冷静に物事を見極め、最善を尽くします」と述べるなど、脱原発という考え方を強く否定していた。[40]

こうした事情も手伝って、当初、民主党の側では、「原発を止めると、知事候補に演説をさせる」とのアイデアがあったようだ。[41]そして、この考えに対して、「党と本人は乗り気」であったそうだが、結局、採用されないままに終わってしまった。理由は、「連合がつぶした」からであったという。[42]それゆえ、連合北海道の関係者からは、木村が、泊原発をめぐって、斬新な方策を打ちだすことができなかったのは、「うちが悪い。悪いってことを認めればいい」との声が出ているほどだ(43)。

ちなみに、「北海道新聞がこの（二〇一一年三月）一九、二〇日行った世論調査では、『泊原発の安全対策を見直すべきか』との問いに、八八％が『見直すべきだ』と答えている」（カッコ内、引用者補足）ことからしても、木村が、泊原発を即刻、ストップさせるという姿勢を明示していたならば、高橋との票差は、もう少し縮まっていたのかもしれない(44)。だが木村は、「支持組織の中には、『脱原発』に慎重意見」があることに配慮して、泊原発の即時停止を主張できなかったのである(45)。

3　高橋の勝因と木村の敗因

高橋の強さ

高橋は、自著のなかで、「『二期八年の実績は何か』という問いには、『一期目では北海道新幹線の着工と知床が世界遺産に登録されたこと。二期目では、ドクターヘリを三機体制にできたこと。また、道議会との連携で全国に誇る障がい者条例を制定したことも道民と喜び合えることです』と答えました」と記していた(46)。

だが、高橋と親交のある、自民党の元国会議員でさえ、知事は、「二期目以降、ほとんどなにもやっていない」と断じていたし(47)、地元メディアの記者も、「何を二期目の実績として挙げるかというと、なかなか見当たらない」と語っていたのだ(48)。

こうした指摘があるにもかかわらず、高橋の二期目の支持率は高かった。例えば、二〇〇九年九月一六日の「政権交代三カ月後の一二月一二日～一三日、さる政党関係筋が、道内主要都市で、道内に住む男女五〇〇人を対象に、電話面接方式」で行った、「政治に関する意識調査」では、「『高橋道政二期をどう評価していますか』という問いに対して、『非常に支持している』が一〇・五％。『ある程度支持できる』が四八・〇％」で、「二つをあわせると五八・五％となり、六割近い支持率となっている」との結果が出ていた[49]。

さらに、北海道新聞社が、二〇一〇年四月一七～一九日の三日間に実施した世論調査の結果では、「高橋道政への評価」として、「大変良い」を選んだ回答者が一二％、「まあ良い」[50]を選択した者が四三％と、合計で五五％もの回答者が、高橋道政を支持している実態が明らかとなった。しかも、この数字は、七月一二日・一三日の調査になると、「大変良い」が一三％、「まあ良い」が五一％となり、実に六四％もの回答者が、高橋道政を支持しているとの調査結果が出た[51]。

加えて、二〇一一年「二月末に自民党筋がある地方都市で調査をしたところ、高橋はるみは『よくやっている』と『まあまあよくやっている』で、実に八割に達した[52]」そうだ。このように、知事選を目前に控えた時点において、「ケタ違いのはるみ人気は健在」であった。

したがって、「世論調査の結果を見たマスコミの関心は、ただ単に高橋知事が勝つのではなく、どれだけ票を伸ばすのか、どれだけ民主党候補の木村俊昭氏を得票率で圧倒するのかに移っていた」ようだ[53]。そのため、今回の知事選をめぐっては、早くから、「下手をしたら前回知事選以上の大差になる可能性も十分にあるね」という指摘もなされていたし[54]、なかには、「知事選はトリプル」差がつく上に、道内一七九市町村のうち、「高橋が唯一負けるのは鰹谷が勝つ網走だけ」という識者もいたほどであった[55]。

では、高橋の人気の秘密は、いったいどこにあったのであろうか。例えば、北海道新聞社による前出の世論調査（四月）では、「高橋道政の支持・不支持の理由」も問うていた。それによれば、支持の理由として、「行政手腕、指導力があるから」を選ぶ者こそ二八％いたものの、「政策が良いから」をあげる者はわずか五％しかいなかった。その一方で、「人柄が良いから」を選択した者は二八％、「何となく」とした者は二〇％も存在した。要するに、高橋への支持は、知事としてのリーダーシップや政策の中身を評価したものというよりはむしろ、ただなんとなく、人柄がよさそうだからという理由でしかないことがわかる。その証左に、不支持の理由として、「行政手腕、指導力が足りないから」を挙げる者は四七％にも達していたし、「政策が良くないから」を選択する者も一七％存在した。にもかかわらず、高橋は、「多くの皆さんから理解をいただいているという調査結果については、心強く感じている」と応じていたのだ[56]。

ちなみに、行政のプロともいうべき地方自治体職員の間での高橋の評価は、どのようなものであったのか。ある労働組合関係者によれば、「これといった政策を示していないので、失敗もない」としつつも、「方向をきめるのは政治」であるにもかかわらず、知事は、明確な方向性を打ちだして、「ひっぱっていく方でないので、職員は困惑している」とのことであった[57]。

そのためであろうか、例えば、「自治労全北海道庁労働組合連合会」（全道庁労連）が、二〇一〇年七月下旬に実施した「高橋道政に関するアンケート」調査において、管理職の間での支持率が一九％（「不支持」：三八％）で、「全道庁労連組合員の高橋知事の支持率は五・八％」であった（「支持しない」：約六割）[58]。

また、二〇〇九年六月八〜一七日に行われた、「第一三回自治労北海道本部組合員意識調査」でも、「あなたは、高橋道政を支持しますか」との問いに対して、「支持する」と答えた者は、わずか九・八％でしかなかった（「支持しない」：三七・五％）[59]。

もっとも、これらの数字は、木村を支持する労働組合が実施した調査結果である。だが、「知事から近い人ほど、なぜか知事の評判は悪くて、接する機会のない遠い一般道民は知事が好きという不思議な状況」が作り出されてしまっていたことは間違いない。[60] これは高橋が、「道庁のなかでは、いばっているが、道民のまえでは笑顔」でいたからなのかもしれない。[61] ただ、ここで忘れてはならないのが、「こういう構造は選挙に出る政治家としては強い」という事実である。[62]

ところで、高橋は自著のなかで、「二〇一〇年、地域にかかわる改革をしました。その一つが支庁制度の改革ですが、総合振興局、振興局がそれぞれの管内のみなさんに役立つ仕事をするために、人事権、予算権の裁量の拡大をおこないました」と記していた。[63]

もっとも、「支庁改革は、現職の知事にとって非常に不利」であることは間違いない。[64] その証左に、前出の全道庁労連のアンケートにおいて、「主な政策課題についても『支庁の再編』を『評価しない』が組合員七七％、管理職も七一％」という結果が得られていたし、[65]「第一三回自治労北海道本部組合員意識調査」でも、「支庁制度改革への取り組み」を「評価できる」としたのは、七・三％だけでしかなかったのだ（「評価できない」：四〇・七％）。[66] さらに、地元紙でも、「知事の二期目の目玉政策だった支庁制度再編は、改革の理念が後退し、看板の掛け替えに終わった。再編に疑問を持つ町村の理解を得る努力が足りなかった」との厳しい評価が下されていた。[67] その上、高橋の支持基盤である自民党道連が発表した、「高橋はるみ知事の二期目の道政運営に関する検証結果」においても、「支庁制度改革の効果が表れていない」との指摘がなされていたほどである。[68]

このように、「高橋知事は支庁再編問題でミソをつけるなど、道政運営でめざましい実績を残しているとは言い難い」のが実状であった。[69] にもかかわらず、「檜山や日高など支庁再編で反対が強いところでも、知事がイベントに行くと、『はるみちゃーん』という黄色い声があがる」というのだ。[70]

では、どうして高橋は、一般道民からこれほどまでの支持を得ていたのであろうか。

例えば、「さる道のＯＢは、『高橋知事は、とにかく明るいし話もうまい』」と語っていた。[71] だが、地元のあるキャスターによれば、二〇〇三年の初めての知事選の折、「告示の三～四カ月まえくらいから、三回ほどスタジオにきた。それによって、声はでるようになった」が、「話の内容は官僚くさい」ものであったという。この八年で、少しは話し方も上達したものの、依然として、「きわめて官僚的で、自分で責任をとろうとしない」スタンスに変わりはないと批判していた(72)。

さらに、ある地元紙の記者によると、「病気をなおして、けなげにがんばってるはるみさん。小柄な女性で、ガンが再発するかもしれないなかで、激務でけなげにがんばっている」ことが人気の秘訣だという(73)。これは、高橋が「知事就任一年目に胃がんを患っていることが判明」し、「〇四年一月一九日に摘出手術をおこなった」事実を指している(74)。がんを患ったこともあって、会見場などで記者が「はるみちゃんをいじめる質問をすると、いじめないでくれと電話がかかってくる」というのだ(75)。

これは高橋が、あたかも〝アイドル〟であるかのような逸話である。実際、地元誌においても、「地方に行くと『キャ～はるみちゃん、カワイイ』とおばさんたちから黄色い声援が飛ぶ。一種の〝スター〟」「芸能人並みの人気(77)」などと表現されていたほどだ(76)。現に、一部の北海道民にとって、高橋は、〝アイドル〟そのものであるのかもしれない。そのため、「自分たちに身近な市町村長の選挙とちがい、知事の場合は、自分たちから遠いので、あまりよく考えず、人気投票になっている」との労働組合関係者の声も出てくるのであろう(78)。要するに、「一般の人は、道政に関する問題点や、難しいことにはさほど関心がない」なかで、「知事の支持構造は『具体的な実績に対する支持になっておらず、ファジーな支持』」でしかない(79)。だからこそ、知事選の折に、驚異的な票数を獲得するという結果につながったと見ていいだろう。

いずれにせよ、高橋が「なぜ人気があるのか、論理的に説明するのは極めて難しい」との地元誌記者の指摘は的を射ている(80)。

木村の弱さ

前出の二〇〇九年一二月実施の「電話面接方式による政治に関する意識調査」では、高橋に対して、「民主党支持層でも『非常に支持している』と『ある程度支持できる』の合計が五〇・六％」にも達していた[81]。それゆえ、地元誌の分析でも、「民主党は、誰もが驚くくらいの、〝タマ〟でも立てない限り、厳しい戦いとなりそうだ」とされていたほどであった[82]。そのためであろうか、「民主党内に相乗りを模索する向きがないとはいえない」との報道がなされるような始末であった[83]。このように、民主党北海道にとって、「内閣支持率が低迷し、暫くは政権浮上が期待できない時でもあるので、党は前面に出ず、党派色を薄めた選挙戦にしようとの方向」が模索されたことは間違いない[84]。いずれにせよ、自民党に勝利して、「なんとしても知事をとりたい民主・連合としては、ある程度知名度があって浮動票の取れる候補を擁立」する必要があった[85]。そのため、民主党北海道が誰に白羽の矢を立てるのかに、注目が集まった。

前出の佐野民主党北海道幹事長は、知事選のほぼ一年前となる二〇一〇年三月八日の時点で、「秋までには政策の骨格を出し、その前後に知事候補を決定したいと考えています」と断言していた[86]。しかしながら、民主党北海道の候補者選定作業は難航をきわめた。九月二八日の時点で、民主党北海道の最大の支持組織である連合北海道の高柳薫会長は、「わたくしども大会は、一〇月の二八日に定期大会を開催する予定でございますので、ここを目途に、候補の選考作業を急いでいただく」と語っていた。だが、民主党北海道は、連合北海道の定期大会までの間に候補者を選定することができなかったのだ。しかも、荒井民主党北海道代表は、一一月一日、「今月いっぱいをめどに、わたしが中心になりまして、選定をしていきたい」と断じていたものの、最終的に候補者が確定し、木村が正式出馬表明を行ったのは、翌二〇一一年一月一六日になってからのことであった。現職の高橋は、すでに一月三日に正式な出馬表明を終えており、木村の正式出馬表明は、それから一三日も後であった。ある労働組合関係者は、「夕方のNHKのニュースをみていると、なにかにつけ、知事が顔をだす。明らかに選挙に有利」と語っていたが、もしそうだとすれば、どうして、もっと早いうちに、候補者を確定し、知名度を高めるという戦略をとらなかったのか、との疑問が生じる(87)。

さて、民主党北海道が木村の擁立を決めたのは、木村が〝スーパー公務員〟として、世間の注目を集めていたからにほかならない。その証左に、木村は、「『年間四〇〇〇人以上と名刺交換をしていた』と言われるほど、地域再生請負人として全国を飛び回り、講演会やまちおこしの相談に乗っていた」という(88)。だが、こうした民主党側の思惑とは裏腹に、当初から、地元誌では、木村に対して、「民主党は無党派層への食い込みに期待をかけているが、『それは無理だろう』との声が多い(89)」、「知名度不足の感は否めず、道民の高い支持率を誇る現職・高橋はるみ知事に対しては苦しい戦いを強いられそうだ(90)」といった評価しかなされていなかった。また、道央圏のある町長は、「まちおこしの手腕はあっても、知事の資質はまったく別」とコメントしていたほどだ(91)。

では、当初、「若手の魅力的な候補者を立てられれば、勝機は十分にある」とふんでいた民主党北海道が(92)、どうして、「無党派層を取り込めるキャラクターではない」木村の擁立にふみきったのであろうか(93)。地元誌によれば、「当初、知事候補として民主党幹部の頭の中にあったのは、旧社会党代議士で村山富市内閣の国土庁長官だった池端清一氏の娘婿、井上誠一氏」だったそうだ。井上は、「厚生労働省の官僚で、省内での評価は高く、将来は局長を嘱望される人材」とのことであった。この井上に対して、「民主党道連幹部が出馬を打診」し、「当初は好感触を得ていたようだが、一一月下旬、土壇場で断られた」という。井上以外では、「打診にまでは至らなかった」ものの、旭川「市の中心街にある創業一九〇七年（明治四〇年）の老舗料亭『花月会館』の四代目」であり、「〝ミスター円〟こと榊原英資氏の長女と結婚」した「財務官僚、渡部康人氏も俎上にはのぼったようだ」[94]。

そうして知事選の日が刻一刻と近づき、遠軽高等学校出身の「高柳連合北海道会長の後輩にあたる」木村の名が浮上した。もっとも、「民主党幹部は七月の参院選後に、すでに知事選含みで木村氏とコンタクトをとった」[95]とされており、当初から、木村が、民主党の有力候補者の一人であったと見て、ほぼ間違いないだろう。

民主党関係者によれば、「木村さんは知事選立候補を決意する前、堀さんに会っていろいろと相談していた」とのことだ。ここでいう堀さんとは、「二〇〇三年の知事選で三選を目指していたが、自民党に候補から引きずり降ろされた」堀達也のことである。このとき、堀の三期目の出馬を頑なに拒んだのが、高橋の後見人的存在である町村であった。それゆえ、「堀の心中を察すれば、自民と高橋に対する憎悪が、今なお消えていないことは想像に難くない」のであって、現に、「堀は知事選（二〇〇三年）で民主党候補・鉢呂吉雄の支援を土壇場で表明した」（カッコ内、引用者補足）し、二〇〇七年の知事選においても、「『厳正中立でいく』と側近に語っていた」ものの、「選挙戦終盤、民主候補の荒井聰の街宣車に乗った」ほどであった。ちなみに、「堀と木村は遠軽高校の先輩・後輩という間柄」[96]であって、先述したように、「民主党の最大支持組織・連合北海道会長の高柳薫も同校ＯＢ」であった。木村後援会の関係者によれば、「堀さんは知事時代から、小樽市職員だった木村さんに目をかけていた」[97]ようであったし、「木村氏擁立も高柳会長の力が大きかったと見られている」との声もあったことから、木村擁立の背後には、堀前北海道知事と高柳連合北海道会長の存在が大きかったと見てよい。

ところで、民主党北海道と連合北海道が、「木村氏に白羽の矢を立てたのは、市町村と連携するのに最適な候補との判断があった」からだとも言われる。これは、高橋の「二期目はＨＡＣ問題（日本航空が経営から撤退するＨＡＣ〔北海道エアシステム〕の経営形態のあり方をめぐる混乱）や支庁制度改革をめぐり、一部町村との間で亀裂を深めた」（カッコ内、引用者補足）からであった[99]。その点をふまえてか、木村は、出馬理由に関して、「私は北海道生まれ、北海道育ちです。このままでは、愛する北海道から働く場がなくなり地域に住めなくなってしまう。いま立ち上がらなければ間に合わないと強く感じ、今年初めに知事選に立起する決意を固めました」と述べていた[100]。要するに、木村に対して、「民主党は『道外出身で元経済官僚の高橋知事と違う。対立軸を打ち出しやすい』と期待した」のであった[101]。

もちろん、〝スーパー公務員〟として、講演活動で全国を飛びまわっていた木村であったが、地元誌記者によれば、木村の演説は、「同じ話が多く単調」で、「出馬当初から絶叫調で演説するので声が割れて聞き取りづらい」とのことであった。そのため、「木村は全国を回って講演をしていたというわりには、演説がうまいとは思えない」とまで指摘されるありさまであった[102]。その上、木村の選挙を支えるのは、連合北海道であったにもかかわらず、スタンドプレーを行う「木村は自治体職員の労働組合で評判が悪い。小樽市の組合でもそう」との声が聞かれるなど、選挙戦の火ぶたが切って落とされる以前の段階から、苦戦が予想されていた[103]。

民主党幹部の話では、「昨年（二〇〇九年）の総選挙で勝って与野党逆転を果たし、政権を奪取しただけでよしとは思っていない。七月の参院選北海道選挙区で二議席を独占し、来年の統一地方選で、札幌の上田文雄市長の三選はもちろんのこと、知事を奪取、道議会で多数与党となることが目標。この三つの戦いを勝利することで、北海道が名実ともに〝民主党大国〟になる。当然、いままで自民党支持だった業界団体も民主党の側に来てもらう。そのことによって、高橋道政や道内の自民党の息の根を完全に止めたい」（カッコ内、引用者補足）ということであった[104]。とはいえ、民主党北海道は、二〇一〇年の参院選で、二人の候補者を擁立したものの、一人しか当選させることができなかったのだ。したがって、民主党北海道にとって、知事選での勝利は至上命題といってよいものであった[105]。だが、民主党北海道は、候補者の選定に手間取るばかりか、「屈辱的な大敗[106]」を喫するようなタマしか擁立できなかったのである。

4　勝利できるタマを見つけられない民主党北海道

また、今回の知事選の特色としては、高橋と木村が、おのおの、札幌市長選（告示：二〇一一年三月二七日）の候補者と密接に連携した事実も指摘することができる。

高橋は、新人候補である本間奈々（自民党推薦）と、他方の木村は、現職で、三選目をめざす上田文雄（民主党・社民党・国民新党・市民ネット推薦）とタイアップした選挙運動を行った。例えば、高橋の「後援会だより」を見ると、そこには、二月七日の事務所開きの際、「高橋知事は札幌市長候補予定者である前総務省自治大学校研究部長・教授の本間奈々さんを『私の妹分です』と紹介しました」と記されていた[107]。このように、高橋は、「事あるごとに〝妹分〟と呼ぶ、札幌市長選候補・本間奈々氏」を支えたため[108]、「本間氏にとって、現職知事との連携は知名度向上だけでなく『市政運営への安心感もアピールできる』（陣営幹部）との期待」があったことは間違いない[109]。

現職の高橋に挑む木村についても、同じことがいえた。現に、荒井民主党北海道代表は、「札幌圏に票の三分の一があるわけですから、知事選と札幌市長選をどう連携させるかが大きなポイントになる」と語っていたほどである[110]。そのため、知事選の告示日（三月二四日）、「木村氏は道庁東門前で、上田文雄札幌市長とともに演説」を行ったり[111]、選挙戦最後の日曜日（四月三日）には、「札幌・大通公園で三選を目指す上田文雄市長と合同演説会を開催」したりした[112]。

こうした戦術の結果、札幌市長選で本間が獲得した票数は、三六万七六六〇票に及んだ。知事選での札幌市内における高橋の得票数が、六一万三五四〇票であったことから、本間は、高橋の票の五九・九二%を獲得した計算となる。他方の木村は、札幌市内で、一七万九六七八票を得るのが精一杯であった。上田の獲得票数が、五三万一五二四票であったので、木村の場合、上田の得票の三三・八〇%しか得ることができなかったわけだ。要するに、高橋＝本間ラインほど、木村＝上田ラインの選挙協力は功を奏さなかった。この点について、「木村氏の陣営関係者からは『連携して大胆な政策でも打ち出せるならいいが、一緒にいるだけではインパクトが弱い』との声」があがったという(113)。これは、現職市長との選挙協力を実現させたにもかかわらず、木村がそのメリットを生かしきれなかったことを物語る事実であろう。

ところで、木村の支持基盤の一つである、自治労北海道が組合員を対象に行った意識調査（二〇一一年六月二四日〜七月六日実施）によれば、「四月の知事選挙で高橋知事は他の候補に大差で三選を果たし、連合・民主党が擁立、自治労も推薦した木村さんは敗北しました。この要因について、あなたはどう考えますか。大きいと思う要因を二つまで」とする問いに対して、「中央段階の民主党政権の不人気が影響したから」とする回答が、二一・六%あった(114)。だが、そうだとすれば、札幌市長選で、民主党の推薦した上田が当選した理由を説明することができない。しかも、上田の場合、「政権交代があって、上田さんは政権与党になったから、相手候補を応援しにくい」との理由で、「上田さんを応援したいという経済人も増えている」と報じられていたほどだ。もっとも、この記事のなかには、「知事選は、政権与党だから木村さんを推すかというとそうはならない」との記述もなされていた(115)。つまり、木村という候補自体を評価しない雰囲気が、地元の経済界にあったわけだ。

これは、自治労北海道の組合員にも共有されていた意識かもしれない。その証左に、前出の意識調査で、「適当な候補者がいないから現職が選ばれた」を選択した者が二二・六%いた(116)。ということは、木村というタマしかかつぎだせなかった、民主党北海道のリクルートメント機能の不全についても問題視する必要があるようだ。もちろん、この点に気づいている組合員も一定程度いるようで、「連合・労働組合や民主党などの力量が低下してきたから」を挙げる者が一七・七％いた[117]。したがって、「民主党王国」といわれる北海道の知事選において、同党が勝利するためには、少しでも早いうちに、どれだけいいタマを見つけられるかにかかっているといっても過言ではなかろう。

註

(1)『財界さっぽろ』二〇一一年五月号、六一頁および六三頁。
(2)『財界さっぽろ』二〇一〇年四月号、八三頁。
(3)『クォリティ』二〇一〇年七月号、三一～三二頁。
(4)『平成二三年四月一〇日執行　北海道知事選挙　選挙公報』、二面。
(5) http://www.haruchan.jp/profile/index.html（二〇一一年七月三〇日）。
(6)『財界さっぽろ』二〇一〇年一二月号、四四頁。
(7)『東京新聞』二〇一一年八月一七日。
(8)『財界さっぽろ』二〇一〇年六月号、二五頁。
(9)『財界さっぽろ』二〇一〇年二月号、四八頁。
(10)『財界さっぽろ』二〇一〇年六月号、二六頁。
(11)『北海道新聞』二〇〇九年一〇月一六日。
(12)『クォリティ』二〇一〇年一月号、二四頁。
(13) 高橋はるみ『もっと輝け！　北海道価値』財界さっぽろ、二〇一一年、一四〇頁。
(14)『北海道新聞』二〇一〇年四月二四日。
(15)『財界さっぽろ』二〇一〇年二月号、四八頁。

(16)『財界さっぽろ』二〇一〇年七月号、四三頁。
(17)『クォリティ』二〇一一年五月号、一七頁。
(18)『財界さっぽろ』二〇一一年四月号、四一頁。
(19)『北海道新聞』二〇一一年一月一七日。
(20)『北海道新聞』二〇一〇年四月二三日。
(21)『財界さっぽろ』二〇一一年五月号、六六頁。
(22)『北海道新聞』二〇一一年三月二二日。
(23)『北海道新聞』二〇一一年四月四日。
(24)『北海道新聞』二〇一一年四月一〇日。
(25)『北海道新聞』二〇一一年四月六日。
(26)『北海道新聞』二〇一一年四月一一日（夕刊）。
(27)『北海道新聞』二〇一一年四月一一日。
(28)『財界さっぽろ』二〇一一年五月号、六六頁。
(29)『財界さっぽろ』二〇一一年五月号、六五頁。
(30)『財界さっぽろ』二〇一一年五月号、六六頁。
(31)『財界さっぽろ』二〇一一年一〇月号、三七頁。
(32)『財界さっぽろ』二〇一一年五月号、二一八頁。
(33)関係者へのインタビュー（二〇一二年五月二九日）。
(34)『財界さっぽろ』二〇一一年一〇月号、三七頁。
(35)『財界さっぽろ』二〇一一年一二月号、二〇頁。
(36)『財界さっぽろ』二〇一一年七月号、二一八頁。
(37)『東京新聞』二〇一一年八月一七日。
(38)同前。

(39)『財界さっぽろ』二〇一一年一〇月号、三六頁。
(40)『北海道新聞』二〇一一年四月七日。
(41)関係者へのインタビュー（二〇一一年八月一一日）。
(42)関係者へのインタビュー（二〇一二年一月二五日）。
(43)関係者へのインタビュー（二〇一〇年八月一一日）。
(44)『北海道新聞』二〇一一年三月二四日。
(45)『北海道新聞』二〇一一年四月八日。
(46)高橋、前掲書『もっと輝け！　北海道価値』、一一頁。
(47)関係者へのインタビュー（二〇一二年五月二九日）。
(48)『クォリティ』二〇一〇年二月号、一六頁。
(49)『財界さっぽろ』二〇一〇年二月号、四六頁。
(50)『北海道新聞』二〇一〇年四月二一日。
(51)『北海道新聞』二〇一〇年七月一五日。
(52)『財界さっぽろ』二〇一一年四月号、三六頁。
(53)『財界さっぽろ』二〇一一年五月号、二一八頁。
(54)『財界さっぽろ』二〇一一年四月号、三七頁。
(55)関係者へのインタビュー（二〇一一年四月五日）。
(56)『北海道新聞』二〇一〇年四月二一日。
(57)関係者へのインタビュー（二〇一二年二月二九日）。
(58)http://www.zendocho.or.jp/2010/09/post_69.html（二〇一二年七月三〇日）。
(59)自治労北海道本部「自治労北海道　第一三回　組合員意識調査」（調査＝二〇〇九年六月）、二頁および四四頁（http://www.jichiro-hokkaido.gr.jp/sougou/file/0909isikityousa.pdf〔二〇一二年七月三〇日〕）。
(60)『クォリティ』二〇一二年一月号、三三一頁。

(61) 関係者へのインタビュー（二〇一一年四月五日）。
(62) 『クォリティ』二〇一二年一月号、三三一頁。
(63) 高橋、前掲書『もっと輝け！　北海道価値』、一一頁。
(64) 『クォリティ』二〇一〇年二月号、一七頁。
(65) http://www.zendocho.or.jp/2010/09/post_69.html（二〇一二年七月三〇日）。
(66) 自治労北海道本部、前出「自治労北海道　第一三回　組合員意識調査」、四六頁。
(67) 『北海道新聞』二〇一〇年一〇月二七日。
(68) 『北海道新聞』二〇一〇年一一月二六日。
(69) 『財界さっぽろ』二〇一〇年七月号、五三頁。
(70) 『クォリティ』二〇一〇年二月号、一七頁。
(71) 『財界さっぽろ』二〇一〇年二月号、四八頁。
(72) 関係者へのインタビュー（二〇一二年三月二六日）。
(73) 関係者へのインタビュー（二〇一二年二月四日）。
(74) 酒井雅広「高橋はるみという人——『だって北海道に惚れたんだもの』」高橋、前掲書『もっと輝け！　北海道価値』、一七三頁。
(75) 関係者へのインタビュー（二〇一二年二月四日）。
(76) 『財界さっぽろ』二〇一一年五月号、六五〜六六頁。
(77) 『財界さっぽろ』二〇一〇年六月号、二六頁。
(78) 関係者へのインタビュー（二〇一二年一月二九日）。
(79) 『財界さっぽろ』二〇一〇年二月号、四六頁および四八頁。
(80) 『財界さっぽろ』二〇一一年五月号、六六頁。
(81) 『財界さっぽろ』二〇一〇年二月号、四六頁。
(82) 『クォリティ』二〇一〇年一二月号、三一頁。

(83) 『財界さっぽろ』二〇一〇年一二月号、四五頁。
(84) 『クォリティ』二〇一一年三月号、二五頁。
(85) 『財界さっぽろ』二〇一〇年二月号、四八頁。
(86) 『財界さっぽろ』二〇一〇年四月号、八三頁。
(87) 関係者へのインタビュー（二〇一二年二月二九日）。
(88) 『財界さっぽろ』二〇一一年三月号、三一頁。
(89) 『クォリティ』二〇一一年三月号、二五頁。
(90) 『クォリティ』二〇一一年二月号、二七頁。
(91) 『北海道新聞』二〇一一年一月一八日。
(92) 『北海道新聞』二〇一〇年四月二四日。
(93) 『クォリティ』二〇一一年一月号、三〇三頁。
(94) 『財界さっぽろ』二〇一一年一月号、四一頁。
(95) 同前。
(96) 『財界さっぽろ』二〇一一年三月号、三〇頁。
(97) 『財界さっぽろ』二〇一一年四月号、四〇頁。
(98) 『クォリティ』二〇一一年二月号、二六頁。
(99) 『北海道新聞』二〇一一年一月一八日。
(100) 『財界さっぽろ』二〇一一年四月号、四六頁。
(101) 『クォリティ』二〇一一年三月号、二四頁。
(102) 『財界さっぽろ』二〇一一年五月号、六六〜六七頁。
(103) 関係者へのインタビュー（二〇一一年四月五日）。
(104) 『財界さっぽろ』二〇一〇年七月号、四二頁。
(105) 二〇一〇年の参議院選挙・北海道選挙区の模様については、浅野一弘「政党のリクルートメント機能不全

——北海道選挙区」白鳥浩編著『衆参ねじれ選挙の政治学——政権交代下の二〇一〇年参院選』ミネルヴァ書房、二〇一一年を参照されたい。

(106)『財界さっぽろ』二〇一一年五月号、六八頁。

(107) http://www.haruchan.jp/kouenkai/kouenkai-no11.html（二〇一一年七月三〇日）。

(108)『クォリティ』二〇一一年三月号、二五頁。

(109)『北海道新聞』二〇一一年三月二三日。

(110)『財界さっぽろ』二〇一一年二月号、七四頁。

(111)『北海道新聞』二〇一一年三月二四日（夕刊）。

(112)『北海道新聞』二〇一一年四月四日。

(113)『北海道新聞』二〇一一年三月二三日。

(114) 自治労北海道本部「第一四回自治労北海道本部組合員意識調査」、四三頁（http://www.jichiro-hokkaido.gr.jp/sougou/file/20110927isikityousa14.pdf〔二〇一一年七月三〇日〕）。

(115)『クォリティ』二〇一一年一月号、三〇四頁。

(116) 自治労北海道本部、前出「第一四回自治労北海道本部組合員意識調査」、四三頁。もっとも、「木村さんの立候補が遅れ、知名度も政策も浸透しなかったから」とする回答も四一・九％あった（同上）。

(117) 自治労北海道本部、前出「第一四回自治労北海道本部組合員意識調査」、四三頁。

参考文献

浅野一弘「ブームに乗れなかった民主党候補——北海道七区」白鳥浩編著『政権交代選挙の政治学——地方から変わる日本政治』ミネルヴァ書房、二〇一〇年。

浅野一弘『日本政治をめぐる争点——リーダーシップ・危機管理・地方議会』同文舘出版、二〇一二年。

第7章　石原都知事四選と政党色の希薄化
——東京都知事選——

藪長千乃

二〇一一年四月の統一地方選において、都知事選は告示から投票時まで静かな選挙となった。東日本大震災の直後で、被害の大きさと被災地域の広さ、さらに原発事故への対応に選挙どころではないという雰囲気が漂っていた。とはいえ、それまでの東京では、石原慎太郎が不出馬を匂わせる中で、神奈川県知事の松沢成文や宮崎県知事の東国原英夫の都知事への転身意向表明や、居酒屋チェーン経営者渡邉美樹の出馬表明など、それぞれ知名度の高い人物が名乗りを上げ、誰が次の都知事となるか関心を集めていた。民主党が国政・都政の両方で迷走する中で、高齢、多選とはいえ出馬すれば当選確実とみられていた石原慎太郎が、都議会定例会最終日、震災発生の二〇分前に出馬を表明した。このとき、二〇一一年都知事選の行方はほぼ決まった。

1　都知事選の特徴

日本の約一割の有権者、世界有数の経済規模と一国にも匹敵する予算規模を持つ東京都のトップとして、都知事は首相以上の権力者とも言われてきた。ただ一人が、一〇〇〇万人を超える都民有権者から直接選出されるという意味で、日本における最高の選挙公職であるともいえる。それゆえ、都知事選の

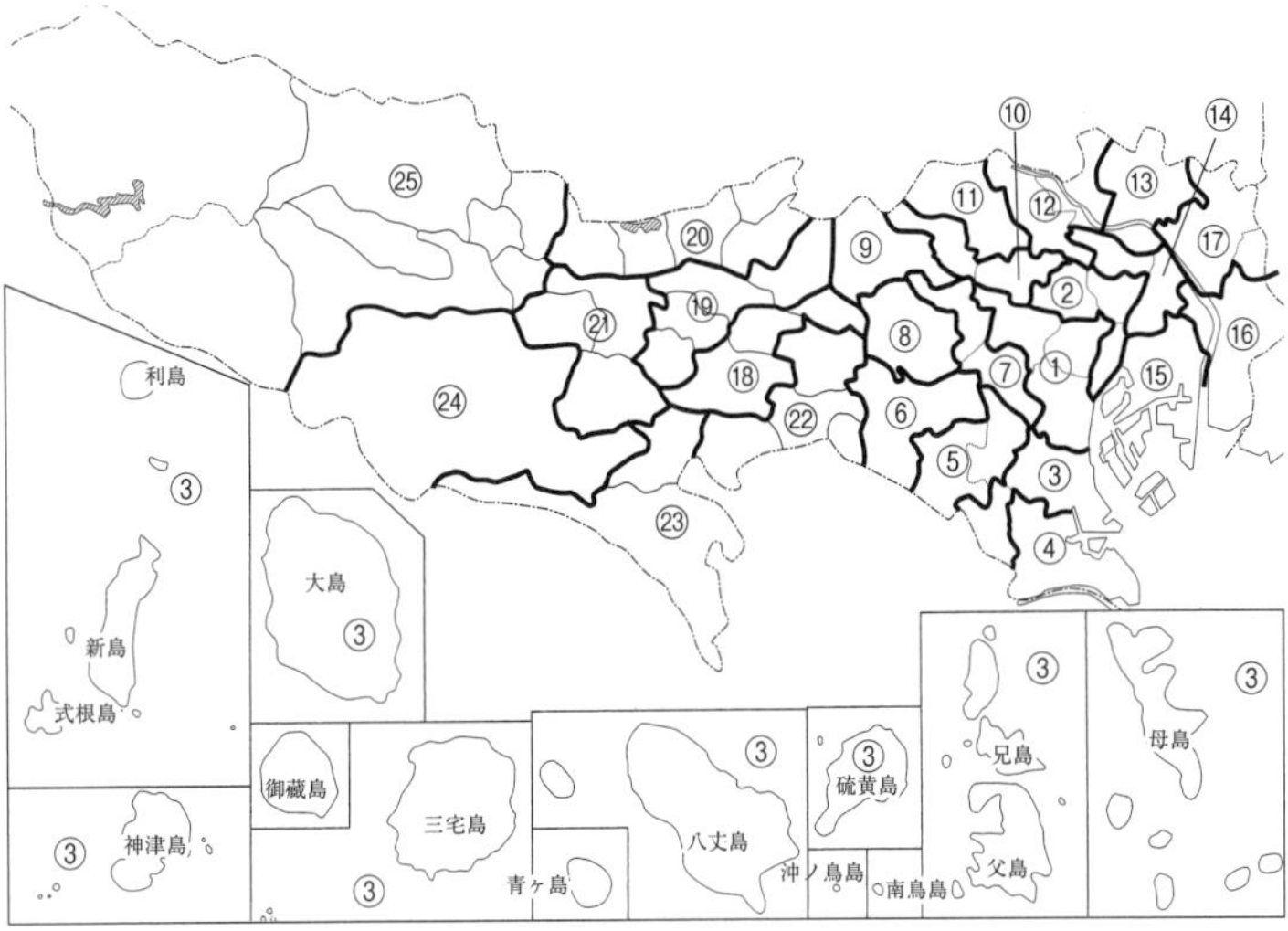

図7-1　衆議院小選挙区（東京都）

動向は政局にも影響し、各政党は知名度のある候補の擁立にしのぎを削ってきた。

一九八〇年代までの都知事選は、保守、革新が真正面から対立する国政の「代理戦争」の様相を呈していた。しかし、いわゆる「五五年体制」の崩壊と前後して変化が生じた。鈴木俊一の四選（一九九一年）の際には、鈴木の支持母体であった自民党の党本部と都連が分裂し、鈴木は党本部推薦候補に対して党推薦のないまま戦った。次の青島幸男都知事誕生の際（一九九五年）には、保守系候補者に共産党以外の政党や労組までが相乗りする選挙へと変わった(1)。そして、その後の都知事選は、政党というより個人、それも知名度を競う傾向が強まっていった。ここで、都知事選の経緯を振り返っておく。

青島知事誕生まで

一七回を重ねた都知事選は、六人の都知事を生んできた。知事公選制がスタートした一九四七年から六七年までの二〇年間は、「官治型」と言われる。旧官選知事の安井誠一郎（三期）、オリンピック招致を全面に掲げ安井から知事の座を継承した東龍太郎（二期）は、両者とも保守陣営の支援を受けて、対革新の選挙戦を制し、中央直結型都政(2)を敷いた。

この状況に転換をもたらしたのが、美濃部革新都政の誕生であった。一九六七年都知事選挙は、「東京燃ゆ」と言われる接戦であった。美濃部亮吉（三期）の登場は、保守政権による国政の閉塞状況、高度経済成長期に顕在化していった都市問題、相次ぐ汚職による都政の腐敗、さらには中央直結型の地方行政から「自治」への脱却の動きでもあった。当選後、美濃部は、無認可保育所助成措置、老人医療費の無料化、都営ギャンブルの廃止、公害対策など、国に先駆けた政策の実現に積極的に取り組んだ。しかし、二度のオイルショックの中で、東都政から引き継いだ都政の赤字体質を克服できず、三期目の選挙で辛勝したが、その後財政赤字の責任を一身に背負い、四選不出馬に至った。

次に都知事の座を射止めたのは、保守陣営が擁立した鈴木俊一であった。内務省地方局の筆頭事務官、地方自治庁次長、そして東都政時代に副知事を務めた鈴木は、手堅く保守票を固め当選した。鈴木は、財政再建に取り組み、好景気の中で都財政を黒字に転換させ、多心型都市づくり、臨海副都心開発や都庁移転を実現させていった。しかし、美濃部時代の福祉行政から箱モノ行政へと舵を切った鈴木都政は、バブル経済の崩壊とともに財政悪化を招き、幕が引かれた。

保守対革新から保守中道対分裂革新へ

歴代都知事たちは、政党の推薦や支持を受けながらもすべて無所属で立候補し、当選してきた。一九四七年から七五年までの八回の選挙は保守対革新、七九年以降八七年選挙までの三回は、保守・中道対革新の選挙であった。

第一回選挙（一九四七年）から第三回選挙（一九五五年）までは、安井が無所属で出馬し、自由党、民主党（前進歩党）の共同推薦を受けて当選した。第一回、第二回選挙の対立候補となった田川大吉郎、加藤勘十はいずれも社会党の公認候補者で共産党の支持を受け、二位票を得た。安井が三選した第三回選挙の対立候補者となった有田八郎は、無所属で社会党の推薦、共産党の支持を受けた。第四回選挙（一九五九年）では、自民党の単独推薦を受けた東と、社民党公認候補者となった有田の事実上一騎打ちとなった。続く第五回選挙（一九六三年）は、自民党と公明政治連盟の推薦を受けた東と、社共推薦・民社支持の坂本勝の対決であった。

第六回選挙（一九六七年）では、自民党と民社党の推薦を受けた保守・中道系無所属の松下正寿と社会党・共産党から推薦を受けた革新系無所属の美濃部、さらに公明党推薦の無所属阿部憲一による三巴の戦いとなった。続く第七回選挙（一九七一年）では、民社党と公明党が自主投票にまわり、社会・共

表7-1　東京都知事選挙結果（第1回～第17回）

回	投票日	当選者	立候補者数	主な立候補者	得票数（1・2位差）	得票率(%)（1・2位差）	絶対得票率(%)（1・2位差）	当日有権者数 有効投票数 投票率(%)
1	1947年4月5日	安井誠一郎	8	安井誠一郎(無所属、自由・進歩推薦) 田川大吉郎(社会公認、共産支持)	705,040 615,622 **89,418**	48.17 42.06 **6.11**	26.91 23.50 **3.41**	2,619,690 1,463,710 61.70
2	1951年4月30日	安井誠一郎	6	安井誠一郎(無所属、自由・民主推薦) 加藤勘十(社会公認、共産支持)	1,433,246 811,618 **621,630**	61.23 34.67 **26.56**	39.01 22.09 **16.92**	3,674,332 2,340,784 65.20
3	1955年4月23日	安井誠一郎	6	安井誠一郎(無所属、民主・自由推薦) 有田八郎(無所属、社会推薦、共産支持)	1,309,481 1,191,608 **117,873**	50.93 46.34 **4.58**	29.25 26.92 **2.63**	4,476,170 2,571,356 59.63
4	1959年4月23日	東龍太郎	9	東龍太郎(無所属、自民推薦) 有田八郎(社会公認)	1,821,346 1,652,189 **169,157**	51.77 46.96 **4.81**	35.36 32.07 **3.28**	5,151,415 3,518,452 70.12
5	1963年4月17日	東龍太郎	13	東龍太郎(無所属、自民推薦・公政連支持) 坂本勝(無所属、社会・共産推薦、民社支持)	2,298,616 1,634,634 **663,982**	57.08 40.59 **16.49**	37.61 26.75 **10.86**	6,111,660 4,027,007 67.74
6	1967年4月15日	美濃部亮吉	10	美濃部亮吉(無所属、社会・共産推薦) 松下正寿(無所属、自民・民社推薦) 阿部憲一(無所属、公明推薦)	2,200,389 2,063,752 601,527 **136,637**	44.46 41.70 12.15 **2.76**	29.60 27.76 8.09 **1.84**	7,433,007 4,948,998 67.49
7	1971年4月11日	美濃部亮吉	13	美濃部亮吉(無所属、社会・共産推薦) 秦野章(無所属、自民推薦)	3,615,299 1,935,694 **1,679,605**	64.77 34.68 **30.09**	46.21 24.74 **21.47**	7,823,325 5,581,322 72.36
8	1975年4月13日	美濃部亮吉	16	美濃部亮吉(無所属、社会・共産推薦) 石原慎太郎(無所属、自民推薦) 松下正寿(無所属、民社推薦)	2,688,566 2,336,359 273,574 **352,207**	50.48 43.87 5.14 **6.61**	33.78 29.35 3.44 **4.43**	7,959,009 5,326,208 67.29
9	1979年4月8日	鈴木俊一	13	鈴木俊一(無所属、自民・公明・民社推薦) 太田薫(無所属、社会・共産・革自連推薦) 麻生良方(無所属)	1,900,210 1,541,594 911,825 **358,616**	43.28 35.11 20.77 **8.17**	23.71 19.23 11.38 **4.47**	8,014,842 4,390,455 55.16
10	1983年4月10日	鈴木俊一	12	鈴木俊一(無所属、自民・公明・民社・新自ク推薦) 松岡英夫(無所属、社会・共産推薦)	2,355,348 1,482,169 **873,179**	60.16 37.86 **22.30**	28.58 17.99 **10.60**	8,240,389 3,915,348 47.96
11	1987年4月12日	鈴木俊一	11	鈴木俊一(無所属、自民・公明・民社推薦) 和田静夫(無所属、社会推薦) 畑田重夫(無所属、共産推薦)	2,128,476 749,659 698,919 **1,378,817**	57.81 20.36 18.98 **37.45**	24.58 8.66 8.07 **15.92**	8,659,442 3,681,568 43.19
12	1991年4月7日	鈴木俊一	16	鈴木俊一(無所属) 磯村尚徳(無所属、自民・公明・民社推薦) 畑田重夫(無所属、共産推薦) 大原光憲(無所属、社会推薦)	2,292,846 1,437,233 421,775 290,435 **855,613**	49.57 31.07 9.12 6.28 **18.50**	25.55 16.02 4.70 3.24 **9.54**	8,972,295 4,625,727 51.56
13	1995年4月9日	青島幸男	8	青島幸男(無所属) 石原信雄(無所属、自民・社会・自由連合・公明推薦、さきがけ支持) 岩國哲人(無所属、東京都民党推薦) 大前研一(無所属) 黒木三郎(無所属、共産推薦) 上田哲(無所属)	1,700,993 1,235,498 824,385 422,609 284,387 162,710 **465,495**	36.33 26.39 17.61 9.03 6.07 3.48 **9.94**	18.41 13.37 8.92 4.57 3.08 1.76 **5.04**	9,240,502 4,681,993 50.67
14	1999年4月11日	石原慎太郎	19	石原慎太郎(無所属) 鳩山邦夫(無所属、民主推薦) 舛添要一(無所属) 明石康(無所属、自民・公明推薦) 三上満(無所属、共産推薦) 柿沢弘治(無所属)	1,664,558 851,130 836,104 690,308 661,881 632,054 **813,428**	30.21 15.45 15.17 12.53 12.01 11.47 **14.76**	17.48 8.94 8.78 7.25 6.95 6.64 **8.54**	9,521,120 5,510,042 57.87
15	2003年4月13日	石原慎太郎	5	石原慎太郎(無所属、自民支持) 樋口恵子(無所属、民主・社民・ネット支持) 若林義春(共産公認)	3,087190 817,146 364,007 **2,270,044**	69.50 14.83 6.61 **54.67**	31.23 8.58 3.82 **22.65**	9,884,071 4,442,195 44.94

16	2007年4月8日	石原慎太郎	14	石原慎太郎(無所属、自民・公明支持) 浅野史郎(無所属、民主・社民・国民支持) 吉田万三(無所属、共産推薦) 黒川紀章(共生新党)	2,811,486 1,693,323 629,549 159,126 **1,118,163**	50.52 30.43 11.31 2.86 **20.09**	27.46 16.54 6.15 1.55 **10.92**	10,238,704 5,565,127 54.35
17	2011年4月10日	石原慎太郎	11	石原慎太郎(無所属、都議会自民、公明推薦) 東国原英夫(無所属) 渡邉美樹(無所属、都議会民主推薦) 小池晃(無所属、共産推薦)	2,615,120 1,690,669 1,013,132 623,913 **923,451**	43.06 27.84 16.68 10.27 **15.22**	24.89 16.09 9.64 5.84 **8.80**	10,505,848 6,072,604 57.80

出所：第11回都知事選挙までは，日比野登編『東京都知事』日本経済評論社，1991年，260〜261頁。それ以降は，東京都選挙管理委員会提供資料から筆者が作成。

産党の推薦を受けた美濃部と自民党推薦無所属の秦野との対決となった。都知事選史上最高の投票率（七二・三六％）となったこの選挙で、美濃部は、三六一万余票、得票率六二・七七％で圧勝した。[3] 美濃部三選となった第八回選挙（一九七五年）は、社会・共産・公明党推薦の美濃部と、都政奪還を狙う保守陣営が早々と擁立した石原慎太郎（無所属、自民推薦）、ここに民社党推薦の松下（再出馬）が加わって三者の戦いとなり、美濃部が辛勝した。このように、第八回選挙までは、基本的には保守対革新の対決、うち二回はこれに公明または民社推薦候補者が加わり三巴の選挙戦となったが、政党を基盤とした保守対革新の選挙戦であった。

第九回選挙（一九七九年）、第一〇回選挙（一九八三年）では、鈴木を擁立した自民党が公明党、民社党、新自由クラブの各党に連携を呼びかけて成功し、保守・中道票を確実に固めた。第一一回選挙（一九八七年）では、社共がついに分裂し、票を分散させた。保守・中道の支持を受け安定した官僚出身知事のもと、都政への都民の関心は薄くなり、投票率は下がり続け、過去最低の四三・一九％となった。保革対抗の時代に比べ、「保守・中道」対「分裂した革新」の構図へと変わった都知事選は、美濃部時代の脱政党・浮動票の関心を失っていった。

中道政党、無党派層の影響力

保守対革新の構図の中で、中道政党や無党派層の及ぼした影響力は小さくない。公明党が都知事選と関わったのは、第四回の東知事初当選の時からである(4)。この選挙では、創価学会として事実上東を支持した。このときは、約一七万票差で東が当選した。続く第五回選挙では、公明政治連盟として正式に東を支持し、東は二位の坂本に六六万票の差をつけて勝利している。次の第六回選挙で、公明党独自候補者が六〇万票を得ていることから、東の二回の当選は、公明党の動向がカギを握ったことは明らかである。公明党は、その後も都知事選の結果を左右した。美濃部が初当選した第六回選挙では、自民党との連携を模索したが断念し、独自候補者として阿部を擁立したが、これが結果として僅差（一三万票）での美濃部当選に寄与した。美濃部三選の時も、美濃部都政二期目半ばの七四年から与党化していた公明党は、美濃部支持をいち早く打ち出した。対立候補者石原慎太郎からの協力要請を拒み、結果として美濃部三選は、「公明党に支えられる」形となった。

都知事選では、脱政党・浮動票と呼ばれた「無党派層」の動向も注目されてきた。鈴木が初当選を果たした第九回選挙は、「無党派層」がその規模を初めて明確にした選挙といえる。この選挙では、民社党元代議士の麻生良方が完全無所属候補者として出馬した。麻生は、ボランティアを中心とした「手作り」選挙運動で、九一万余票、二〇％を超える支持を得た。美濃部の三選を支えてきた脱政党・浮動票が麻生へ流れたと考えられるが、脱政党・浮動票が、一〇〇万弱の固有の票として顕在化した。

美濃部知事の時期は、脱政党層（無党派票）が拡大したものの、保守対革新の対立が鮮明で、政党が重要な役割を果たした。これは鈴木知事の三期目まで続いた。しかし、鈴木知事の四期目には、自民党が分裂し、自公民推薦の磯村が無党派の鈴木に敗れるという番狂わせが生じた。さらに、次の選挙では、政党推薦候補者の得票率が五〇・六％であったのに対して、無党派の三氏の得票率を合わせると四八・八％になり、無党派層が優勢となっていく。

党本部対都連・都議——自民党の分裂

鈴木が四選を果たした第一二回選挙（九一年）は、様相が一転する。鈴木への、高齢（八〇歳）、豪華都庁舎建設・移転、臨海副都心開発などに対する批判が高まり、これを懸念した自民党の小沢一郎幹事長（当時）が、ＮＨＫ特別主幹の磯村尚徳を担ぎだした。磯村は、自民党本部と民社党本部、公明党の推薦を受けた。これに抵抗したのが、自民党都連である。鈴木は政党推薦を得られず、自民党都連の支援を受けて出馬した。「自民分裂の選挙」である。一方、革新陣営も統一候補の擁立は実現しなかった。磯村は出馬表明が出遅れ、選挙運動の手足となる都連所属議員を鈴木陣営に奪われた。鈴木陣営は区市町村の議員を動員した運動を展開し[5]、最終的に都選出国会議員や自民党都議の四分の三に支持された。結果、鈴木は保守政党支持者の圧倒的な支持とさらに無党派層への食い込みにも成功した[6]。出口調査によれば、磯村の支持者は、公明党支持者が最も多く、続いて、民社党、社会党、自民党支持者となった。磯村は、自民党分裂の影響を受けて、自民党本部に推薦されながらも自民党都連の支持を受けた鈴木に敗れることになった。政党の候補者選定機能が働かず、組織票が分散する。これが次の青島当選の素地となった。

無党派知事の誕生——青島の当選

一九九五年四月九日、東京・大阪の二大都市の知事選において、東京都では青島幸男、大阪府では横山ノックが、いずれも無党派を標榜して当選した。東京都、大阪府の有権者が、政党の支持、推薦する候補ではなく、無党派候補に投票することによって既成政党拒否の意思表示をしたとされた。反政党を掲げて選挙戦を戦い勝利した例は従来の選挙では珍しく、しかしながら投票率が伸び悩んだ（五〇・六％）ことから、有権者の政治不信と政党不信の両者が表出した選挙であったとされる[7]。

都知事選では、前年に鈴木知事が五選出馬を断念し、後継者として、鈴木と同様に内閣官房副長官を務めた石原信雄の名前を挙げた。これをきっかけに、官僚出身知事への批判と政党の「談合政治」への不満が噴出した。岩國哲人、大前研一、上田哲ら、有力候補が相次いで名乗りを上げた。いずれも公式には無所属の出馬であった。一方、石原信雄は、自民党、社会党、自由連合、公明党の四党の推薦と新党さきがけの支持を受けた。この時に、後から名乗り出て、従来と異なった選挙運動を展開したのが、青島であった。青島は、政治の談合批判を前面に押し出して都民の支持を呼びかけ、街頭での選挙運動をしなかった。選挙運動員も雇わず、政見放送とポスターだけで運動を展開し、政党の存在を見事に消して当選した。

第一三回選挙の特徴――外れ値か、新たなトレンドか

青島の当選は、鈴木四選時以上に異色の選挙となった。保革相乗りが実現した点、選挙に関心なし・支持政党なしの割合が急増した点、政党による候補者選定が機能せず、独自に出馬した候補者が知名度や実績を背景に支持を得たという点である。そして、政党と距離をおいた候補が、知名度を武器に選挙戦を戦うという特徴はその後定着していく。

五党相乗りは、五五年体制の崩壊を受けた中央政治・政党の再編を背景としている。このタイミングでなければ実現しなかっただろうとも考えられる「外れ値」であるかもしれない。しかし、有権者の目からすれば、この五党相乗りは「談合政治」であり、政治・政党への不信を生み出す要因の一つとなった。毎日新聞の世論調査では、都知事選に関心がある人は、前回の一九九一年選挙においては七三・二%であったのに対し、一九九五年選挙では四八・八%となった[8]。また、選挙直前の有権者アンケート調査では、「好きな政党なし、答えない」が六九%、自民党支持一七%、社会党五%と、無党派層が多数

を占めた。そして、青島への投票のうち、無党派層は八八％を占めた(9)。

青島は、一七〇万票、得票率三六・三％で当選し、石原信雄は一二三万票にとどまった。三位となった元出雲市長岩國は八二万余票、四位の大前、五位の黒木、六位上田までが、それぞれ一〇万票以上を獲得した。当選者が得票率で四〇％を下回ったのは、都知事選史上、初めてのことであった。

2　石原都知事の誕生——三選まで

石原慎太郎の初当選

一九九九年二月一日、選挙二カ月前に青島は再選不出馬を表明した。再び知名度の高い有力候補が相次いで都知事選に名乗りを挙げ、第一四回都知事選（一九九九年）は鳩山邦夫（元文相・労相、民主推薦）、柿沢弘治（元外相）、舛添要一（国際政治学者）、三上満（教育評論家、共産推薦）、明石康（元国連事務次長、自民党・公明党・自由党推薦）、石原慎太郎（作家、元運輸相）の六有力候補者の混戦となった(10)。石原が正式に立候補を表明したのは、選挙告示二週間前の三月一〇日のことであった。特定の候補者が突出しない中で、出るか出ないかをめぐって話題を盛り上げ、満を持して登場した。

結果は、二位から六位の柿沢までが六〇万票から八〇万票までの間にひしめく混戦の中で、石原慎太郎が、二位（鳩山）、三位（舛添）にダブルスコアの差をつけて当選した。

第一四回選挙の特徴——集票力を失った自民党

今回は、自公協力に対して、国政での最大野党となった民主党が挑む構図となった。しかし、鈴木四選の第一二回選挙（九一年）と同様、自民党は、党本部と都連とが分裂し、票が割れる一因となった。

青島の不出馬宣言までの間、各政党・団体は、青島に勝てる候補者の擁立に奔走していた。自民党は、都連幹事長柿沢、石原伸晃をはじめ、作家、ジャーナリストなどの著名人候補者を検討する中で、舛添要一ら、さらには相乗り候補者としての鳩山邦夫の擁立を検討した。しかし、青島の不出馬宣言を受けて、自民党は公明党との合意形成に動き、公明に近い明石康を自民党及び公明党の統一候補者とした。これを不服とした柿沢は一部の都連の支持を受け単独出馬し、さらにこれも不服として舛添を支持するグループも形成された。結果、自公候補となった明石は六九万余票、第四位に終わった。一方、民主党は、国政選挙を経ないままの政党再編の中で、支持を固めきれないでいた。代表選の混乱の中で、鳩山邦夫と党本部との意見の不一致も報道された。

出口調査（朝日新聞）では、無党派層（ふだんの支持政党なし）が三七％を占めた。無党派層が最も支持したのは、石原慎太郎（三二％）であった。次に舛添（二二％）、鳩山（一五％）、柿沢（一四％）、三上（一〇％）と続いた。自民党支持者が最も支持したのも石原慎太郎（四七％）で、無党派層の支持を上回る割合であった。柿沢も一四％の支持を受けた。これに対して、党推薦を受けた明石への支持は一八％にとどまった。一方、公明党支持者の七〇％は明石を支持した。民主党支持者の二五％、社民党支持者の二一％が石原を支持した。自民党推薦の明石への自民党支持者の支持が二割以下にとどまり、自民党の集票力の弱さが浮き彫りとなった。一方、石原の支持は、無党派層が四〇％、自民党支持者が三九％を占め、この二者で八割を占めた。石原は無党派層と自民党支持者の支持によって当選したことになる。自民党出身の石原は、衆議院議員として過去最大の獲得票を得た実績を持ち、美濃部知事時代には都知事選で惜敗している。自民党支持者は、混乱する党の方針よりも、石原の持つこうした「自民党的価値」を支持したといえるだろう。また、政治・政党への不信は、政党の支持する候補者の得票率に表れた。前回選挙に引き続き、政党公認・推薦・支持候補者は、それぞれ得票率で一〇％台にとどまった。

石原慎太郎再選――第一五回選挙（二〇〇三年）

石原慎太郎は、前年の第四回都議会定例会で「知事の仕事は、二期は務めないと成果は残せない」と答弁し、二〇〇三年三月七日の第一回都議会定例会最終日に再選出馬を明らかにした。一期目の四年間で、都税への外形標準課税の導入検討、ディーゼル車排ガス規制、横田基地の共用（防災訓練の実施）など、都民にわかりやすい政策実績を重ねた。三国人発言や銀座に装甲車を走らせた防災訓練の実施など、波紋を呼ぶ発言や行動を重ねてはいたが、東京都知事の存在感を示した。

一九九九年選挙では公明党と協力して明石を擁立した自民党は、当選直後の石原の就任挨拶訪問に対応しないなど表向きは対立を装っていたが、都議会ではすぐに石原支持の姿勢を見せたほか[11]、積極的に石原の協力を仰いだ。知事選を控えた二月の都議会定例会では、代表質問の冒頭で「再選出馬を強く要請」し、知事与党の立場を明確にしようとした。これに対して、石原は議会及び政党との距離を置き、無所属での出馬を選択した[12]。自民党、公明党は石原知事の実質的支持にまわった。これに対して、民主党は独自候補の擁立に難航した。最終的に、民主党、社会民主党、市民ネットワークの支持する樋口恵子が、三月一九日になって出馬を表明した。自・公対民・社の構図は出来上がったものの、結果は、石原が得票数で三〇〇万票を超え、圧倒的な支持を得て当選した。対する樋口は、八一万票にとどまった。投票率は四四・九四％、二〇〇三年統一地方選における知事選で最低を記録した。

石原慎太郎三選――第一六回選挙（二〇〇七年）

再選後、石原慎太郎は圧倒的な支持を背景にさらに都政運営を加速させようとしていた[13]。しかし、二〇〇五年の百条委員会の設置とその後の濱渦副知事の解任以降[14]、一気に議会への態度を軟化させ、協力を仰ぐようになった。並行して、芸術事業における身内の特別待遇が問題となるなど、石原への逆風が吹き始めていた。再選時までと異なり、議会の影響力が増し、政策実績も目立たない中で、三選の出馬表明は前二回と比べ約一カ月早められ、選挙年の二月七日、都議会第一回定例会初日、施政方針演説の中での表明となった。これまで同様、政党からの公認・推薦を受けない方針であったものの、長男の伸晃が二〇〇五年に自民党都連会長に就任しており、表面的には一定の距離を置きながらも、自民党による支持を確実なものにしていた。また石原も、二〇〇七年三月に法人事業税の暫定措置を受け入れるなど、自公の党本部との協力関係を築いていた[15]。

一方、都議会でも国会でも最大野党としての地位を確立させていた民主党は、石原に対抗できる候補者を立てることが期待されていた。しかし、候補者選定が行き詰まる中で、学者・有識者などで構成される複数の市民団体から、宮城県知事を務めた浅野史郎を推す声が高まり、勝手連として集会を開くなどの動きが起こった。民主党も二月中旬には浅野打診に至ったが、都連は独自候補者の擁立にこだわり、浅野との模様眺めが続いた。最終的に浅野が民主党の支持は受けるが推薦・政策協力はしないことを条件に決意を固め、三月六日に出馬を表明した。社会民主党も支持を決めた。

自民・公明対民主・社民の構図が出来上がり、当初浅野は石原と接戦とも報じられた。しかし、選挙戦がスタートすると、首都圏での政策協調を進めていた元民主党の神奈川県知事松沢成文、同じく埼玉県知事上田清司が、石原の応援演説に駆けつけ、民主党の統制力が機能していないことが明らかとなった。

政党色の復活

第一六回選挙の結果、石原慎太郎が二八〇万余票、五〇％を超える票を集めて再び圧勝した。浅野は約一七〇万票を集めたが、石原と一〇〇万票を超える差がついた。これについては、選挙プランナーの助言によるイメージ変更などの戦略が功を奏したとの指摘もある[16]。とはいえ、毎日新聞の出口調査によれば、無党派層（支持政党なし）の支持は、石原三九・六%、浅野四〇・〇%と互角であった。一方、自民党支持者の八一・二%が石原を、民主党支持者の六九・〇%が浅野を支持し、それぞれ支持者の七〜八割の票を手堅くまとめたことになる。

二氏の明暗を分けたのは、組織票であった。投票率が同水準にあった一九九九年選挙の出口調査と比べてみると、政党支持なしと答えた人の割合は、一九九九年選挙が三七%であったのに対し、二〇〇七年選挙では三〇・七%へ下がった。支持政党を民主党と答えた人の割合は一二%から二〇・七%へ上がった[17]。支持政党を自民党と答えた人の割合も二四%から三七・六%へ上昇し、民主党を上回る状況であった。石原の当選は、増加した政党票の下支えによるものであったといえよう。政党が再び意味を持ち始めた。候補者選定で、自・公が手堅く乗り切ったのに対して、行き詰った民主党・社民党は最終的に支持を伸ばすことができなかった。

3　石原慎太郎知事四選——第一七回都知事選挙

冒頭で述べたように、二〇一一年の都知事選は静かな選挙であった。大震災の直後の非常時であり、平常を取り戻すことが重要であった。さらに極度のエネルギー不足の中で、選挙運動を自粛するムードがあった。石原慎太郎の絶対的優位の状況がさらに選挙を存在感のないものにした。結果、石原が二六一万五〇〇〇票を獲得、他候補者を圧倒し四選を果たした。石原の獲得票は四年前の三〇〇万票台には届かなかったものの、二位の東国原とは一〇〇万票近い大差がついた[18]。告示直前に、都議会会派レベルで渡邉の支持を決めた民主党は「不戦敗[19]」と揶揄された。

何が石原の四選を可能にしたのか。都議会会派の状況、知事と議会との関係を概観しながら政党間協力・対立の構造を確認し、さらに政党による候補者選定の過程、無党派層の動向について見ていく。

都議会の復権か——都議会での与野党逆転

石原慎太郎の知事二期目半ばの副知事に関するスキャンダル以降、石原は都政運営において都議会自民党及び公明党の協力を得るようになっていた。並行して、自民党都連幹事長に長男伸晃が就任したことで、石原慎太郎と自民党との関係はさらに堅固なものになっていた。金融機関への外形標準課税訴訟の敗訴、高額な出張費などが批判されるなかで、新銀行創設、築地市場の移転、オリンピック招致など異論の多い政策案の実現は議会の協力なしにはできなくなっていたことも、知事と自民党との関係を密接にさせる要因となっていた。

二〇〇九年の都議会議員選挙では、自民党・民主党の議席数が逆転した[20]。自民党は公明党と協力しても都議会で過半数を獲得することができなくなっていた。二〇一〇年の都議会では、石原都政で初めて知事提出条例案が否決された[21]。築地市場の移転も結論が出ないなど、これまでの自公を味方に付けた強引ともいえる石原の都政運営は、失速が明らかであった。

候補者選定の過程——揺れる石原慎太郎

石原慎太郎は、三選選挙事務所開きの時に「政治家として最後のご奉公を存分に務めさせてほしい」と発言し、四選出馬はないことを表明していた。さらに、二〇〇九年一〇月、オリンピック開催都市落選後の会見では「約束した通り三期で、（それ以上は）やりません」と発言した。ところが、二〇一〇年の年頭には、四選出馬について「考えなくちゃいけないかと思っています。…ケセラセラだ」と、発言に含みを持たせるようになった。選挙の年に入り、二月に都議会第一回定例会が開会した。石原慎太郎は施政方針演説では進退について何も語らず、その後の記者会見でも否定的であった。二月二二日は新聞各社が一斉に不出馬を報じると、同じ日に「伸晃？昨日は出ろって言われた」などと、石原伸晃との関係が密であること、出馬について促されていることを口にした。都知事選への立候補予定者たちと各政党は、こうした石原慎太郎の去就を見守らざるを得なかった。各党も、石原慎太郎の真意を図りかねていた。

待てなかった有力候補者

このような状況の中で、先に候補者選定を終えたのが、共産党である。二月四日には共産党及び革新系団体などで構成する「革新都政を作る会」事務局長が会見を行い、続く七日に正式に会は党政策委員長の小池晃に出馬を要請した。これを受けて小池は九日に正式に出馬会見をした。小池は共産党の比例代表選出で参院議員を二期務めた後、二〇一〇年夏の参院選で東京選挙区から出馬し、次点で落選している。党の政策委員長としてテレビ出演を重ね、知名度があった。

次に、二月一五日、渡邉美樹が、都議会本会議の最中に出馬の記者会見を行った。小池のみが正式に出馬を表明している状況で、出馬会見に踏み切った理由を、「もうギリギリ。この段階で出て、都民の前で東京をどうするか議論しないと、都民に（対する）誠実さが欠けている」と述べた(22)。渡邉は、無党派での出馬を表明したが、政党の支持については受け入れる方針を示した。

二月終盤になると、民主党、自民党も候補者選定が行き詰る中で、石原慎太郎の四選が現実味を帯びて考えられるようになっていた。ここで、神奈川県知事松沢が名乗りを上げた。松沢は、三月一日、記者会見で無所属での出馬を表明した。石原が主導する首都圏連合を標榜し、互いに応援演説をしあうなど、石原と協調を図ってきた松沢は、後継の含みを持たせての出馬表明であった。松沢は、民主党出身、県知事選でも事実上民主党の支援を受けてきており、民主党の支援を見込んでの出馬表明であった。さらに石原都政の後継者であれば自民党の支持も期待できると踏んでいた。しかし、石原都政と対立姿勢をとってきた民主党は、石原都政の後継としての松沢は容認できず、自民党もあくまで石原説得を続ける姿勢をとった。松沢自身は、両党との微妙な距離を保つために、石原の後継であることを明確に否定も肯定もできなかった。石原も、その日の午後には「知りません私は」[23]と答えるなど、松沢と距離を置く考えを示した。後日、松沢は出馬撤回を表明したが、石原も同席したその会見で、出馬は「石原氏から『君しかいない』と言われ、決断した」と語っている。自民党の意向を無視できなかった石原に翻弄されたといえよう。

一方、宮崎県知事であった東国原は、二〇一〇年九月に県議会にて県知事への再選不出馬を表明し、政界での転身、特に都政への意欲を見せていた。東国原は、立候補の意思を固めたことがたびたび報道されながらも、有力候補の出馬表明が相次ぐ中、石原の出方をうかがっていた。さらに、震災対応の鎮静化も待たなくてはならなくなった[24]。東国原が最終的に出馬を表明したのは、告示二日前の三月二二日となった。

退路を断った自民党——勝てる候補者は他にいない[25]

石原慎太郎の出馬説得に成功した自民党は、新聞では「したたかに立ち回った[26]」と表現された。しかし、ときに出馬を匂わせながら、不出馬発言を繰り返す石原の態度に、翻弄されていたようにもみえる。

三選後、次回都知事選での石原慎太郎不出馬を前提に、自民党も候補者を模索していた。知事選出馬の経験のある舛添の擁立も一時は検討し、また都政への意欲を見せた東国原の支援も視野に入れていたようである。その後もニュースキャスターらの擁立が検討されたが、いずれも党内部からの反対や本人の固辞などから不調に終わっていた。このような状況の中で、石原四選を待望する声が高まっていった。

年明けには、石原出馬への期待が本格化し、[27]都議会会派は党本部の意向に従う姿勢を表面上は見せながらも石原の擁立を強く求める姿勢をみせていた。[28]都連も、新たな有力候補も見当たらない中で、伸晃と都議会会派の意向に委ねた。しかしながら、石原の気のない発言が続き、二月中旬になっても、石原の意向を見極めかねていた。無所属出馬を標榜する石原へのラブコールは、適度な距離感を見せる必要があり、苦心を重ねながらの説得となった。[29]

しかし、二月一五日に渡邉が出馬を表明すると、これがきっかけとなって都議会会派は正面から石原出馬を要請するようになった。翌一六日の都議会定例会一般質問では、自民党議員から、次々と石原へ四選出馬を求める声が上がった。自民党は石原伸晃幹事長を中心に、石原慎太郎への出馬要請を改めて表明し、一八日には自民党の支援組織である東京都各種団体協議会[30]が石原知事に対して四選出馬を求める要望書を提出した。

石原の説得が幹事長である伸晃に全面的に委ねられる中で、失敗すれば党内で厳しい立場に追い込まれる状況が作り上げられていった。[31]石原に出馬を受け入れさせるためのギリギリの状況を作りあげたともいえる。

最後の局面で、石原に出馬を促した要因の一つとなったのは、石原都政の継承が期待できる松沢の得票が伸びず、東国原が最も支持を集めていたこと、さらにはいずれの有力候補も法定得票率に達せず再選挙が予想されたことである。この世論調査結果に、石原は少なからず心を動かされたという。[32]さらに、三月三日には、膠着していた築地市場移転問題で、強硬に移転反対を主張してきた花輪智史が、自民党の働きかけを受けて、民主党会派の離脱届を提出し、築地市場移転関連予算案が可決する情勢になったことも背中を押した[33]。

最後の一押しは家族の声と言われている[34]。自ら多選、高齢での再出馬を否定し、都政が停滞する中で、請われて仕方なく翻意した、という石原慎太郎が登場しやすい舞台を作ったのは、自民党の「したたかな」戦略であったといえよう。

行き詰る民主党――勝ち馬ならば誰に乗っても[35]

石原慎太郎は、当選から一夜明けた記者会見で、統一地方選における民主党の敗北について、「しょうがないでしょうね。元々未熟な人たちの集まりだから」と述べた[36]。都知事選について限定した言及ではないとはいえ、都知事選を終えた実感を率直に語った。

都議会第一会派として、必ず独自の候補者を擁立する、との立場を明確にしていた民主党では、石原慎太郎の動きを視野に入れながら候補者を模索していた。蓮舫、海江田万里らが党内での有力候補者として名が挙がった。そのほか、学者、現役官僚、ジャーナリスト、元スポーツ選手らの名前さえ上がったものの、政権不安定の中で次々と断られ、新党改革代表の舛添へも出馬を打診した。このような状況の中で、党本部は、独自候補者の擁立にこだわっていたにもかかわらず、新年度予算案をめぐる国会の与野党攻防への対応に追われ、候補者探しを事実上都連に一任した。

その後、都連では独自候補者擁立への努力を続けていたが[37]、内部の足並みはなかなかそろわなかった[38]。一方、都議会民主党では、党本部や国会議員らの協力が得られないことに対して不満も高まっていた。支持母体である連合東京も具体的な要請がなく[39]、焦りだけが募っていった。

石原が三月一一日に態度を明らかにすることを承知した上で、三月九日には、選対委員長と首相が会談し、独自候補の擁立困難との結論にほぼ達した。翌一〇日には、党幹事長が記者会見の席で擁立断念を明らかにした。最後の選択肢として、一二日に舛添に党幹部が水面下で接触する予定であったが、震災の発生で立ち消えとなった[40]。候補者擁立断念を回避するために、告示前日の三月二三日、都議会民主党は、都議会会派として渡邉支援を決定した。しかしながら、選挙期間中は、都連所属議員による応援、連合東京の支援はほとんど得られなかった[41]。

選挙を振り返って、都議会民主党幹事長は、「国政の方で勢いがなくなり、党本部がもたもたする中、未熟な議員があたふたしてしまった[42]」と述べた。外部から見ても、当事者にとっても、「実感」としての未熟さの残った選挙となった。

見守る公明党

一方、公明党は、自民党との協調路線をとり続けながらも、自民党とは一定の距離を置く考えを示した。知事に望ましい候補者として元副知事の青山佾、元外務事務次官の谷内正太郎等を推すなど、高い行政能力が期待される候補者を期待し、選挙協力は政党間によるものではなく、あくまでも候補者の実務能力と政策への考え方次第であることを表明している[43]。しかし、行政経験者では知名度不足が明らかであり、自民党との合意に至るのは難しい状況にあった。確実に勝てる石原慎太郎が出馬すれば、これまでの議会での協力関係から反対はできない。公明党は、自民党と石原の動向の見守りに終始した。

自粛戦略

石原慎太郎の出馬表明の二〇分後に発生した大震災の報道は、東京でもメディアを埋め尽くし、石原出馬やその後の都知事選に関する報道は小さな扱いにとどまった。三月一四日には松沢も出馬を撤回した。メディアでは、対応に奔走する都庁と石原の姿が大きく報道された。「選挙よりも震災優先」を宣言し、防災服に身を包んで、被災地、都内の避難所、計画停電の影響調査のための都内の工場や病院などを相次いで訪問・視察する姿が連日報道され、現職知事としての公務は、これ以上ない選挙へのアピールとなっていった。

さらに、節電要請やガソリン不足などもあいまって、都内には自粛ムードが漂っていた。選挙活動をしなくてもメディアが取り上げる石原陣営では、「動いたら敗け。こちらが動かなければ、向こうも動けない」とあえて「自粛戦略」をとった[44]。支持母体のない東国原、渡邉は、知名度を味方にしたメディアへの露出効果に期待していたが[45]、震災報道が続く中で、街頭での選挙活動をほとんどしない石原の影に隠れてしまった[46]。都政の課題について討論する機会も失われ、ほとんど唯一となったフジテレビでの討論会[47]も、議論は震災・防災対策に終始した。

組織票の勝利

出口調査[48]の結果によれば、自民党支持者の約八割が石原慎太郎を支持した。公明党支持者も七割が石原を支持した。一方、民主党支持者の票は、石原、東国原、渡邉にほぼ三分割された。僅差ではあるが、最も民主党支持者からの支持を集めたのは、東国原であった。支持政党なし層の票は、石原と東国原が三割、渡邉が二割を集めた。石原が、自民党・公明党の七～八割の票を手堅くまとめたのに対して、都議会民主党会派の支持を受けた渡邉は、民主党支持者の二割程度の支持を集めるにとどまった。

年代別では、石原の支持は年齢層[49]が上がるほど高く、二十代を除いて最も支持を集めた。二十代は東国原の支持が最も高く、四割に上った。また、地域別にみると、石原の得票はすべての自治体において一位であった。

表7-2　東京都知事選（2011年4月10日投開票）

	得票数	候補者	年齢	党派	推薦・支持	新旧	当選回数	代表的肩書
当	2,615,120	石原　慎太郎	78	無	都議会自民，公明	現	4	前東京都知事
	1,690,669	東国原　英夫	53	無		新		元宮崎県知事
	1,013,132	渡邉　美樹	51	無	都議会民主	新		元飲食会社社長
	623,913	小池　晃	50	無	共	新		元参議院議員
	48,672	ドクター・中松	82	無		新		発明家
	10,300	谷山　雄二朗	38	無		新		映画監督
	6,389	古川　圭吾	41	無		新		元介護会社会長
	5,475	杉田　健	43	諸		新		新しい日本代表
	4,598	マック　赤坂	62	諸		新		スマイル党総裁
	3,793	雄上　統	69	諸		新		東京維新の会代表
	3,278	姫治　けんじ	59	諸		新		平和党核兵器廃絶平和運動代表

4　浮動票と組織票を巧みに取り込んできた都知事選

都知事選では、個性の強い候補者がそのキャラクターで有権者を惹きつけ当選してきたように見える。しかし、国政の状況を反映させながら、ときに浮動票を取り込み、ときに選挙無関心の中で組織票を固め、交替のたびに異なる個性を持つ知事を誕生させてきたという方が正確であろう。

一九九〇年代、都知事選は政党をベースとした選挙から、知名度を争う選挙へと変わった。その背景には、五五年体制の崩壊とその後の政党再編による混乱がある。一九九一年の鈴木四選は自民党分裂の選挙となり、五五年体制崩壊の予兆の一つとなった。鈴木は、組織票と浮動票の両者の吸収に成功した。一九九五年選挙では、五党相乗りが実現し、中央政治の混乱が反映されたが、五五年体制崩壊のベースにあった国政への不信・政党への不信を背景に、青島が知名度で急増した浮動票を集めた。そして、一九九九年選挙では、政党再編の中で混乱する自民党の票が石原慎太郎に吸収された。政治不信・政党不信の流れは、無所属での出馬を定着させた。しかし、完全無党派での当選は、

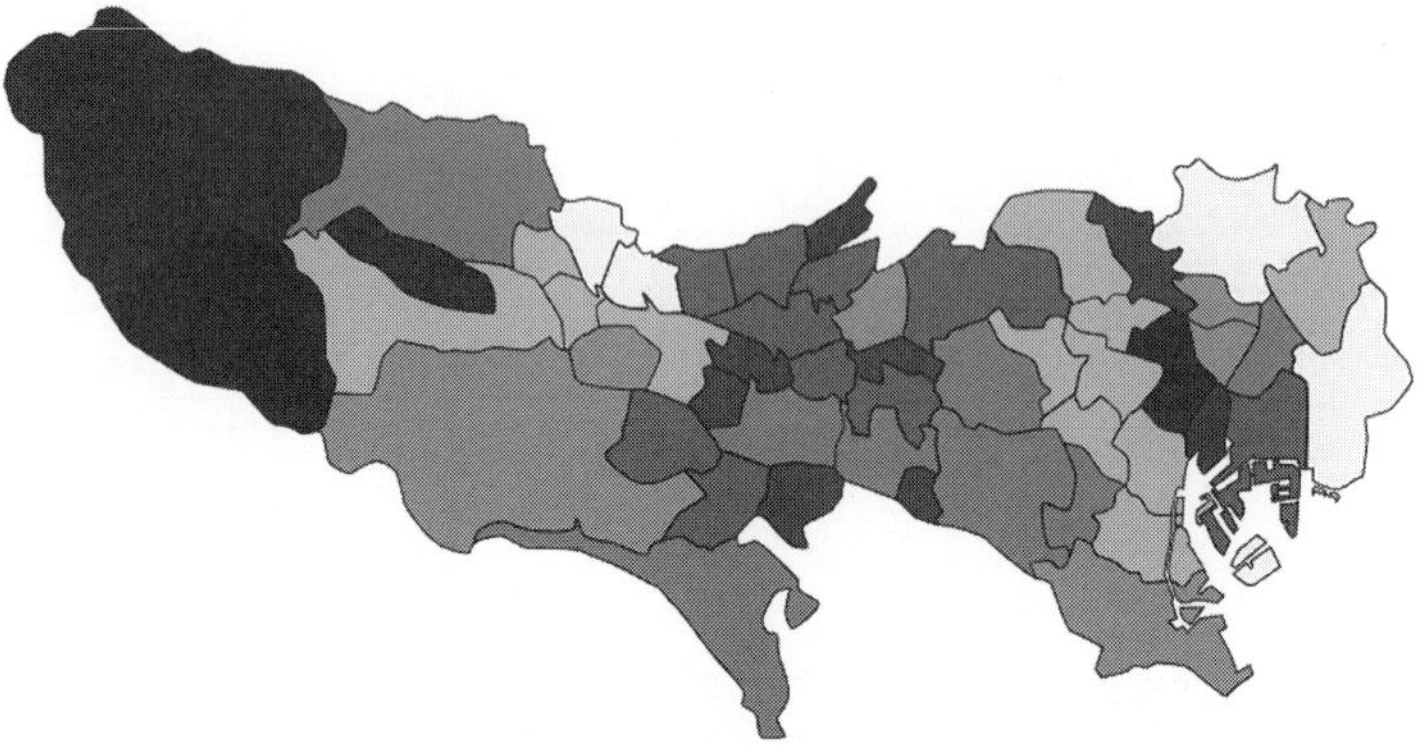

図7－2　第17回都知事選挙（2011年）における投票率
（島嶼部を除く。色が濃いほど投票率高）

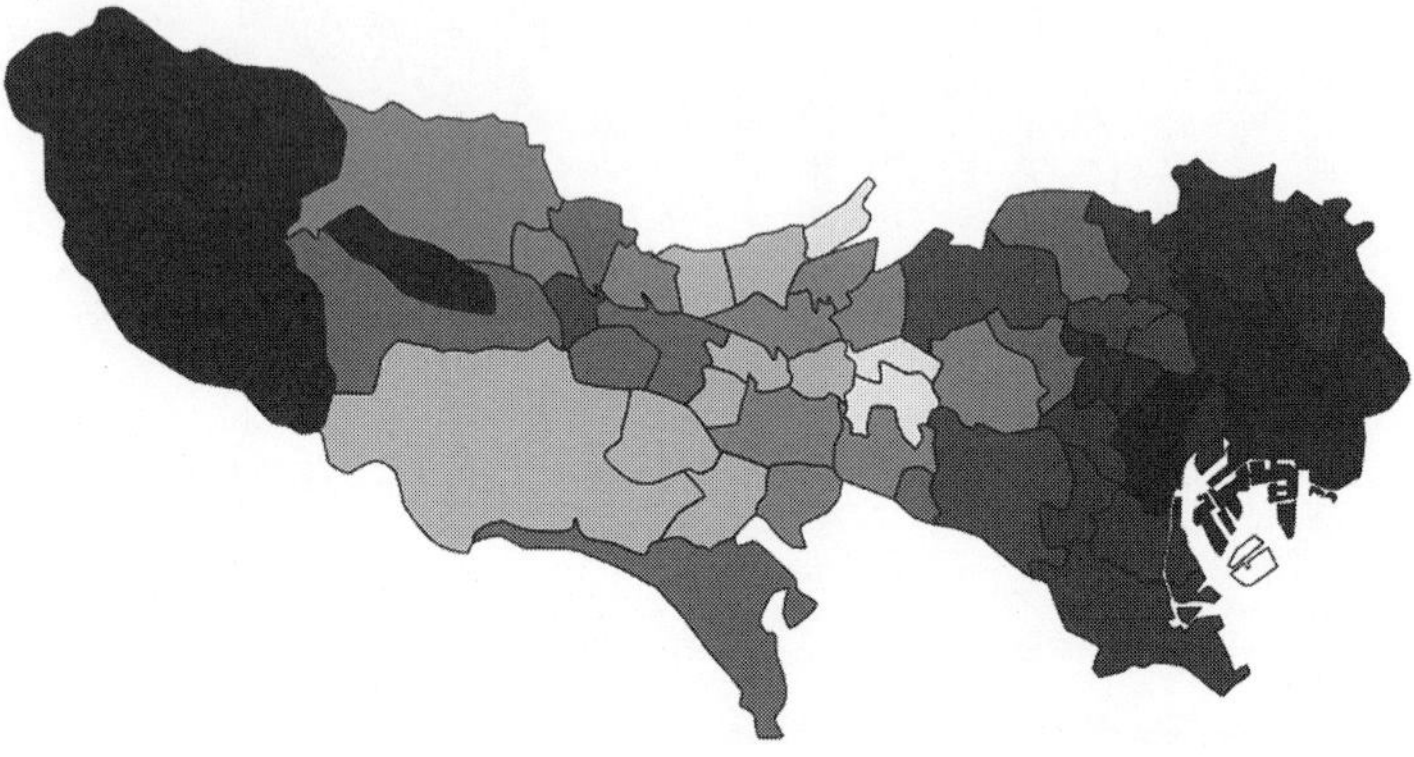

図7－3　第17回都知事選挙（2011年）における石原慎太郎得票率
（島嶼部を除く。色が濃いほど得票率高）

青島だけといってよいであろう。石原が当選してからは、政党との距離感を保ち無党派層の浮動票を取り込みながら、組織票を固める選挙へと転換している。この浮動票を取り込むための、「政党との距離感」に知名度が有効なのである。

石原四選もまた、知名度を利用した浮動票と組織票の巧みな組み合わせの勝利であった。震災という特殊な状況があったとはいえ、震災前までの政党の選挙対策は中央政界の状況を反映していた。自民党が退路を断って石原が出馬を承諾せざるを得ない状況を作り出し、公明党との協力関係も保ち、組織票をまとめた。さらに、民主党の混乱が浮動票の一部を石原の票に上乗せし、勝利を確実にした。民主党は、中央政治への対応に追われて、党内、都連、都議会会派が結束して選挙戦に当たることができなかった。さらに政治家個人のスタンドプレイなどによる足並みの乱れが、結果として独自候補者の擁立に失敗した要因となった。

石原が多選を重ね、都政が失速する中で、民主党が首都の顔の座を手に入れる余地はあった。勝てる候補者を立てられた政党が勝利する可能性があった。しかしながら、石原が出馬の意向を最後まで明らかにしなかったために、民主党は、対策を練ることができず、打診された相手も応じにくい状況が作り上げられていた。自民党が待ち続けたこと、これが「したたかな」戦略として成功した。

石原知事誕生以降、都知事選では候補者の知名度の影に隠れているものの、再び政党のリクルートメント機能が意味を持ち始めている。その意味で、石原四選は自民党の戦略が成功した選挙と考えることができる。

註

（1）「時流」『都政研究』二〇一一年二月号、五月号、一頁。

(2) 坂東愛彦「東京都知事選史」日比野登編著『東京都知事』一九九一年、一七〇頁。
(3) なお、この美濃部の得票は、公選史上それまで最高だった六八年参院選全国区の石原慎太郎の三〇一万二五五二票を上回る新記録となった（坂東愛彦「東京都知事選史」日比野登編著『東京都知事』一九九一年、二二〇頁）。
(4) 坂東愛彦「東京都知事選史」日比野登編著『東京都知事』一九九一年、二二九頁。
(5) 『都政研究』二〇一一年、四月号、二八〜三一頁。
(6) 山崎正『東京都知事の研究』二〇〇二年、五〇一〜五〇四頁。
(7) 岩渕美克「東京都知事選における無党派層の投票行動」『選挙研究』第一一号、一九九六年、六一〜七〇頁、塚田博康『東京都の肖像――歴代知事は何を残したか』都政新報社、二〇〇二年、二四二〜二四三頁ほか。
(8) 塚田博康『東京都の肖像』都政新報社、二〇〇二年、二四二〜二四三頁。
(9) 『朝日新聞』一九九五年四月六日、有権者アンケートより（山崎正『東京都知事の研究』二〇〇二年、六〇三頁）。
(10) 土岐寛『東京問題の政治学』一一八頁。
(11) 就任後初の定例会となった一九九九年都議会第二回定例会では、自民党（比留間敏夫）は代表質問で、「さきの都知事選におきまして石原知事が当選されましたが、これは、都民が、閉塞した東京をよみがえらせ、東京から日本を改造していこうという、石原慎太郎の強いリーダーシップに期待を込めたものでありましょう。都議会において多数を占める私どもは、第一党としての使命を自覚し、是は是、非は非として積極的に提案をしつつ、知事とともに都政を論じ、よりよき都政、すなわち、限りなき都政の発展と都民の一層の福祉の向上の実現のために努力してまいることをここに表明しておきます。」と発言している。
(12) 石原慎太郎は、再選出馬表明当日の記者会見で、政党等からの推薦は一切受けない旨発言している。
(13) 二〇〇五年三月一四日の予算特別委員会において、濱渦副知事が自らの所掌事項について補助金の不適正処理が疑われるような発言をしたことをきっかけに、補助金の処理及び疑惑捏造、都議会での偽証発言、さらには議員に対して質問をするよう働きかけたことについて、地方自治法第百条に定める地方公共団体の事務に関する調査を行うための委員会（百条委員会）が三五年ぶりに設置された。二〇〇五年六月には濱渦らの問責決議が可決された。調査の過程で、都庁内部における濱渦の専横的行為や石原慎太郎の勤務時間の短かさが表面化した。

（14）石原慎太郎は、濱渦の解任に対して消極的であり、他の副知事らが辞表を提出する事態に至った。なおも濱渦は副知事に残ろうとし、都議会では告発を求める動議が提出された。しかし、濱渦は更迭され、告発は否決された。

（15）『都政新報』二〇一一年一月二八日、一面。

（16）「選挙参謀に、佐々敦行氏が就いてから流れが変わった。『強さ』ばかりが目立つ路線から、ソフトイメージに巧みに軌道修正していった。街頭演説やテレビの討論会などで、『説明不足』、『不徳の致すところ』と謙虚なイメージを演出した。また、応援演説もこれまでとは一変して、石原軍団の俳優たちからの応援を一切求めなかった。…争点つぶしも功を奏した。テレビの討論会で、浅野氏のオリンピック招致、築地市場移転反対には『専門家の意見を聴く』と態度を軟化させた。最後まで『反省』を貫き通し、相手に言質をとらせなかった。」（桶田敦「首都決戦の行方　盤石だった石原都知事3選」『選挙研究二三号』二〇〇八年、九二頁）。

（17）一九九九年選挙出口調査については朝日新聞による。二〇〇七年選挙出口調査は毎日新聞・TBSによる。

（18）鎌田司「二〇一一年統一地方選を振返って――東日本大震災の影響と民主主義再構築の道標へ」『自治総研通巻三九三号』二〇一一年七月。

（19）『朝日新聞』二〇一一年四月五日、一四面。

（20）二〇〇九年都議選では、民主党の得票率が四〇%を超え大幅に議席を伸ばし、都議会で六五年以降四〇年以上ぶりに自民党以外の政党が第一党となった。保守支持傾向の強かった一人区で軒並み民主党及び民主党と協力関係にある生活者ネットワークの候補者が当選し、一人区で自民党議員が選出されたのは、島部のみであった。

（21）東京都青少年の健全な育成に関する条例改正案。悪質な性描写のある漫画やアニメの販売方法などの規制について提案したもので、条例改正案作成の過程で石原の同性愛者への差別的発言等が報道されたほか、条例案の内容が表現の自由を損ねる可能性があるものとして、第一回定例会で継続審議、第二回定例会で否決された。二〇一〇年一二月の第四回定例会にて修正された改正案が可決された。

(22)『都政新報』二〇一一年二月一八日、一面。

(23)『読売新聞』二〇一一年三月二日、三八面。

(24)三月一四日に出馬表明する予定であったが、当日「記者会見などをする状況にない」とする文書を公表した。

(25)『読売新聞』二〇一一年三月二日、四面。

(26)『毎日新聞』二〇一一年四月一一日、一四面。

(27)二〇一一年年頭インタビューにて、東京都議会自由民主党幹事長三宅茂樹は、「わが党の都政における政策の考え方とも軌を一にしており出馬は望ましく、最大限の協力をおしみません」と石原慎太郎への期待を明確にしている（「幹事長一問一答『知事選の年、私たちはこう訴える』」『都政研究』二〇一一年一月号、一〇～一一頁）。

(28)東京都議会自由民主党幹事長の三宅茂樹は、二月中旬のインタビューに答えて「都知事選は日本の首都の選挙。一自治体の選挙ではあるが、国が絡む。当然、自民党本部が大きく関与するのが常識だ。私自身は最前線の指令隊長くらいに考えている」と述べている（『都政新報』二〇一一年二月一五日、一面）。

(29)都議会定例会初日（二〇一一年二月八日）の知事の記者会見を受けて、石原伸晃は、「元自民党には属しているが、今の都知事はどの政党にも属していないから、民主党の一部、公明党も支持してくださっている。」と述べ、表面上は石原と距離を置く形をとる一方で、期待が高いことを表明している。また、都連会長の内田茂幹事長も、前日二月七日の会見で、「過去三回の選挙で石原知事は政党の推薦を受けない形で選挙戦を戦ってきた。そういう意味では、私たちが旗振り役をすると、知事に迷惑をかけるのでは。現場の都議会自民党から声が上がってくるとは思っているが」と述べている。

(30)東京都医師会、東京都トラック協会など三〇〇を超える各種業界団体の政治活動連合体。一九七一年設立。自民党支持を打ち出している。

(31) 伸晃が「自民党の幹事長としては、ぜひ出ていただきたい」と言い出し、自民党サイドも「息子が説得するなら」というムードがあったが、説得が難航するにつれて「息子なのに説得できないのか」に代わり、出馬前日には「負けたら幹事長の責任だ」という状況まで伸晃は追い詰められたという（『朝日新聞』東京版、二〇一一年一二月二四日、三五面）。

(32) 都議会自由民主党幹事長の三宅茂樹は、石原翻意の理由について、「これは、あくまでも意見ですが、出馬表明（三月一一日）の数日前に、大島理森（自民党副総裁）さんが石原知事のところに世論調査結果を持ってきた。石原知事が不出馬の場合、東国原英夫の得票率が一八％ぐらいで、渡辺美樹も松沢成文も一〇％ぐらいだと。そうすると再選挙になってしまって都政がかなり停滞してしまう。それを見せられて石原知事は唸ったと言っていましたね。」と述べている。「知事選とこれからの四年間——民主・大沢、自民・三宅両幹事長に訊く」『都政研究』二〇一一年五月号、一一頁。

(33) 「知事選とこれからの四年間——民主・大沢、自民・三宅両幹事長に訊く」『都政研究』二〇一一年五月号、一一～一二頁。

(34) 三月八日、伸晃が夜知事を訪れ、「家族会議」を開いたという。この会議が伸晃にとって最後の機会となった。後日、伸晃は周囲に「最後は（石原知事の説得を）おふくろに頼んだ」と話したという（「出馬の裏に家族の存在　取材メモから二〇一一都政⑥」『朝日新聞』東京版、二〇一一年一二月二四日、三五面）。

(35) 『読売新聞』二〇一一年三月二日、四面。

(36) 『毎日新聞』二〇一一年四月一一日、夕刊一〇面。

(37) 都議会民主党幹事長大沢昇は、二〇一一年年頭のインタビューに「自民、公明との統一候補では、そもそも都民に相手にされません。…意中の人が表に出れば、候補者じゃなくなってしまいます。立候補表明の日までお待ちください。」と答えている（「幹事長一問一答『知事選の年、私たちはこう訴える』」『都政研究』二〇一一年一月号、一〇頁）。また、大沢は選挙後にも「私は対抗馬を出すことにこだわりました」と述べている（「知事選とこれからの四年間——民主・大沢、自民・三宅両幹事長に訊く」『都政研究』二〇一一年五月号、一一～一二頁）。

(38) 長嶋明久都連選対委員長による、松沢支持の表明（松沢を「敬愛する先輩。応援する」とツイッターで発信）や、元民主党都連会長代行、元都議会民主党幹事長で杉並区長の田中良による「独自候補にこだわる必要はない」（『都政新報』二〇一一年一月四日、三面）とする発言など。
(39) 『朝日新聞』東京版、二〇一一年三月四日、四面。
(40) 『毎日新聞』二〇一一年四月一一日、一四面。
(41) 出口調査では、『朝日新聞』『東京新聞』『読売新聞』ともに、民主党支持者の投票先は東国原が最も多く、それぞれ三一％、三二％、三一・九％であった。
(42) 『都政研究』二〇一一年五月号、一一～一二頁。
(43) 都議会公明党幹事長の中島義雄は、インタビューで「どのような人が望ましいかと問われれば、かつて候補となった明石康さんや石原信雄さんのような人がいいと個人的には思います。お二方とも行政能力は実証されていますし、リーダーシップや複雑な問題の処理に関しても期待に応えてくれるだけの実績があります。民主、自民との統一候補の可能性は、あくまでも人物によります。」と答えている（『都政研究』二〇一一年一月号、一一～一二頁）。
(44) 『都政新報』二〇一一年四月二二日、三面。
(45) 東国原も渡邉も、敗戦後の記者会見で、メディアを活用した選挙戦略が、震災によって崩れたと述べている。
(46) メディア側も、公平な報道の点から、形式上の選挙運動をしない石原慎太郎とバランスをとるために他候補の報道を避ける傾向にあった。
(47) 二〇一一年四月三日、フジテレビ「新報道二〇〇一」。石原慎太郎、小池、東国原、渡邉の四人が参加した。石原慎太郎は防災服で出席し、震災対応に関する政府との対応について語り、情報量の多さを披露した。
(48) 『朝日新聞』『毎日新聞』『読売新聞』の出口調査による。なお、いずれも支持する政党の割合を明らかにしていない。
(49) 『朝日新聞』『毎日新聞』の出口調査による。

参考文献

『都政研究』都政研究社、各号。
『都政新報』都政新報社、各号。
青山佾『石原都政副知事ノート』平凡社新書、二〇〇四年。
佐々木信夫『都知事——権力と都政』中公新書、二〇一一年。
塚田博康『東京都の肖像』都政新報社、二〇〇二年。
東京都選挙管理委員会『選挙に関する世論調査』各回。
土岐寛『東京問題の政治学　第二版』日本評論社、二〇〇三年。
日比野登編『東京都知事』日本経済評論社、一九九一年。
山崎正『東京都知事の研究』明石書店、二〇〇二年。

第8章　「大阪維新の会」による対立軸の設定
——大阪府知事選、大阪市長選、大阪府議選、大阪市議選——

砂原庸介

1　「大阪維新の会」の躍進

二〇一一年統一地方選は、地域政党と呼ばれる国政に議席を持たない政党の存在を焦点化した選挙であった。大阪における「大阪維新の会」は、その象徴となる存在と言えるだろう。二〇一〇年四月に発足したこの地域政党は、大阪府議を中心にその勢力を拡大し、二〇一一年の統一地方選に向けてその主要な政策である「大阪都構想」を組織的に訴え、大阪府議会では過半数を超える議席を占めるという成果を残した。さらに、同じ年の秋に設定した大阪府知事・大阪市長のダブル選挙でも勝利して、二〇一二年現在では国政を睨む台風の目として注目を浴びている。

この動きの中心となったのが、大阪府知事であった橋下徹であることは、誰にも異論がないだろう。彼は、知事に就任後、矢継ぎ早に改革を打ち出し、従来の体制の中で保護されてきたいわば既得権益層の現状維持へと斬り込む姿勢を見せた。地域政党を率いて既成の国政政党を強く批判し、これまで選挙から遠ざかっていた人々を動員して大きな支持を得ることに成功したのは、その延長線上で理解することができる。

このような橋下と大阪維新の会の成功を、われわれはどのように理解したら良いのだろうか。もちろ

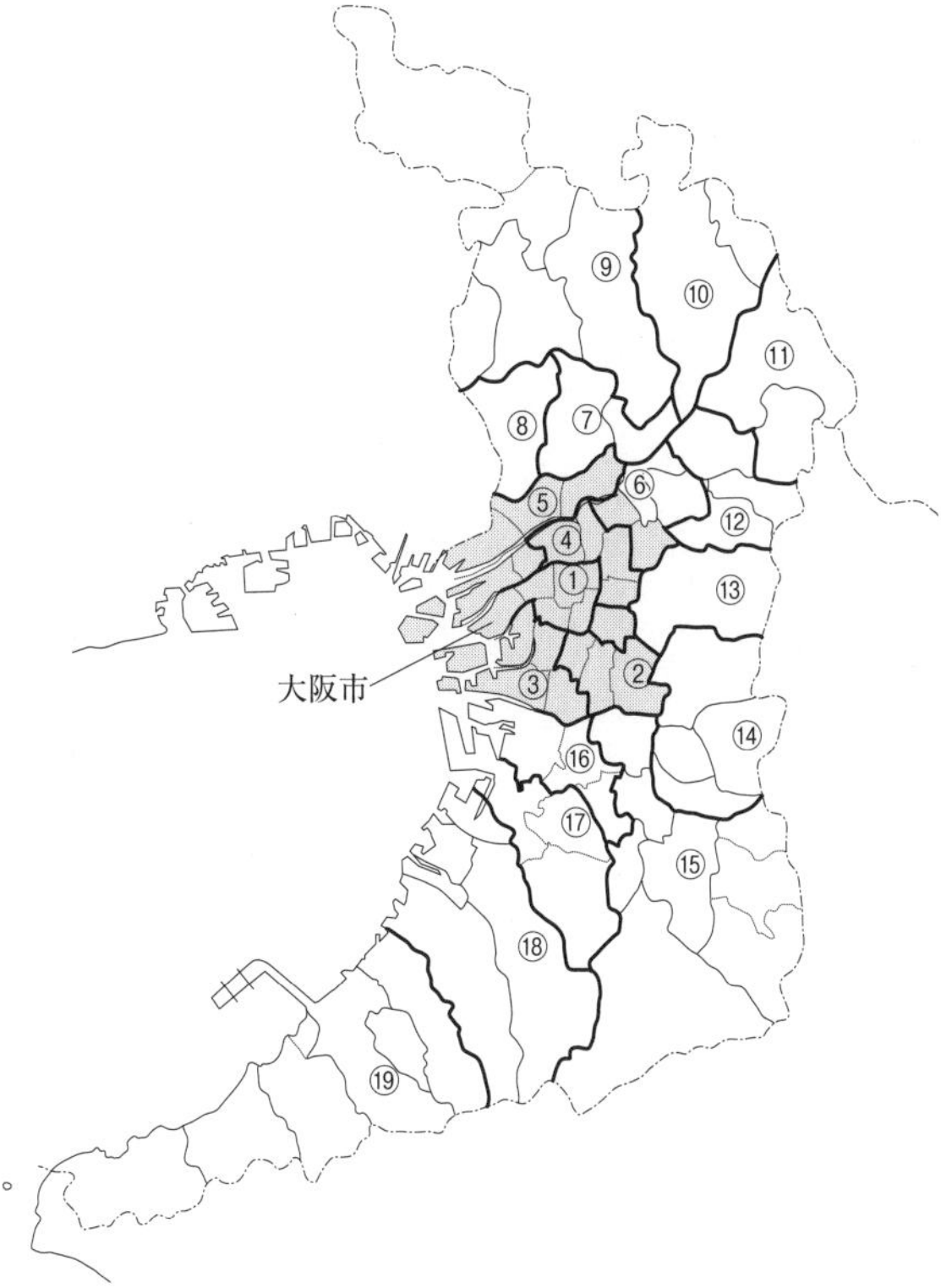

図8-1 衆議院選挙区（大阪府）

ん、橋下の強烈な個性やリーダーシップは特筆すべきものがある。しかし、地方においてもこれまでに様々に「改革」を掲げる勢力が出現した中で、彼のみが大きく成功した理由を個人的な資質のみに求めるのは必ずしも適切ではない。

本章では、まず、もともと国政における自民党と民主党という対立構図の中で、自民党の支持を得て大阪府知事選に当選した橋下が、自らの改革への支持をめぐって自民党を分裂させるとともに、既成の国政政党を批判の対象として敵対していくようになる過程を概観する（第2節）。次に、その過程を経て地域政党である大阪維新の会を立ち上げ、二つの補欠選挙を通じてその対立構図を確定させていくことを確認する（第3節）。

統一地方選においては、大阪維新の会が既成の国政政党を一括りにして、「大阪維新の会か、それ以外か」という選挙戦略を取り、それが特に大阪府議会で成功し、大阪市議会・堺市議会では相対的に少ない議席に留まった原因を分析する（第4節）。さらに本章では統一地方選を終えた後の大阪府知事・大阪市長のダブル選挙に至って、国政の対立軸がほぼ無効化して、「大阪維新の会か、それ以外か」という選択のもとで大阪維新の会が大勝する経緯を追う（第5節）。最後に、今回の大阪における一連の動きが地方政治と国政に与える含意について検討し、論を閉じる（第6節）。

2　橋下徹大阪府知事の出現

大阪府知事選の構図

二〇〇七年末、大阪府知事の太田房江は、二〇〇八年初頭に予定されていた知事選での三選に意欲を見せていた。しかし、二〇〇四年の知事選のときに、一部の大阪府議会議員が、党本部が推薦を出す太田への対立候補者として、元参議院議員の江本孟紀を擁立した経緯があり、議会で多数を占める自民党との関係は、必ずしも良好でなかった。そして知事選を直後に控えた二〇〇七年一〇月には、知事の政治活動を補佐する特別秘書をめぐって自民党との対立が表面化していた。

太田は、一〇月二九日に、朝日新聞のインタビューに答えて三選に向けて立候補する意向を表明する。[1]ところがその直後の一一月に、太田が大阪府と公共事業の随意契約を結ぶような企業の経営者団体の会合で多額の講演料を受け取っていた上に、親族宅を政治団体の事務所としていたなど、「政治とカネ」の問題を抱えていたことが表面化する。しかも、同時期に行われた大阪市長選において、現職で自民党・公明党の支持を受ける関淳一の陣営から推薦依頼があったにもかかわらず、特定候補者の応援は難しいという対応をとっていた。[2]

太田がそのような態度をとったのは、国政における与野党対立の構図を鮮明にしたい民主党が、二〇〇六年五月以降、知事選や政令指定都市市長選での政党相乗りを原則禁止にしており、しかもそれ以降の三つの政令指定都市（福岡・北九州・札幌）で民主党が勝利していたことがある。そして、大阪市長選でも民主党が擁立した平松邦夫が一一月一八日の大阪市長選で当選すると、太田がその選挙事務所でともに万歳し、笑顔で握手する姿が報道され、自民党府議団の強い怒りを買うことになった。

太田は前回も推薦を出し、もともと自らを招聘した自民党本部を頼りに党の幹部を訪問する。しかし、一一月二九日に民主党府議団が独自候補者を擁立することを決定し、その翌日には実働部隊として大きな役割を担う公明党府議団や連合大阪も太田を推薦しない方針を固める。[3]そして最終的に一二月一日は自民党府議団も太田の推薦を見送ったことで太田の三選は絶望的な状況となり、本人や経済界はそれでも意欲を示したものの、三日に立候補断念を表明した。

自民党本部はその後も慎重に民主党との相乗りを模索した。しかし、自民党府議団を中心として、自民党はタレント活動で知名度の高かった弁護士の橋下徹を擁立し[4]、それに対して民主党は大阪大学教授の熊谷貞俊を擁立する。こうして、大阪市長選と同様に、自民党と民主党の政党間対立の構図で大阪府知事選が行われることになったのである。

改革への着手

自民党に支援された橋下徹は、二〇〇八年一月二七日の選挙で一八〇万票を獲得し、熊谷貞俊に八〇万票以上の差をつけて圧勝する。橋下は、二〇〇七年末に発覚した大阪府による府債の債務を先送りする「赤字隠し」を受けて、選挙期間中から「大阪府は破産会社」であるとして財政改革を叫んでいた。知事に就任した直後には「財政非常事態宣言」を出して、八三の府有施設の民営化・売却について、「中之島図書館と中央図書館以外は全て不要」との考えを府幹部に伝えるなど[5]、財政改革への強い意欲を示していた。

橋下知事は、地方債の発行を抑制し、「収入の範囲内で予算を組む」ために、七月までの暫定予算のみを認めて二〇〇九年度の予算を止め、知事直轄のプロジェクトチームを構成して財政改革案をまとめることとした。プロジェクトチームは、四月一一日に職員退職金のカットを含む人件費の削減や施設の整理、市町村への補助金削減など大胆な内容の「財政再建プログラム試案」を提出する。この改革案への批判は強く、直後の四月一七日に行われた府下市町村長との懇談会では知事に対して激しい批判が集まり、知事が涙を見せる場面もあったとされる。それでも六月五日に「大阪維新プログラム案（財政再建プログラム案）」がまとめられ、二〇〇八年度で一一〇〇億円の歳出削減が決定された。

財政改革と並んで橋下知事が力を入れたのは、教育改革であった。全国学力調査テストの結果を市町村別に公表すると宣言し、市町村間の競争促進を目指して学力の向上を図った。反対する文部科学省・

教育委員会を「文科省はバカ」「クソ教育委員会」といった過激な行動で非難し、競争を忌避するとして教員を批判した。橋下知事は、結果の公表・非公表と市町村への教育予算の関連を匂わせる発言をしながら、府の教育委員会を通じて市町村教育委員会に公表を要請し、府下四三市町村のうち三五市町村で「自主的」な公表が行われた。(6)

これらの改革の特徴は、有権者の強い支持を背景として、既得権益を持つとされる対象に斬り込んでいくところにある。まず具体的な対象となったのは、上述の府有施設＝ハコモノに加えて、「破産会社の従業員」とされた大阪府の公務員の人件費であり、府議の議員報酬であった。さらに教員についても、競争のない状態が実質的に既得権を生み出しているとして、その状態を改革することが試みられたのである。

府庁舎移転問題と府議会自民党の分裂

続いて大きな課題となったのは、老朽化した府庁舎の移転問題であった。橋下知事は、二〇〇八年八月五日に、大阪市の第三セクターが所有し、既に事業としては破綻し大阪市としても再建を断念していたWTC（ワールド・トレード・センター）の買い取りを大阪市に提案する。価格の評価で大阪市と折り合いをつけて二〇〇九年三月の府議会に府庁舎移転が提案され、総務常任委員会では賛成多数で可決されたものの、知事選で橋下知事を支えた自民党内でも賛否がわかれたこともあり、本会議で必要な三分の二の賛成を得ることはできなかった。

WTCへの府庁舎移転条例案をめぐって、当選一回・二回の若手議員を中心として賛成した自民党府議六人が「自民党・維新の会」と称する四月二四日に新会派を結成する。呼びかけ人となったのは後に大阪府知事となる松井一郎であり、彼らは、知事が提案して三月府議会で否決された府庁舎移転案をめぐって、採決で無記名投票を認めた執行部の対応を批判していた。当初は、「橋下派」としての認識には否定的な見解を示していたというが[7]、実際には橋下知事と非常に近い動きをその後に見せていく。

府議会で府庁舎移転が否決されたものの、関西経済界の後押しもあって橋下知事は府議会への再挑戦を主張し、再度否決された場合の出直し選挙にまで言及する[8]。そして、この問題は自民党からの更なる府議の流出とも併せて展開する。一〇月の第三定例会では、出席議員の三分の二の賛成が必要となる庁舎移転条例の採決を先送りして、過半数の賛成で可決するWTCビル購入を盛り込んだ補正予算案のみを採決する議論が浮上した。橋下知事は当初両条例の分離について否定的な意向を示していたものの、結局、府議会の側では府庁舎移転と購入を分けて、前者については否決し、後者については可決するという判断を下した。

このような調整は、府議会における政党間の交渉として行われたが、調整に対する反発を理由として、一〇月二八日には自民党大阪府連の幹事長を務めた経験もある浅田均を中心とした五人の議員が「自由民主党・ローカルパーティー」を結成して府議会の自民党会派から離脱する。しかし、先行する「自民党・維新の会」とすぐに合流することはなく、自民党系の三つの会派が並立する状態が生まれることになった。

対立構図の変化——堺市長選

大阪府議会でWTCへの府庁舎移転に焦点が当たる中で、橋下知事をめぐる対立構図について大きな変化を現す出来事が起きていた。それは二〇〇九年九月二七日の堺市長選である。堺市長であった木原敬介は、もともと堺市助役を経験したこともある大阪府の幹部職員であり、二〇〇一年から堺市長を二期務めていた。

当初、橋下と木原の関係は良好なものだったと言われる。木原によれば、二〇〇八年一一月一四日に橋下知事が来賓として参加した「木原敬介堺市長を励ます会」では、「木原市長は自治体トップの理想モデル、自治体トップの神様だと僕は思っています」と述べ、市政に対する賛辞を送っていたという(9)。木原は、自民党・民主党・公明党の相乗りを背景として、二〇〇九年六月五日に三選出馬の意向を表明していた。しかし、一カ月後の七月三日に大阪府職員の竹山修身が堺市長選に立候補を表明すると、橋下は竹山について「強固に連携をとってくれることが確認(10)」されたとして、その支持を明らかにする。

選挙は、八月三〇日の衆院選における民主党の大勝の直後に行われている。橋下は、その状況で自民党・民主党・公明党が相乗りで木原を推したことを馴れ合いであるとして、連日のように堺市内の街頭演説で批判する。大阪府選出議員を中心に、有力な国会議員も含めて、国政政党側では木原の支援を行ったものの、結果は一三万六〇〇〇票獲得した竹山に対して木原は八万九〇〇〇票にとどまり惨敗した。

橋下は、この選挙での竹山の応援として、橋下自身のほか、衆院選前に「首長連合」を擬せられた松山市長の中村時広や前横浜市長の中田宏、さらには名古屋市長の河村たかしや泉佐野市長の新田谷修治などを呼び寄せて、国政政党の地方における相乗りに対抗する首長たちの姿を演出している。もともと自民党と民主党という国政の二大政党の対立軸のもとで知事になった橋下だが、この時点では、「橋下を含めた地方行政の改革を目指す首長」と「既成の国政政党による相乗りの議会勢力」という対立が強調されるようになっているのである。

3　「大阪維新の会」の旗揚げと二つの補欠選挙

「大阪維新の会」の旗揚げ

府庁舎移転問題を中心に分裂していた自民党の府議団が、更なる分裂に向かったのは二〇一〇年春のことである。二〇一〇年の年初から、橋下知事が後の「大阪都構想」となる大阪府と大阪市の解体・再編についての構想を用意しているという報道がなされていた。[11]その中では、二〇一一年四月に予定される統一地方選において大阪府議会と大阪市議会で過半数を目指して新党を結成するという動きもあり、先に府庁舎移転問題で自民党を離れた二つの会派がそれに同調する動きを見せていた。二月二三日には、二つの会派の議員を中心に、再編の対象ともなる大阪市や堺市の市会議員数名も含んだ準備会合が行われる。最大会派である自民党府議団も、準備会合への参加の打診を行ったものの知事側に断られ、二月末には議会の代表質問において、大阪府と大阪市の再編に一定の賛意を見せたが、組織としての動揺は続いた。三月二五日には、新たに自民党府議三人が「ひとつの大阪」と称する会派を結成して自民党から離れることになった。

その直後、先に自民党を離れたふたつの会派と、新たに離れた三人を加えた一四人の府議を中心として、四月一日に新たな政治グループ「大阪維新の会」を立ち上げることが発表される。その後「大阪維新の会」には、一四人に加えて新たに自民党系の五人と民主党系の一人、さらにその他二人を加えた二二人が合流し、この時点で自民党（三〇）、民主党・無所属ネット（二三）、公明党（二三）に次ぐ勢力となっていた。

自民党から離れた府議にはいくつかの特徴があった。まずは当選回数が一回から多くて三回と、比較的経験の浅い議員が多かったというのが大きな特徴である[12]。また、はじめに自民党から離れた「自民党・維新の会」の議員たちは大阪市のベッドタウンという性格の強い地域（貝塚・吹田・松原・八尾・富田林・東大阪）から選出されていたのに対して、一〇月の「自由民主党ローカルパーティー」の議員たちは六人中五人が大阪市・堺市から選出されている。ここからは、ある程度地域ごとの利害のまとまりが存在することが推測できるだろう。さらに、最後に離脱した「ひとつの大阪」には、現役の自民党国会議員である西野陽の長男と次男が参加しているなど、自民党内での複雑な関係が存在していた。離脱した府議たちは、すぐに自民党を離党したわけでない。あくまでも自民党府議団の「離団」という形をとるにとどまっており、後にこの問題がひとつの争点となっていく。

大阪市議会福島区補選――最初の挑戦と圧勝

四月に結成された大阪維新の会は、その後も順調に勢力を拡大していった。正式に政治団体として届出を行った四月一九日には、民主党系の会派から一人が合流し、その時点で公明党と並ぶ第二会派となった。また、大阪市議会・堺市議会からも大阪維新の会に合流を表明する議員が現れ、四月一九日の時点でそれぞれ一人、五人が参加している。さらに、五月上旬までに三人の大阪府議と一人の堺市議が合流することになった。

橋下知事の「大阪都構想」において、重要な再編の対象とされた大阪市からの参加は当初市議一人のみであり、大阪府議会と比べたときの議員の温度差は大きかった。その状況を変えることになったのが、五月二三日に行われた大阪市議会の補選である。この選挙は、福島区から選出されていた共産党の市議が、七月に予定されていた参院選に立候補するために行われることになったものである。

この選挙において、大阪維新の会は、会社役員の女性を公認候補者として擁立した。それに対して、市議が転出した共産党のほか、自民党・民主党もそれぞれ公認候補者を立てている。焦点となったのは、自民党の態度であった。ここまで述べてきたように、大阪維新の会は基本的にほとんどがそれまで自民党に所属してきた議員によって構成されており、自民党が候補者を擁立することは、分裂した議員たちとの決裂を示すことになりえたからである。結局、自民党は候補者を立てることになるが、ここで擁立したのは、既に福島区から選出されていた自民党議員（太田勝義）の息子である太田晶也であった。

太田はもともと自民党青年局で活動しており、大阪維新の会に所属する議員と関係を持っていたことから、当初は大阪維新の会の推薦を得て立候補を考えていたものの、推薦のためには父親とともに自民党を離れることを要求されたという[13]。結局、太田は自民党公認で立候補し、引退を表明しているとはいえ、父親とともに福島区の二議席を独占することに対して強い批判を集めることになる。

この補選において、大阪維新の会の候補者は次点の共産党候補者に約三六〇〇票差をつける八四九一票を獲得し、大勝する。単に選挙に大勝したというだけではなく、通常の補選と比較すると非常に高い四〇％もの投票率を記録したことで、大阪府・大阪市の政治に対する有権者の関心の高まりが注目されることになった。そして、橋下知事が率いる大阪維新の会が、多くの有権者を動員して既成政党の候補者に大差で勝利したことは、大阪市議に対する強烈なプレッシャーを与えることになった

大阪市議会生野区補選――参院選と同日選挙、国政政党との関係

福島区補選で大勝した大阪維新の会は、その勢力拡大に向けて、次に予定されていた生野区の補選の告示日前後までは「門戸を開く」ことを表明し、民主党や自民党に所属する地方議員に対して合流を呼びかけた[14]。その生野区の補選は、七月一一日に参院選と同日で実施することになっており、参院選における大阪維新の会の態度とも深く関わることになった。

大阪維新の会が「門戸を開く」のに対して、自民党を中心とした地方議員の政党移動は続いた。五月二六日には自民党から新たに一人が移ることで、府議会における大阪維新の会の勢力は二六人となり、自民党と並ぶこととなった。その後さらに議員を増やし、七月に入るまでには二七人まで増えて唯一の最大会派となっていた。また、五月の福島区補選の結果を見た大阪市議会では、市議が続々と自民党から大阪維新の会へと移動し、六月末までに一一人となっていた。

七月一一日に行われた選挙では、大阪維新の会が参院選で自民党候補を支援する代わりに、自民党は生野区の補選に候補者を擁立しなかった。補選が行われた理由自体、そもそも生野区選出の市議の参院選への立候補に伴うものであったのに、その市議自身が後継候補者を立てず、大阪維新の候補者への投票を呼びかけるような状態であった。結果として、補選において大阪維新の会の候補者は、次点である民主党候補者に対してダブルスコアの票を獲得し、その勢いを見せつけることになった。

ただし、この時点において、大阪維新の会に対する支持がそこまで圧倒的であったかといえば疑問はある。次の図8－2は、生野区における二〇〇三年統一地方選以来の各政党の得票数を並べたものである。この図からわかるとおり、各選挙において公明党・共産党は毎回ほぼ同じ程度の得票を獲得しており、強固な支持基盤の存在が確認できる。民主党は、地方選挙では弱いものの国政選挙では基本的に一万票以上は獲得しており、補選で民主党候補者に投票した有権者は、参院選で民主党に投票した有権者とほぼ重なることがわかる。

ここでのポイントは公明党である。補選に候補者を立てていない自民党と公明党が、国政選挙で対立している民主党を支援することは考えにくく、潜在的な対立関係があるにせよ、地方選挙では大阪維新の会へ投票したと考えられる。そうだとすれば、大阪維新の会の大量得票の半分近くは公明党支持者の投票であり、その大勝は実像よりも大阪維新の会を大きく見せる効果を持っていたと考えられる。

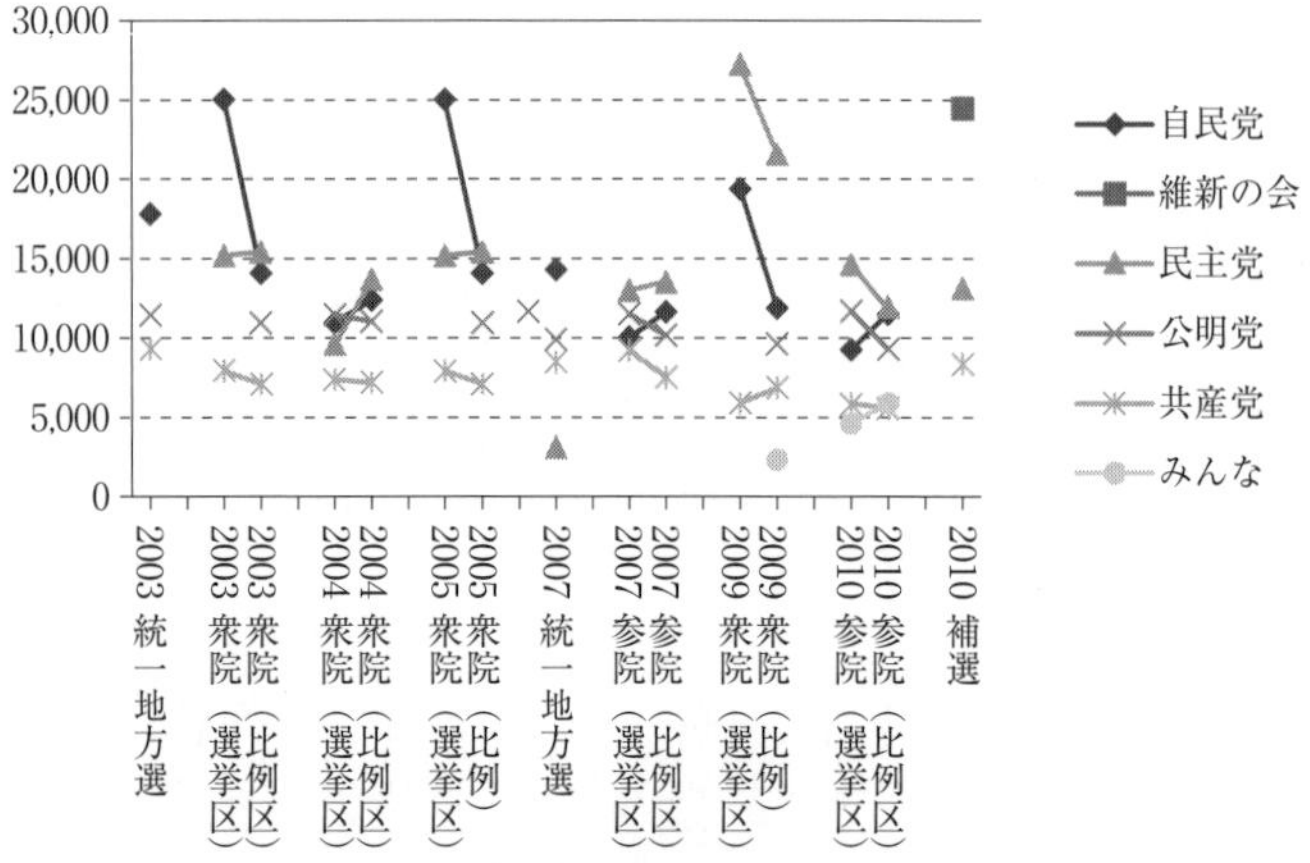

図 8-2　生野区における各政党の得票

対立構図の確定

大阪維新の会は参院選に候補者を立てることはなかったが、福島区補選で圧勝し、注目されていた大阪維新の会が、国政においてどの政党を支持することになるかが重要な問題となった。特に、自民党にとっては、地方政治レベルでの対立と国政レベルでの協力がねじれる形となり、大阪維新の会に対する一貫した態度を取ることができなくなっていた。

国政レベルでは、参院選をはじめ、その後の国政選挙を睨んで、国会議員から大阪維新の会に対して宥和的な意見が出される。他方で、地方政治レベルでは自民党にとって大阪維新の会は大きな脅威であり、対決すべき相手であった。参院選が終わり、次の選挙として二〇一一年春の統一地方選という目標が現実味を帯びてくると、地方政治レベルの対立軸が全面に現れるようになる。

自民党は、地方議員からの強い要求を受けて、九月一二日の大阪府連幹部会・役員会合同会議において、自民党籍を残しながら大阪維新の会に参加している「二重党籍」の府議ら四〇人に対し、自民党を離党するよう勧告することを決めた。この時点でも、二五人の府議と一〇人の大阪市議、五人の堺市議は自民党を離党しておらず、あくまで会派を離れるだけだったのである。この勧告に対して、大阪維新の会も九月一五日に統一地方選の第一次公認候補者を発表して全面的に対決する姿勢を見せるとともに、「二重党籍」の議員たちも自民党に対して離党届を提出し、政党間の対立構図が確定することになった。

また、大阪維新の会の旗揚げから生野区補選に至る過程で、大阪維新の会と大阪市長の平松邦夫の対立構図も確定していく。当初の橋下知事と平松市長は良好な関係を築いていたものの、橋下知事が「大阪都構想」を掲げたころから平松市長は次第に批判のトーンを強めていく。福島区補選を経て、生野区補選に際しては、平松市長自身がかつて民主党の支持を得て当選したこともあり、積極的に民主党候補者の支援、あるいは大阪府・大阪市を再編しようとする大阪維新の会の批判を行っていた。

橋下知事の側も、そのような平松市長に対して強く批判を続けていく。両者は九月九日に公開の意見交換会を行うが、主張はまったくの平行線をたどるのみであり、一致点が見出されることはなかった。これ以降、両者が歩み寄る機会は全くなく、橋下知事と大阪維新の会に対する平松市長と民主党という形での対立の構図も確定していった。

4 統一地方選における勝利

大阪維新の会の選挙戦略と既存政党の対抗戦略

七月の選挙が終わってから、二〇一一年統一地方選までは、特に地方選挙は予定されておらず、各政党とももっぱら有権者に対して自らをアピールする動きを行っていた。その中でも特に目立つ動きを見せていたのが橋下知事に率いられた大阪維新の会であった。

大阪維新の会は、第一次公認候補者が決定した九月一五日以降も、精力的に候補者の選定を進めており、一一月二三日に第二次公認候補者を、一二月二七日に第三次公認候補者を決定する。もともと多くの議員を擁する大阪府議会については順調に候補者の選定が進んだが、大阪市議会・堺市議会では目標とする過半数を超える十分な候補者が集まったわけではない。最終的に大阪市議会では定数八六に対して四四人の候補者を揃えたが、堺市議会については定数五二に対して一五人の擁立にとどまった。

さらに二〇一一年一月二四日には統一地方選に向けたマニフェストを発表する。公約の柱となる「大阪都構想」については、大阪府と大阪・堺の両政令市を解体し、広域自治体の「都」と基礎自治体の「特別区」に再編すると明記している。府議選と両市議選で過半数を得られれば、各議会での議決をもとに国に法律の制定を求めるとしていた。このマニフェストに代表される大阪維新の会の主張を有権者に浸透させるために、八月末から毎週のように「タウンミーティング」を行っていた。特に一一月以降は、毎週末に二〜三カ所でタウンミーティングを行っており、地方選挙としては異例とも言える組織的な動きであったと評価できる。

それに対して、既存の国政政党は伝統的な選挙戦略に終始したと言える。すなわち、各議員や候補者が自らの後援会組織などを固めることで、議員個人がそれぞれに当選を狙うという戦略である。もちろん、大阪維新の会のマニフェストに対抗して、民主党・自民党ともにマニフェストを発表したが、それを政党として組織的に浸透させようとする試みは、大阪維新の会と比べるとほとんどなされていないに等しかった。

大阪維新の会の戦略は、「大阪都構想」を争点として有権者に賛否を迫るというものであり、対抗する政党の候補者たちは、より個別的な論点を有権者に対して訴えようとしていた。大手新聞社が一月末に行った調査では、有権者が「大阪都構想」を重要な争点と考えているとは限らないにしても、その構想については一定の賛意を示すという傾向が現れており[15]、大阪維新の会の戦略は一定の成功を収めていたと評価できる。

大阪府議会・大阪市議会における選挙区割の問題

大阪維新の会が「大阪都構想」の賛否を有権者に迫る戦略を採用し、他の政党が従来通りの議員個人を主体とした戦略を採用したことは、大阪府議選と大阪市議選・堺市議選において異なる効果をもたらしたと考えられる。その背景にあるのはこれらの議会における選挙区割の問題である。

大阪府議会は、定数が一〇九であるのに対して、選挙区の数は六二も存在していた。それはすなわち各選挙区における定数が小さいということを意味する。選挙区から一人を選ぶ一人区の数は三三であり、これは埼玉県（三九）に次いで多い。このような定数配分となるのは、大阪府が大阪市・堺市というふたつの政令指定都市を抱えており、政令指定都市では行政区ごとに選挙区が設定されるからである[16]。

このため、複数人が選出される選挙区であったとしても、大阪維新の会としては各選挙区で一人を取れば、最大六二人を当選させることができる。それには三三ある一人区で圧倒的に勝利することが必要になる。「大阪都構想」を掲げる大阪維新の会は、一人区において「大阪維新の会か、それ以外か」という選択を有権者につきつけることが可能であった。それに対して、民主党・自民党といった政党が選挙区レベルで連合を組むことはなく、いわば賛否二択のうち否とする投票を食い合うことになったのである。

他方で、大阪市議会では、選挙区の定数が相対的に多く、選挙区定数が二から六となっていた。堺市議会では、最も定数の少ない美原区で三人、それに次ぐ東区で五人であったものの、残りの五つの選挙区では定数が八から一〇となっている。このような選挙区の構成は、大阪維新の会にとって不利である。

なぜなら、大阪維新の会が自らへの賛否で二択を迫ろうとしても、自らの候補者間での競争という問題が生じるからである。有権者の投票は候補者個人に投じられるために、仮に大阪維新の会として選挙区全体の過半数の得票があったとしても、それが個々の候補者を当選させるのに十分な得票となるかは別問題になる。

大阪市議会の定数二の選挙区であれば、その問題はそれほど大きくはない。一議席をとれば、その選挙区の「半数」の代表を占めることができる。しかし、定数が三以上となると、その過半数を獲得するためには、大阪維新の会の候補者間で微妙な得票の配分が必要になる。大阪維新の会の多くを占める新人候補者は、議員個人のための後援会組織を持つわけではなく、そのような配分はほとんど不可能であった。だからこそ、大阪市議会・堺市議会の定数が多い選挙区での複数擁立は困難であり、とりわけ堺市での公認候補者の数が不足する事態が生じたのである。

選挙結果とその評価

二〇一一年四月一〇日の統一地方選は、最終的には大阪維新の会の企図通りに、「大阪維新の会か、それ以外か」を選択する選挙になったといえる。二〇一一年三月一一日に発生した東日本大震災の影響で、大阪府が府庁移転を考えたＷＴＣが激しく揺れて一時的に使用が困難となり、将来の関西地方における大地震での防災面に不安が生じたことも議論された。しかし、東日本大震災後の自粛ムードもあって選挙活動が全般的に低調だったこともあり、防災の問題が主要な争点となることはなかった[17]。

大阪府議選における六二の選挙区のうち、大阪維新の会は五九の選挙区において六〇人の候補者を擁立した。擁立しなかったのは、みんなの党との選挙協力があった福島区の他、寝屋川市・藤井寺市の二つの選挙区である。二人を公認した選挙区は現職議員（西野弘一・青野剛暁）が二人存在した東大阪市選

表8－1 大阪府議会選（2011年4月10日投開票）

党派	当選者	改選前	増減
大阪維新の会	57	29	+28
公明党	21	23	－2
自由民主党	13	23	-10
民主党	10	24	-14
共産党	4	10	－6
みんなの党	1	0	＋1
無所属	3	1	＋2
合　計	109	110	

注：改選前の定数は112

表8－2 大阪市議会選（2011年4月10日投開票）

党派	当選者	改選前	増減
大阪維新の会	33	12	+21
公明党	19	20	－1
自由民主党	17	20	－3
民主党	8	20	-12
共産党	8	14	－6
無所属	1	0	＋1
合　計	86	86	

表8－3 堺市議会選（2011年4月10日投開票）

党派	当選者	改選前	増減
大阪維新の会	13	7	＋6
公明党	12	13	－1
自由民主党	7	4	＋3
民主党	5	11	－6
共産党	8	8	±0
無所属	7	8	－1
合　計	52	51	

表8－4 大阪府議会・大阪市議会・堺市議会の定数ごと選挙区数

選挙区定数	大阪府議会				大阪市議会				堺市議会			
	選挙区数	定員	維新候補	維新当選	選挙区数	定員	維新候補	維新当選	選挙区数	定員	維新候補	維新当選
1	33	33	31	28	0	0	0	0	0	0	0	0
2	21	42	21	21	6	12	8	6	0	0	0	0
3	3	9	2	2	8	24	14	9	1	3	1	1
4	1	4	1	1	2	8	4	3	0	0	0	0
5	3	15	3	3	6	30	12	11	1	5	2	1
6	1	6	2	2	2	12	6	4	0	0	0	0
7以上	0	0	0	0	0	0	0	0	5	44	12	11
合計	62	109	60	57	24	86	44	33	7	52	15	13

挙区のみであった。また、泉大津市・泉北郡と大阪狭山市では、無投票で大阪維新の会の候補者が当選となった。大阪維新の会が参加して選挙が行われた五七選挙区において、大阪維新の会が敗れたのは都島区・西淀川区・旭区という三つの一人区のみである。反対に言えば公認候補者を擁立した複数区では全て候補者が当選し、福島区・藤井寺市を除く三一の一人区のうち二八の選挙区で候補者が当選するという圧倒的な勝利であった。

他方、大阪市議選では、候補者四四人のうち三三人が当選したものの過半数には至らなかった。過半数を取るためには、例えば定数三の選挙区で二人、定数五の選挙区で三人を当選させる必要があり、大阪維新の会は実際にそれを狙った候補者擁立を行っている。北区や鶴見区ではその目論見通り定数三のうち二人を当選させたものの、他の選挙区では必ずしも成功せず、西淀川区では二人が同士討ちする結果となった。それでも、西淀川区以外の二三選挙区で最低一人は当選させ、さらに一〇の選挙区で二人当選を果たしたことは、近年の地方政治において特筆されるべき結果であると評価できるだろう。

堺市議選は、大阪市議選と比べても候補者を絞ったため、一五人の候補者のうち一三人を当選させることができた。定数三の選挙区で一人、定数五の選挙区で二人、定数八以上の選挙区で二人か三人の候補者を立てているので、大阪府議選・大阪市議選と比べても保守的な候補者の擁立になっている。大阪維新の会は、堺市全体として約三割の得票を獲得しているが、このような保守的な候補者擁立戦略のもとで、議席では全体の四分の一に過ぎず、定数が三を超えると大量の議席獲得が極めて難しくなることを如実に示している。

統一地方選における政党間競争

選挙区定数との関係に注目しながら、統一地方選における政党間競争をもう少し詳細に確認していこ

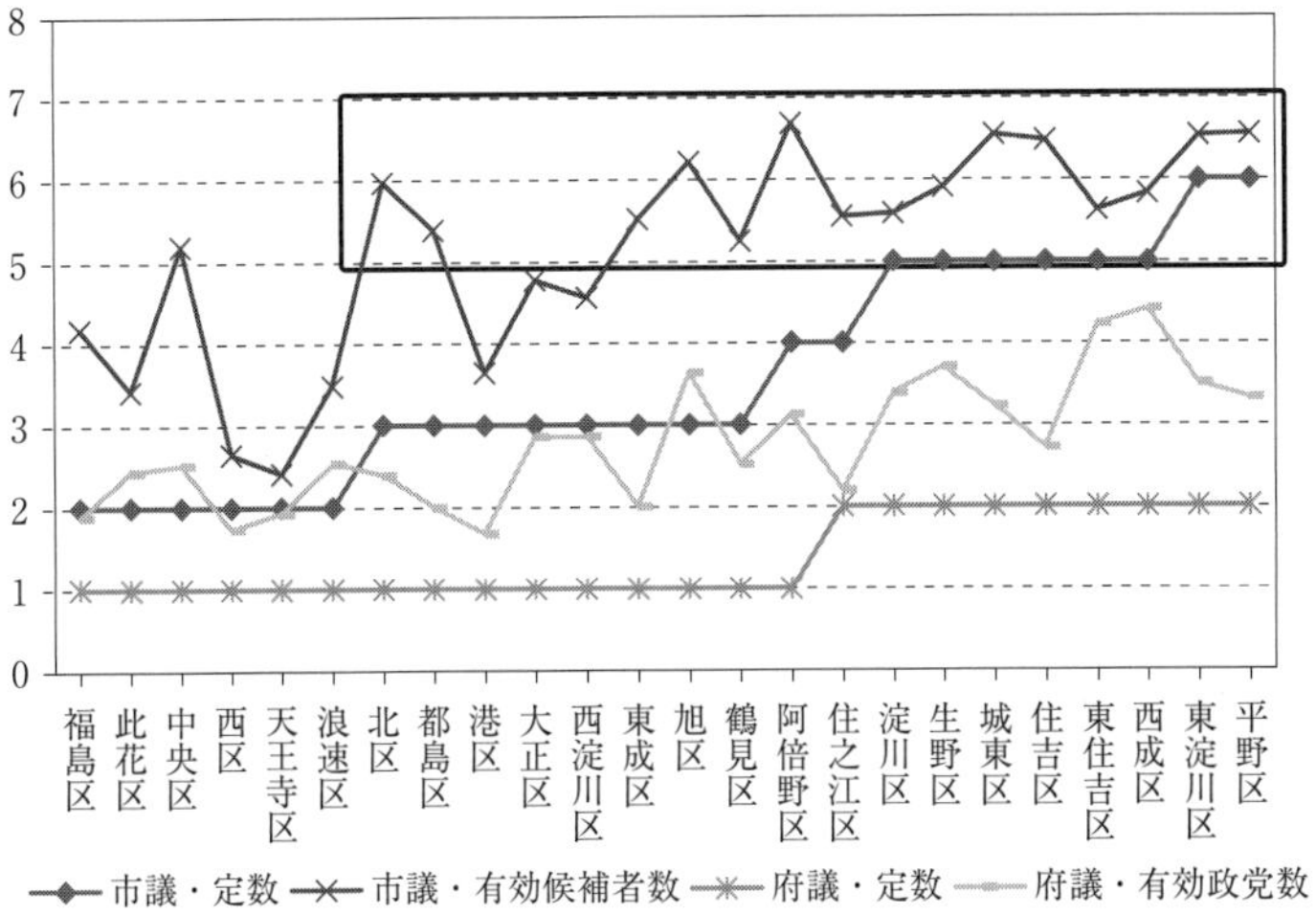

図8-3　大阪市における選挙区ごとの定数と有効候補者数

表8-5　堺市における選挙区ごとの定数と有効候補者数

	堺区	中区	東区	美原区	西区	南区	北区
府議・定数	2	1	1		2	2	2
府議・有効政党数	3.56	2.63	2.65		3.57	3.59	3.55
市議・定数	9	8	5	3	8	10	9
市議・有効政党数	11.79	10.78	6.95	5.77	8.17	10.84	9.78

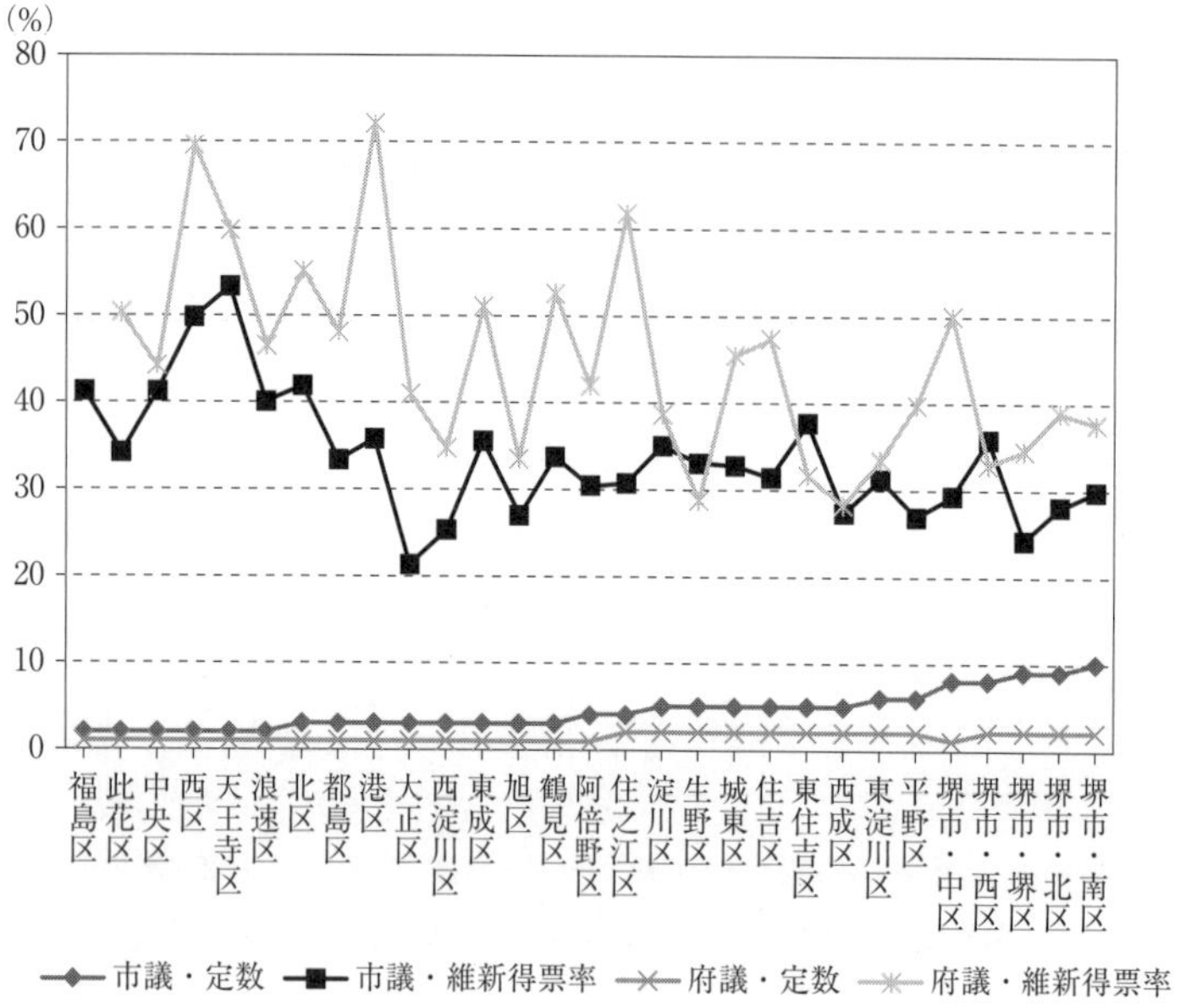

図8－4　大阪維新の会の得票率

注：なお、選挙区が合区されている堺市東区・美原区は除いている。

う。そのために、以下では有効候補者数という概念を導入する。有効候補者数とは、各候補者の得票率を用いて候補者の数を数えようとする方法である。具体的には、有効候補者数とは、各候補者の得票率の二乗の総和の逆数である[18]。この数値によって、他の候補者と比較して、得票率が極端に低い候補者は「有効な」候補者としては見なされなくなり、単に候補者数を数えるよりも適切に政党間競争を捉えることが可能になると考えられる。

図8－3は、大阪府議選と大阪市議選における、定数と有効候補者数の推移である。ここから分かるのは、まず大阪府議選では、多くの選挙区で有効候補者数が定数＋一よりも大きくなっていることである。それは、例えば一人区において、当選した大

阪維新の会の候補者以外に一人以上の有効な候補者が立っていることを意味する。つまり、「大阪維新の会か、それ以外か」という選択において、「それ以外」という選択が分散していたのである。

それに対して、大阪市議選では、特に定数が三以上のほとんどの選挙区において、有効候補者数が五から七となっているのが注目される。これは、実際に擁立された候補者を見ると分かるように、おおむね大阪維新の会（二人）、民主党、自民党、公明党、共産党の六人の候補者の争いとなっていたことを意味する。言うまでもなく、定数の大きい堺市議会では、さらに分立的な競争が行われており、定数の大きい選挙区では、定数と有効候補者数がほぼ同じであった（表8－5）。

その結果が、図8－4に見られるような大阪維新の会の得票率になって現れる。この図は市議選の選挙区定数が小さい順に並び替えて、府議選・市議選の大阪維新の会の得票率を見たものである。ここから分かるように、市議選では定数が三を超えると（北区より右）、大阪維新の会の得票率は、約三〇％程度でほぼ安定する。それが基本的な大阪維新の会への支持率であり、府議選においては、(1)定数が少ないために候補者が絞られて得票率が増加する、(2)しかし大阪維新の会以外の選択肢も限定されるほどは絞られない、という二つの条件が重なって、圧倒的な勝利がもたらされたのである。

5　大阪ダブル選挙の展開

ダブル選挙という手法

統一地方選が終わった直後の四月一三日、府庁内での記者会見において、橋下知事は早くも「今度は『大阪秋の陣』でもう一回、民意を問う。（府知事選と同市長選の）ダブル選で信を得られれば、市役所に詳細な制度設計を命じることができる」と述べている。[19]二〇一一年二月五日まで設定されている知事の任期の途中で辞職して、それに伴う大阪府知事選を、二〇一一年一二月一八日の任期満了によって秋に予定されている大阪市長選と同じ日程で設定しようというのである。

橋下知事と大阪維新の会の主要な主張である「大阪都構想」を実現するためには、大阪府議会・大阪市議会・堺市議会といった議会の同意だけではなく、もちろん関係する市長たちの合意も必要になる。大阪市の平松市長が「大阪都構想」に反対する以上、その実現は困難であった。まずは平松市長を説得するという手法があり得るわけだが、それがうまくいかない中で、自分たちと意見を同じくする人間を市長にするという手法が浮上するのである。

しかも、直前の二〇一一年二月には、河村たかし名古屋市長が減税を大きな争点とした「トリプル選挙」を行い、大成功を収めていた。トリプル選挙とは、議会リコール選挙と名古屋市長選、愛知県知事選である。河村市長は任期満了に伴う愛知県知事選に、それ以外の二つの選挙を合わせる形で設定し、議会リコールを主要な争点とすることで、民主党王国の愛知県において、知事選・市長選でまさに圧勝することに成功した。既に成功が実証されていたこのような手法は、同時期の大阪にも影響があったと考えられる。

大阪における焦点は、橋下知事が市長選に立候補した後、誰が大阪府知事に立候補するかということだった。もちろん橋下知事が辞職して再度知事に立候補することも制度的には可能だったが、同一人物の出直し選挙であるため、その場合は残任期間が満了する数カ月後に再度知事選が必要になり、現実的な可能性は極めて低かった。知事候補者としては、四月の段階から橋下知事自身が親交あるテレビキャスターの辛坊治郎や、前横浜市長の中田宏の名前が挙がり、具体的な検討が行われていったのである。[20]

二つの市長選

統一地方選から「大阪秋の陣」と呼ばれたダブル選挙へと関心が向かう中で、大阪では二つの重要な市長選が行われている。その一つめは、統一地方選後半戦の四月二四日に実施された大阪府吹田市の選挙である。吹田市長選には、府議を三期務めた後で市長へと転身し、市長としても三期を務めていた経験豊富な政治家であった、現職の阪口善雄が以前から立候補を表明していた。大阪維新の会は、ここに対立候補者を擁立したのである。

阪口市長には、橋下知事の就任以来、いくつか対立する場面があった。まずは知事の就任直後に当時吹田市の万博公園内にあった大阪府立国際児童文学館の統廃合問題で激しく対立した。また、全国学力テストの市町村別結果の公表について、吹田市は否定的な見解を示して最後まで反発した。四三市町村のうち三五市町村が公表したが、吹田市は大阪府に対する情報公開請求の開示対象からも外れている。その後も橋下知事が二〇〇九年衆院選にあたって大阪府内で「首長連合」を形成しようとしたときには、阪口がかなり厳しい批判を行うなど、必ずしも良好な関係ではなかった。

大阪維新の会が擁立したのは、直前まで府議を務めた井上哲也であった。井上は、民主党・社会党の推薦を受けた阪口に、約一万票差をつけて勝利した。この選挙では、みんなの党の推薦を受けて立候補した地域政党代表の石川勝というやや支持層の重なる候補者がいた。それにもかかわらず大阪維新の会が勝利したことで、府下の市町村長に対して強いプレッシャーになったといえる。

さらに、八月七日には、前市長の死去に伴う守口市長選において、大阪維新の会が推薦した前市議が、政党推薦はなかったものの民主党・自民党・公明党・共産党・社民党という五党の市議が支援した市の前教育長に、約四〇〇〇票の差をつけて勝利した。四月に行われた大阪府議選の守口市選挙区では、大阪維新の会が二六三二八票でトップ当選をしたものの、二位当選した公明党が一七六八三票、次点の自民党が七二一七票と共産党が六五二四票であり、これら三党の得票を合わせれば、大阪維新の会の得票よりも多かった。そのため、相乗り側を有利とする観測は存在し得たが、そのような観測を吹き飛ばして大阪維新の会が勝利したのである。

このように、市長選において、対立する有力な現職候補者や共産党まで含めた相乗り候補者に対して勝利の実績を積み重ねることで、大阪維新の会に対する求心力が急速に高まっていく。これは、その後の大阪府知事・大阪市長の「ダブル選挙」にも当然に影響を与えたと考えられる。

候補者の擁立過程

大阪府知事・大阪市長のダブル選挙は、橋下知事によって二〇一一年四月の段階で日程についての設定が表明されていたものの、具体的な候補者はなかなか決まらなかった。橋下知事自身、七月二二日に「他の候補者が見つからなければ、僕が出ます」と初めて市長選出馬の可能性に言及したもの(21)の、市長選については別の候補者の擁立を模索するとしていた。また、橋下知事が市長選に立候補したとしても、その後継を狙う知事候補者に誰を擁立するかは不透明だった(22)。

他方、平松市長の側も、ダブル選挙を見据えて一時は大阪府知事選への立候補に言及したこともある(23)。府知事になれば、「大阪都構想」をストップすることができる、という発想だが、この可能性が本気で検討されたような形跡は見えない。そのままに、九月一九日には再選を目指して大阪市長選への立候補を表明する。

それを受けた大阪維新の会は、一〇月上旬に、幹事長の松井一郎を大阪府知事選の候補者とする方針を固めていく(24)。そして、一〇月二一日の大阪府議会本会議終了後に橋下知事が辞表を提出し、二三日に橋下が市長選、松井が知事選に立候補することを決定した。

表8-6 大阪府知事選（2011年11月27日投開票）

	得票数	候補者	年齢	党派	推薦・支持	新旧	当選回数	代表的肩書
当	2,006,195	松井　一郎	47	維		新	1	大阪維新の会幹事長
	1,201,034	倉田　薫	63	諸	民主党府連，自民党府連	新		元池田市長，市町村連合と府民の会
	357,159	梅田　章二	61	無	共	新		弁護士
	29,487	岸田　修	70	無		新		元大阪府職員
	27,809	高橋　正明	69	無		新		不動産賃貸業
	22,347	中村　勝	60	諸		新		二十一世紀日本維新会代表
	21,479	マック赤坂	63	諸		新		スマイル党総裁

表8-7 大阪市長選（2011年11月27日投開票）

	得票数	候補者	年齢	党派	推薦・支持	新旧	当選回数	代表的肩書
当	750,813	橋下　徹	42	維		新	1	元大阪府知事
	522,641	平松邦夫	62	無	民主党府連支援，自民党府連，共産党中央委員会	現	1	前大阪市長

市長選は早くから橋下と平松の対決という構図が固まっていたものの、大阪維新の会以外の知事候補者は共産党の梅田章二が立候補を表明しているのみだった。民主党は元検事の郷原信郎、自民党は参議院議員の丸山和也などに立候補を要請したものの、実現には至らなかった[25]。その原因としては、政党色が強い候補者であるために、政党を超えた「相乗り」で大阪維新の会と対決することができず、そうでなければ惨敗することが予想されていたからである。

最終的に知事候補者となったのは、池田市長の倉田薫である。倉田は、五期にわたって池田市長を務め、府下市町村のリーダー的存在であった。彼は府下市町村長の七割を超える支持を集めたとして、「市町村連合と府民の会」を結成して立候補を表明した。その倉

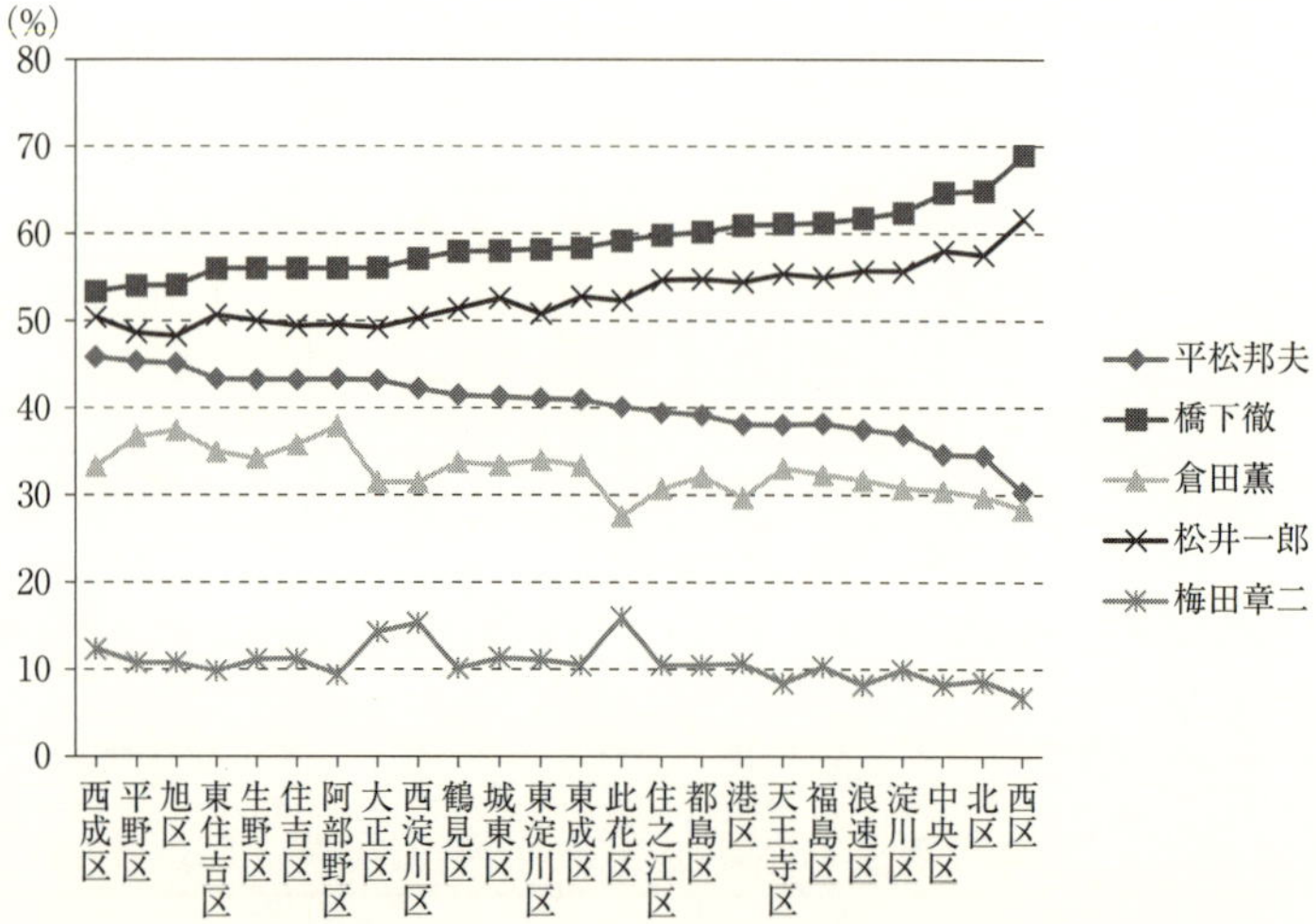

図8-5　ダブル選挙におけるそれぞれの候補者の選挙区別得票率（大阪市内）

田を、民主党と自民党はそれぞれの府連に所属する地方議員が中心となって支持したのである。

選挙結果とその評価

ダブル選挙は、実質的に大阪維新の会の橋下・松井と、民主党・自民党の地方議員を中心とした支持を受けた平松・倉田という候補者連合の対決という構図となった。共産党は、府知事選で梅田章二を擁立したが、市長選挙からは撤退し、実質的に平松支援に回ると見られていた。

二〇一一年一一月二七日に行われたダブル選挙で特筆すべきは、まずその投票率だった。大阪市長選の投票率は六〇・九二%で、前回の四三・六一%から大幅な上昇となった。政令指定都市における六割以上の投票率は異例であり、トリプル選挙で盛り上がった名古屋市長選でも五四・一四%だったことを考えると非常に高い得票率だったことがわかる。なお、大阪府知事選の投票率は五二・八八%であった。

大阪市長選は、七五万票を獲得した橋下に対して、平松は五二万票にとどまった。そうは言っても、平松自身が二〇〇七年大阪市長選で獲得した得票が約三七万票であったことを想起すれば、投票率増大の効果が大きいことがわかる。大阪府知事選では、二〇〇万票の松井に対して倉田は一二〇万票にとどまり、選挙前には相対的に健闘すると予想された倉田の不振が目立った。

大阪市内における大阪市長選と大阪府知事選の主要候補者をプロットした図8－5は、その要因を明確に示している。この図からは、まず大阪維新の会の二人の候補者の得票がほぼ完全に連動していることが明らかだろう。次に、平松と倉田の得票が連動しているものの、それは大阪維新の会の二人ほどに明確ではなく、特に共産党の得票率が高い地域では、平松の得票が、倉田でなく梅田に流れているのがわかる。言うまでもなく大阪市外でも、大阪維新の会に対抗しようとする倉田と梅田の得票が割れたことで、松井と倉田の得票差が大きくなったのである。

さらにこの図は橋下の得票率の低い地域から高い地域へと並べて示しているが、大阪維新の会の二人にとって得票率が高いのが、人口の都心回帰が進む都心六区（北区・中央区・西区・福島区・浪速区・天王寺区）であることがわかる。これらの地域は梅田の得票が少なくなっていることからも、都市の中心部に居住し比較的所得の高いと考えられる層が大阪維新の会に投票したことが推測される。[26]

6 大阪維新の会が設定した対立軸の意義

本章で見てきたように、橋下は有権者の現状維持に対する批判を背景として、支持を拡大することに成功した。しかし、そのような手法は橋下に限らず、一九九〇年代以降の「改革派」首長が一般的に用いてきた手法でもある。[27] 橋下とそれら「改革派」の違いは、もちろん本人の個性というのはあるとしても、それ以外に二つの点が重要であると考えられる。

まずひとつは、地方議会との関係である。多くの「改革派」首長は、地方議会を批判するものの、地方議会において多数派形成をすることはそれほど試みられていない。彼らが支持を動員するための主要な手段は、橋下自身もＷＴＣ問題のときに言及している「出直し選挙」であり、有権者の支持で議会を包囲することが重要とされた。しかし橋下は、地方議会における自民党分裂を誘い、大阪維新の会という多数派の形成を行うことに成功した。

その成功の要因は、橋下の試みというだけではなく、国政において自民党長期政権が揺らいでいた事が大きい。大都市である大阪は、農村地域と比較してもともと国政の自民党を通じた利益誘導が積極的に行われず、自民党の基盤は弱かった。しかも、自民党長期政権が揺らぐ中で、「系列関係」とも言われる国会議員と地方議員の選挙を通じた結合はますます弱くなり、地方議員の自律的な行動を招くことになったのである。

次に、橋下が「大阪維新の会か、それ以外か」という選択肢を有権者に突きつけたことが大きい。これは特に、既成の国政政党を通じた政治への回路を持っていない、いわゆる「無党派」の有権者にとって重要な選択肢となった。さらに、「それ以外」とされた既成の国政政党の側が、大阪維新の会に反対する有権者を実質的に分けあってしまうこともあり、おおよそ三割程度の堅い支持を得ていた大阪維新の会が定数の小さい選挙区で勝利することになった。大阪府議選の選挙結果はまさにその現れであり、ダブル選挙のうち大阪府知事選でもその傾向は続いた。

それでは、このような地域政党の動きは、国政にも影響を与えるのだろうか。大阪維新の会が、今後もこのような選択肢を有権者に対して有効に提示することができれば、当然小選挙区制で行われる衆院選にも大きな影響を与えることが予想できる。国政全体を考えれば、例えば大阪のみで民主党と自民党が連合を組んだり、候補者調整を行ったりすることはほぼ不可能であろう。もちろん、大阪のみで全国とは違う対立軸が成立しうるか、という疑問はありうるが、地方分権を進めるという方向性のもとで、その可能性は高まっていると言える。

反対に、「大阪都構想」をはじめとして、大阪維新の会が掲げる多くの政策は、大阪という一地域を超えて都市的な地域で支持を集める可能性もある。ダブル選挙では都心の選挙区で大阪維新の会の得票率が高かったこともその傍証となるが、東京や名古屋など人口稠密な地域の都市民を代表する政策を打ち出すことで、新たな国政における対立軸を構築することができるかもしれない。今後は、大阪をはじめとする地方の対立軸が国政にどのような影響を与えるかが注目されることになる。

註

(1)『朝日新聞』二〇〇七年一〇月三〇日。
(2)『朝日新聞』二〇〇七年一一月九日。
(3)『朝日新聞』二〇〇七年一一月三〇日。
(4)それまで多くの選挙で自民党と共同歩調を取っていた公明党は、橋下のこれまでの発言に対する府議団からの批判が強いことで、当初は支持に難色を示していたが、最終的には支持を表明した。
(5)『朝日新聞』二〇〇八年二月六日。
(6)時事通信二〇〇八年九月一〇日の記事によれば、橋下知事は「地域連携の学校運営を行う方針の中で、(結果の)公表、非公表を一つの重要な要素にして予算査定させてもらう」と述べたとされる。
(7)時事通信二〇〇九年四月二四日。
(8)時事通信二〇〇九年八月一九日。
(9)木原(二〇一〇)八～一一頁。

(10) 木原（二〇一〇）、二二～二三頁。
(11) 例えば時事通信二〇一〇年一月一四日。
(12) 「自由民主党ローカルパーティー」の浅田均のみが当選三回であった。
(13) 「自民党・太田昌也（おおたまさや）のホームページ」(http://ohta-masaya.ldblog.jp/) 二〇一二年三月二五日アクセス。
(14) 時事通信二〇一〇年五月二四日。
(15) 『毎日新聞』二〇一一年一月二四日、『読売新聞』二〇一一年一月二四日、『朝日新聞』二〇一一年二月一日。
(16) なお、最も選挙区定数が大きいのは、東大阪市選挙区の六人であった。
(17) 大阪における統一地方選だけを考えると、大阪府議会議長経験者である長田義明が、震災に関する失言問題を引き起こして自民党の公認を取り消されるという事件が起きている。
(18) 具体的な例として、定数三の選挙区で、四人の候補者がそれぞれ二五％の得票を取っていたとすれば、1／{(0.25)^2×4}＝4となり、有効候補者数は四となる。それに対して同じく四人の候補者がいたとしても、三人の候補が三〇％ずつ得票し、もう一人が一〇％であれば、1／{(0.3)^2×3＋(0.1)^2}＝3.57となり、有効候補者数は四よりも小さいと判断できる。
(19) 時事通信二〇一一年四月一三日。
(20) 時事通信二〇一一年四月一八日。
(21) 時事通信二〇一一年七月二五日。
(22) 辛坊・中田の他にも、元内閣官房国家公務員制度改革推進本部事務局審議官で、鋭い政府批判が話題となっていた古賀茂明をはじめ、作家の堺屋太一や、公募の民間人校長であった和泉高等学校長の中原徹などが取りざたされた。
(23) 時事通信二〇一一年七月二二日。
(24) 時事通信二〇一一年一〇月七日。

(25) 自民党ではその他前衆議院議員の中山泰秀も独自に立候補する動きを見せた。
(26) もちろん、所得の高い地域という問題と、所得の高い個人という問題は異なるので、地域の問題と個人の問題を混同する生態学的誤謬 ecological fallacy の可能性があることは留保される必要がある。
(27) 砂原(二〇一一)。

参考文献

木原敬介『我知事に敗れたり』論創社、二〇一〇年。
砂原庸介『地方政府の民主主義――財政資源の制約と地方政府の政策選択』有斐閣、二〇一一年。

[追記] 本章脱稿後、二〇一二年九月には大阪維新の会を母体として日本維新の会が組織され、国政への参加が発表された。一二月に行われた衆議院議員総選挙の前に、日本維新の会は太陽の党との合併などで国会議員を取り込み、大阪に限らず多くの地域で候補者を擁立した。小選挙区での当選者はほぼ大阪に限られたが、全国で民主党を凌ぐ比例票を獲得し、その存在感を発揮したと言える。しかし、大阪以外の地域で国会議員を取り込んだことは、党勢拡大に意義があったとしても、政党としてのまとまりを弱めるとともに、本章で指摘したような都市的な地域での支持を呼び込むかたちでの対立軸の設定を困難にしたと考えられる。今後注目すべきは、日本維新の会が党内をまとめた上で、大阪と同様に国政で自ら対立軸を設定できるかどうかという点であるだろう。

第9章　関西広域連合という争点
——奈良県知事選——

丹羽　功

二〇一一年四月に行われた奈良県知事選では、中央官僚出身の現職候補者と知名度も高くない新人候補者がそれぞれ対照的な選挙戦術をとったことや、関西圏全体に関わる広域的な問題と県レベルの政治が連動したことなど、注目すべき点がいくつか存在した(1)。本章ではこの知事選について、荒井正吾・塩見俊次という二人の有力候補者の選挙活動と、主要争点となった関西広域連合への参加問題とを中心として検討していく。

1　知事選の動向と二〇一一年の争点

奈良県の概要

奈良県は面積三六九一平方キロで、一四〇万人の県内人口の大半は北西部に集中している。奈良市・生駒市・橿原市・香芝市といった人口の多い市部は京都府・大阪府と鉄道網で結ばれた通勤圏となっており、「奈良府民」という言葉があるように県外就業率は全国第一位である。また県民一人当たりの地方消費税額が全都道府県中四六位という数字からは、労働だけでなく消費の面でも住民の生活において県外での活動が大きな比重を占めることが見てとれる。

図9-1　衆議院選挙区（奈良県）

県内には三九の市町村があるが、その大半は南部・東部に位置する小規模な自治体である。この地域は県内面積の大半を占めるが、過疎化が進行するいわゆる中山間地域である。県の経済では第三次産業が中心であるが、奈良市南部から大和郡山市を中心に製造業も発達しており、南部・東部は農業中心である。

こうした社会経済的な特徴は地方政治にも影響を与えている。高度成長期以降に開発されたベッドタウン地域に居住する「新住民」には無党派層が多く、国政と比較して地方政治への関心や参加の程度が低いことが観察されてきた。そのために旧来の住民の意見・利益が市政に過剰代表される傾向があるが、何らかの争点や事件があれば浮動層である新住民も積極的に政治に参加し、二〇〇六年には生駒市で全国最年少の無党派市長が誕生したりもしている。小規模な市および町村部では、他の地方と同様に保守系無所属の首長と議員が見られる。

知事選挙の動向

奈良県では知事公選制が導入されてから現在までの期間に、五名が知事に就任している。公選の初代知事は官選時代の知事であった野村万作（一期）である。二人目の奥田良三は八期二九年の長期にわたって知事の座にあり、その後も上田繁潔（三期）、柿本善也（四期）と在任期間の長い知事が多い。現職の荒井正吾は、二〇〇七年に初当選している。

知事の主要な経歴をみると野村と奥田が元内務官僚、上田は県職員、柿本は元自治省、荒井は元運輸省であり、奥田以降の四名はいずれも奈良出身である。ケースが五名と少ないために知事へのリクルートメントにパターンを見出すことは難しいが、地元出身の中央官僚が多数派を占める一方、副知事など県幹部の経験者は上田と柿本の二名にとどまる。

表9－1　奈良県知事選

選挙日時	当選者	候補者数	政党支援	投票率(%)	当選者得票率(%)
1980年1月	上田繁潔	4	(自・社・公・民)×共×無×無	61.84	52.81
1984年1月	上田繁潔	2	(自・社・公・民)×(共)	44.23	80.08
1988年9月	上田繁潔	3	(自・社・公・民)×(共)×無	44.31	77.94
1991年11月	柿本善也	2	(自・公・民)×(共)	36.73	75.17
1995年11月	柿本善也	4	(自・進・社・公)×(共)×無×無	42.82	58.7
1999年11月	柿本善也	3	(自・民・社・公)×(共)×無	41.81	60.25
2003年11月	柿本善也	3	(自・公・社)×共×無	61.96	49.63
2007年4月	荒井正吾	2	(自・公)×(共)	51.47	66.96

注：政党支援のカッコ無しは公認，カッコありは推薦。

荒井は旧運輸省出身で元海上保安庁長官、二〇〇一年には奈良県選挙区から自民党公認で参議院議員に選出され、自民党議員時代には古賀派に属していた。前知事の柿本から後継指名を受け、参議院議員の任期中に二〇〇七年知事選に自民党推薦で立候補し当選している。

奈良県知事選の特徴は、先に見たような知事の経歴や属性にもかかわらず、いわゆる無風選挙が少ないことである。官僚出身の有力候補者を各政党が相乗りで支援する知事選のパターンは、奈良県でも通例であった。奥田知事時代の一九七五年から始まった相乗り選挙は、一九八〇年以降一九九九年の期間には共産党以外の主要政党が全て参加するものであった[2]。また、現職知事が候補者の場合には政党による支援に加えて、県内の市町村長や県庁OBによる集票活動も行われ、県内の政治・行政に関わる組織全てが支援するという形式がみられた。だがこうした選挙の体勢にもかかわらず、奈良県知事選では相乗り候補の圧勝という結果は少ない。

表9－1は、一九八〇年から二〇〇七年の知事選の動向をまとめたものである。相乗りと現職有利のために住民の知事選に対する関心は概して低く、投票率は四〇%台にとどまっていることが多い。その一方でこの時期の八回の選挙のうち四回が保

守分裂選挙であり、得票率から見た相乗り候補者の優位は大きくはない。最近の選挙結果を見ると当選者の得票率は低下する傾向にあり、二〇〇七年には共産党系候補者が三三％の得票を獲得していることが注目される。

分裂選挙の多さは、保守系の相乗り候補を支える政党組織の基盤が不安定であることを示している。また他県と比較した場合に相乗り候補者の得票率の低さは印象的であり、相乗りや多選に対して批判的な有権者も相当程度存在すると考えられる。その一方で、歴代知事の間の権力の継承は平和裏に行われており、現職知事とその後継者が選挙で落選することもなかった。奈良県知事選は、候補者の属性や選挙の勝敗という点から見た場合に地方部にみられる特徴を持つが、有権者の投票行動には都市部の特徴がみられ、その両者の混合された状態が選挙結果に表れている。

県政課題としての地域医療

二〇一一年知事選前の時期において注目を集めた奈良県政の課題として、地域医療の問題がある。奈良県の地域医療の状態は他県と比較して劣悪な状態にあり、二〇〇六年には大淀町で出産中に脳内出血を起こした妊婦の転送が遅れ死亡するという事件が、全国からの注目を集めた。実際に、人口当たりの産科医数は全国最低であり、重症患者を救急搬送する所要時間は全国で最も長く、県外の病院への搬送も多い。このような状態を改善するために、県は地域医療再生計画を作成して二〇〇九年に厚生労働省から交付金を受けているが、中南部の病院数の少なさや医師・看護師の不足など、医療事情の悪さは県民の主要な関心事であった。

それに加えて医療分野で注目されるのは、生駒市立病院計画などをめぐる医師会と県の不和である。生駒市では健康保険組合連合会が運営する生駒総合病院が老朽化した際に、後継病院についての計画が決まらないままに二〇〇五年に廃院となっていた。公立病院をどうするかは生駒市長選でも最大の争点となり、二〇〇六年に当選した山下真市長は旧病院と同程度の規模の市立病院を指定管理者制度によって設置することを計画した。しかし、二〇〇八年にそれまでは新病院推進の立場をとっていた生駒市医師会が病院建設に反対を表明し、市議会議員に反対の働きかけを行うようになった。

二〇〇八年八月には、旧病院の廃院によって西和地区で不足している病床を各病院に配分する問題について、奈良県の医療審議会が開かれた。県が作成した病床配分案は、旧病院の病床を新病院を中心に配分して二〇〇五年以前の医療水準を確保しようとするものであったが、審議会では実質的な審議の対象にならなかった。その後、二〇〇九年二月に、医療審議会は病床数の増加が地域の医療機関の経営を圧迫するとして、県の配分案とは異なり新設の生駒市立病院に病床を配分しない答申を行った。県は審議会答申に反して当初案通りに生駒市立病院に病床を割り当てて病院開設を許可したが、これに対して県医師会は審議会から委員を引き揚げて抗議し、荒井知事は審議会が意図的に審議を引き延ばしたと批判した。

また県が計画する南部地区の公立病院再編についても県医師会長の塩見俊次は批判しており、南部地域の病院問題は県内だけではなく和歌山県も含めて広域的に考える方が現実的だと主張していた。奈良県政において県と医師会との関係はこれまで基本的には協調関係が続いてきたが、二〇〇九年頃から県と医師会、もしくは荒井知事と医師会長の塩見との間に不和がみられるようになった。

関西広域連合への参加問題

統一地方選の時期に注目を集めていたもう一つの政策課題が、関西広域連合への参加問題である。広域連合とは地方自治法第二八四条に規定のある地方公共団体の組合であり、複数の自治体によって事務を広域的に共同で処理するために設置される特別地方公共団体である。一部事務組合と比較して事務の範囲や処理方法が柔軟であり、長と議員の公選や直接請求の制度がある。広域連合の制度が施行されたのは一九九五年であり、それ以降多数の市町村が広域連合を設置し、二〇一〇年七月には全国で一一四の広域連合が存在していた。

関西圏では狭い地理的範囲に二府四県があるため、複数の府県が関係する広域的な行政課題が多い。また地方分権改革の中で、関西圏として独自のプランを作成し分権を推進しようという動きも存在した。二〇〇三年に関西経済連合会が中心となって関西圏の府県・政令市・経済団体が関西分権改革研究会を発足させ、分権の主体として広域連合を形成し活用する方向が固まった。その後、いくつかの組織を経て二〇〇七年に発足した関西広域機構において、広域連合設立が具体的に検討されることとなった(3)。関西広域機構は二〇〇七年秋から検討を進め、二〇一〇年には広域連合設立案・規約案を作成して府県議会の承認と総務省への設立許可申請を目指した。

奈良県も関西圏の他府県と同様に関西広域機構に参加していたが、荒井知事は二〇〇八年九月の県議会で広域連合には当面は参加しないという方針を示した。もともと荒井は知事に就任した当時から関西圏での地域組織に消極的であり、広域連合設立に向けた会議にも県議会での不参加表明以降は出席していない。

広域連合に参加しない理由として県および知事が説明しているのは、府県の上にさらに広域連合という自治体を作ることで組織・業務面でコストが増大すること、府県の権限を広域連合が吸収することや連合議会の議席の配分で大都市中心の運営になるために分権にはかえって逆行することなどである。仮に広域連合が有効に機能した場合には、後から参加すればよいというのが知事の立場である。こうした公式の説明に加えて、広域連合に参加したとしてもそこで大阪府に従属した地位におかれ、連合の運営に自県の意見を反映できないという危惧もあった。奈良県は明治初年に堺県に編入されていた時期があることから、広域連合から奈良県の消滅を連想するような見方も存在した[4]。

他県の知事も荒井を説得し、県議の中にも広域連合参加を主張する者がいたが、荒井は意見を変えなかった。こうして奈良県が参加しないまま、関西広域連合は府県のみから構成される最初の広域連合として、二府五県の参加によって二〇一〇年一二月一日に発足した。広域連合長は兵庫県知事の井戸敏三で、事務局は大阪府が所有する国際会議場内におかれている。だが関西という名称をつけているにもかかわらず奈良県が参加していないことが、広域連合の活動に制約を課している。

関西広域連合は防災・救急など七種類の事務を広域的に処理しているが、さらに中央省庁が近畿圏に持っている出先機関の権限と事務を広域連合に委譲するよう求めている。だが国は権限委譲に際して、広域連合が出先機関の管轄区域を地理的に網羅していることを条件として示している。国の見解[5]によるならば、奈良県が参加していないために、関西広域連合には権限委譲を行わないということになる。広域連合への参加問題は単に奈良県だけの問題にとどまらず、広域連合を構成する他府県にとっての関心事でもあった。

この問題については県民の関心も高く、地方政治家・県民の両方において広域連合への参加の賛否は分かれていた。関西広域連合の発足から知事選まで約四カ月であり、候補者の顔ぶれによっては広域連合問題が知事選の争点になる可能性もあった。

2　候補者の擁立

荒井の立候補表明

現職の荒井に対して知事選への立候補表明を求める声は、二〇一〇年秋頃から存在した。九月県議会の代表質問で、自民党会派から二期目を期待する発言があり、荒井自身もこのときには立候補を否定しなかったものの、平城遷都一三〇〇年記念祝典が終わるまでは明言を避けたいと答弁している。その後、一〇月上旬以降に県内の農協関係団体や商工会連合会から立候補の要請があり、諸団体から荒井の後援会に推薦状が届き始めた。このような情勢の中で、荒井は一〇月二六日に来年の知事選への立候補を表明した。

荒井は党派からの中立を標榜して政党に推薦を求めないが、前回の選挙で支援を受けた各種団体には引き続いて支援を求めるという方針を示した。いわゆる「県民党」方式である。このような荒井の方針に対して、自民党県連は荒井を推薦しないとしても選挙では支援することを幹事長が表明した。公明・社民両党は、荒井の一期目の実績を基本的に評価するものの知事選への対応は保留とし、共産党県本部は独自候補者を擁立することを決めた。

民主党は自民党と相乗りで荒井を支援することへの抵抗や、県議の中に荒井の手法や成果が評価できないという意見があり、一〇月末の選対会議で独自候補者の擁立が決定された。だが、一一月に連合奈良が県庁ＯＢから荒井支持の働きかけを受け、推薦を検討し始める。民主党の候補者選定は県議団が中心となり、県医師会長の塩見俊次を中心に複数の候補者が検討の対象になったが、医師会前会長が荒井の後援会長であるために医師会内部に異論があり、塩見は立候補を断念した。このため、民主党県連は一二月一二日の常任幹事会で候補者擁立を断念することを決定、発表した。民主党が候補者擁立を断念したことで連合奈良は荒井の推薦を決め、一二月二二日に荒井と政策協定を結んだ。二〇一一年一月には民主党も地方選のローカル・マニフェストを作成し、荒井にも提出した。

その一方で二月には共産党が元県議で市民団体代表の北野重一を推薦候補として擁立することを発表し、この時点では二〇〇七年と同様に荒井と共産系候補の二名による選挙となることが予想された。知事選の図式は荒井に対する実質的な信任投票、ないし荒井の一期目に対する業績評価を争点とするものになると考えられた。

広域連合問題と対立候補者の模索

関西広域連合への参加を知事選の争点にしようという動きは、二〇一〇年の一一月中旬頃から存在した。広域連合への奈良県の不参加を受け、翌年の知事選で広域連合への参加を主張する候補者がいれば選挙の争点になるという考えが、広域連合参加派の地方議員や市民団体の間で存在していた。だが民主党の候補者擁立が不調に終わり、二〇一〇年中には広域連合を争点とする候補者は出現しなかった。

知事選の候補者となった荒井と北野は、いずれも関西広域連合参加に反対であり、関西圏全体での行政の広域化が進めば県内の中山間地域が取り残されて衰退するという主張では一致していたため、この二人による選挙では広域連合問題は選挙の争点とはならない。民主党県連は広域連合参加の立場をとっており、ローカル・マニフェストの項目でも第一に掲げたが、候補者を擁立できなかった。このために、県内で広域連合への参加を主張するグループが独自の候補者を擁立しようとする動きが存在した。その一つが「関西州ねっとわーくの会」である。

この団体は道州制推進を掲げる市民団体であり、二月には関西広域連合への参加を求める請願書を議会に提出し、広域連合参加の是非を問う街頭アンケートを奈良市で実施したり、新聞に意見広告を掲載するなどの活動を行っていた。同会は知事選でも広域連合参加を争点とする候補者の擁立を目指しており、民主党が候補者擁立を断念した前年末から独自に知事候補者を模索していた。候補者は見つからなかったが、二月二四日に行われた立候補者予定説明会にも同会代表の高松義直が出席している(6)。

ねっとわーくの会は二月末に、県議選に立候補を予定していた自治省出身でシンクタンク職員の今西一憲に知事選への立候補を打診した。今西も依頼を受けて知事選への立候補を検討したが、支持者の理解が得られなかったとして辞退し、ねっとわーくの会も三月上旬には候補者擁立から撤退する(7)。主要政党が動かない中で、広域連合問題を争点として第三の候補者を擁立する動きは成果をあげなかった。

しかし告示直前の三月二三日に、一度は立候補を断念した塩見俊次が無所属での立候補を表明した。塩見は震災の支援に東北地方に行っている間に立候補を決意したと語り、医療の広域化という観点から関西広域連合への参加を主要な争点として掲げた。塩見の参入によって、知事選の争点は荒井の一期目の業績評価から、広域連合への参加問題へと変化した。三月二四日に立候補を届け出たのは北野（無所属・共産推薦）、荒井（無所属）、塩見（無所属）であり、この三名で知事選が行われることとなった。

3　選挙運動と投票結果

組織中心の選挙運動

荒井は三月上旬には選挙事務所を開設し、後援会の会長には有山雄基（奈良県医師会前会長）、副会長には連合奈良会長や県商工政治連盟会長など県内の主要団体のトップが就任した。荒井は政党の推薦は求めないとしたものの、県内の約四〇〇の各種団体に推薦を依頼し、約一八〇団体からの推薦を得た。

また市町村単位の後援会では三九市町村のうち三五で首長が後援会長に就任している。荒井は党派からの中立を掲げる一方で、団体・自治体を通じて組織票を動員することを選挙戦略の中心とした。選挙運動は各地の後援会の集会や市町村単位の個人演説会など、組織を通じて動員された支持層を固めるような活動が中心であった。

支持組織の中では、連合奈良が荒井支持となったことが一期目の際の選挙との大きな相違である。二〇〇七年知事選では民主党は候補者を擁立しなかったが、荒井が自民党の参議院議員からの転出であったこともあって連合奈良は自主投票を決め、選挙には関与しなかった。県内に四万人の組合員を擁する連合奈良が支持団体となることによって、荒井の選対に多くの運動員が連合から供給されることとなった。

また、荒井は政党からの推薦を受けなかったが、自民党県連は推薦こそしなかったものの荒井を支援しており、荒井の後援会集会には自民党の地方議員も参加していた。荒井側でも県議選の候補者から要請があれば応援演説を行うなど、党派的中立を標榜しながらも政党との協力関係は事実上あったといってよい。県議選に際して、自民党は関西広域連合への不参加を公約に含め、社民党も参加反対の立場をとっていたが、荒井は広域連合反対派の自民・社民両党の候補者の応援を行っている。政党推薦を受けないという荒井の選択は、民主党と関係の深い連合を支持組織に取り込むことを可能とし、その一方で形式的には県議個人との協力という形をとりつつも実質的には政党との協力を可能とするものであり、支持組織の拡大という点からみると巧妙な戦術であったといえる(8)。

北野の選挙運動も共産党の県議選と連動したものであった。共産党は市部を中心に県内で七名の公認候補を擁立したが、街頭活動で北野と県議が同行する場面も多かった。北野が県議を引退して一二年経過していることと全県的な知名度があるわけではないことから、地元では知名度のある県議選の候補者と同時に登場することで、北野の知名度を向上させようという戦術であった。また北野の選挙運動には共産党の国会議員も参加し、政党が前面に出た選挙運動となった。

塩見の選挙運動と周辺の動向

塩見俊次の選挙運動は立候補が唐突であったこともあり、組織的なものとはならなかった。選挙の中心は塩見個人の政治団体である「まほろば医心の会」であり、支援団体としては日本医師連盟と県医師会の政治団体である奈良県医師連盟が塩見を推薦したのみであった。医師会は組織としては塩見支持を決定し、日本医師会の会長も塩見の応援に来県した。だが県医師会の前会長が荒井の後援会長であったために、実際には医師会内部でも会員の態度は分かれており、組織が全力で塩見のために集票を行うという状態にはならなかった[9]。

選挙活動の参加者も塩見の選挙事務所スタッフと医師会関係者にほぼ限定されていたが、事務所には選挙のノウハウを知るスタッフはおらず、ポスターや宣伝車の準備も選挙の開始に間に合わなかった。政策面でも医療と広域連合以外の分野はほとんどが未完成のままで選挙に臨むことになった。

民主党奈良県連は二〇一〇年末に一度は塩見に立候補を要請し、関西広域連合への参加についても塩見と一致していた。だが、民主党からの立候補要請を塩見が辞退したことや、支持母体である連合奈良が荒井支持を決めたために知事選は自主投票とした経緯があり、様々な機関決定がすべて行われた後で民主党が組織として塩見を支援することは不可能であった。連合奈良も荒井を推薦したことに加えて、塩見を応援する民主党の県議がいた場合には県議選で推薦しないことを表明した。また県連内部でも代表の滝実衆議院議員は荒井を応援していた。このために民主党の県議の中には水面下で塩見を支援する者もいたが、彼らが表だって塩見の集会などに姿を見せることはなかった。

これらの動きとは別に、関西州ねっとわーくの会と地方議員によって、「関西広域連合　奈良推進の会」が選挙期間中に発足した。この組織は関西広域連合への参加を呼びかける活動を行うとともに、広域連合参加推進の県議候補者との連携を行うことを目的として掲げていたが、選挙期間中に広域連合問題を扱って活動すること自体が塩見に対する側面からの支援となっていた(10)。奈良推進の会は広域連合問題についてのビラを街頭で配付したり、塩見の個人演説会に広域連合参加派の県議候補者が参加するよう両者を仲介するような活動を行った。だが塩見と県議候補者が実際の選挙運動で共同して活動することはほとんどなく、各候補がばらばらに広域連合について主張するにとどまった。

大阪との連携

前でみたように塩見の選挙は、集票活動や組織動員という面では荒井とは比較にならないほど小規模なものであった。県内の組織票は医師会を除いて荒井支持で固まっており、塩見が支持を拡大する手段は浮動票を獲得することとしか考えられなかった。そこで考えられた手段が大阪の選挙との連動である。

二〇一一年統一地方選では橋下徹大阪府知事が組織した地域政党「大阪維新の会」が、大阪府議選をはじめとして、大阪府下の地方選で多数の当選者を出した。またそれ以前にも二〇〇九年堺市長選では、橋下が支援する府庁出身の竹山修身が相乗りの現職候補者を破って当選していた。知事選の時点でも堺市長選の結果をみれば橋下の影響力の大きさは明らかであり、また橋下は奈良県の広域連合不参加問題が知事選の争点となることを期待するとの発言も行っていた。このために塩見は橋下との連携を通じて、大阪への通勤者の多い地域での支持拡大を目指した。

塩見は立候補の時点で橋下から支援を受けたいと述べ、橋下も記者会見で塩見を支援する考えを表明していた。塩見は三月二六日に大阪府庁を訪問して橋下と意見交換を行い、両者は関西広域連合への奈

表9－2　奈良県知事選（2011年4月10日投開票）

	得票数	候補者	年齢	党派	推薦・支持	新旧	当選回数	代表的肩書
当	292,654	荒井　正吾	66	無		現	2	前奈良県知事
	223,519	塩見　俊次	61	無		新		奈良県医師会長
	60,318	北野　重一	73	無	共	新		元奈良県議会議員

良県の参加という点では一致したが、この時には橋下は塩見への支持を明言しなかった。だが、塩見陣営はこの時に撮影した橋下と塩見が並んで写る写真をビラに使用していることから、橋下は明示的ではないにせよ塩見を支持していたとみられる[11]。

橋下が奈良で塩見の応援演説をすれば有権者へ大きな影響が期待できると塩見陣営では考え、塩見の支持者が複数のルートで橋下に来県を打診したが実現はしなかった。その一方で、選挙終盤には愛知県知事の大村秀章が塩見支持を表明している。大阪との連携は活動面での実績は乏しかったが、奈良県知事選は奈良県以外でも関心の対象にはなっていたといえる。

投票結果

知事選は四月一〇日に行われ、投票率は五二・二一％と前回の二〇〇七年（五一・四七％）からわずかに上昇した。前回と比較して奈良市・大和高田市・香芝市・葛城市などで投票率が上がっている一方で、南部の五條市や御所市では投票率が下がっている。郡部も含めて、県西部では投票率が上昇したのに対して南部・東部では投票率が低下するという傾向がみられた。

開票結果では、荒井が二九万二六五四票を獲得して当選、塩見の得票は二二万三五一九票、北野の得票は六万三一八票であった。荒井は生駒市以外の全ての市町村で得票数第一位であったが、有効投票数に対する得票率は五〇・七六％と、かろうじて過半数を上回るにとどまった。この数字からは過去の知事選挙と同様に、県内の組織を網羅したとしても組織動員型の選挙による集票では安定した優位を確保できないことがみてとれる。その一方で、明確な争点がなかった前回知事選と投票率はそれほど変わらず、争点が提示されたからといって急激に有権者が投票に行くわけでもないことが観察できる。

有権者の投票行動については、朝日新聞と読売新聞が出口調査を行っている。(12) 朝日の出口調査では、投票者が最も重視した問題は関西広域連合参加問題が三一％、雇用・経済政策が三〇％、候補者個人の魅力が二三％であった。広域連合参加問題を最も重視した投票者の七七％が塩見に投票したのに対し、雇用・経済政策を重視した投票者の六七％、候補者個人を重視した投票者の六〇％が荒井に投票している。支持政党別では民主党支持・無党派層で塩見への投票がやや多く、自民党・公明党支持層は六割が荒井に投票している。

読売の出口調査では質問形式が朝日とはやや異なるが、調査対象のうち関西広域連合に参加すべきという回答が六三％を占めていた。だが参加に賛成と回答した投票者のうち塩見に投票したのは五三％であり、三五％が荒井に投票したと回答している。これらの結果からは、有権者は知事選の争点として広域連合の問題を一定程度意識していることがわかり、また広域連合と医療問題だけを主張した塩見が四割弱の票を獲得したことをみても、関西広域連合への参加問題は争点として有権者に重視されていたと考えられる。

4　分　析

組織票と浮動票

二〇一一年の奈良県知事選を選挙運動という側面からみた場合に、荒井正吾と塩見俊次という二人の候補者の活動は対照的なものであった。日本の地方選挙では社会的な亀裂がないので、人のつながりを基礎として選挙が行われているというのが従来からの見解である[13]。そこでは地方政治は党派的対立を伴うものではないので、地縁などの個人的なネットワークや自治体に利害を持つ諸組織を通じて有権者は動員されると考えられていた。

荒井の選挙は、こうした地方政治に対する伝統的な見方を忠実に踏襲するものであった。地方政治に党派的な対立は馴染まないとして「県民党」を標榜し、政党からの推薦を求めない一方で県内の主要団体と首長からなる後援会を選挙の中心とした。各種団体が業界を単位とした集票を行い、首長は自治会や社会福祉協議会などの地域組織を通じた集票を行うという点で、荒井の選挙は組織動員型の選挙であったといえる。そこでは、様々な組織を動員して計算可能な有権者の票を積み上げていくことで、当選に必要な票を獲得することが意図される。

それとは対照的に塩見の選挙運動は、「空中戦」と呼ばれるような不特定多数の有権者にメッセージを発信するものであった。集票組織としては医師会と勝手連的な支援団体があっただけで集会や演説会も少なく、一般的に行われている集票のための活動は低調であった。その一方で、塩見は選挙運動期間中の最初の土曜には大阪府庁に出向いて橋下知事と面会するなど、県内の有権者と接触することよりもメディアの注目を集める行動を選んだ。選挙での主張も候補者の人柄や実績といった事柄にはふれずに広域連合参加にほぼ限定されていたが、こうした単一争点によって無党派層を動員する方法は二〇〇〇年代から様々な選挙でみられたものと同様である。

このように、両者の活動は対照的なものであった。選挙での得票は荒井が上回ったが、塩見もほぼ浮動票だけで荒井の得票の七六％にあたる票を獲得した。この投票結果は組織動員型選挙の有効性と限界を同時に示しているといってよい。

組織動員型の選挙は、荒井のみならず歴代知事が採用してきた方法であるが、この集票方法が有効であるためには有権者の相当程度が何らかの組織に所属しており、また組織のリーダー層が一般メンバーをかなりの程度動員できることが条件となる。組織動員型選挙の問題点は、有権者の中で組織に所属している者は少数派であり、また有権者全体に占めるその比率も減少傾向にあることである。[14]

紛争の制御と拡大

有権者の中では少数にすぎない組織票に依存して当選するというのは、小選挙区制を採用する知事選ではもともと困難な方法である。[15] 少数であるが確実な支持を基礎として当選を目指す場合には、投票率が低い方が総投票数に占める組織票の割合が高くなるために有利となる。「紛争の規模が紛争の結果を規定する」というシャットシュナイダー（Elmer Eric Schattschneider）の命題は、地方選挙にも当てはまる。奈良県知事選でみられた現象も、当事者の意図は別として、紛争の範囲を制御するという視点からの理解が可能である。選挙における紛争の範囲と規模は、選挙に対して関心を持ち投票する有権者の数や特性によって決まるが、それは選挙における争点の設定のされ方やメディアの報道、候補者の活動の強度などによって影響を受ける。それらの中でも争点の選択を中心とする候補者の意図的な行為が、紛争の範囲と規模を規定する主要な要因であると考えられる。

確実だが相対的に少数の支持に依存する荒井にとっては、紛争が小規模で限定されたものである方が好ましい。実際に荒井が選挙においてとった戦術は、意図的ではないにせよ紛争を限定しようとするものであった。荒井は知事選への立候補を表明した時点で、関西広域連合への参加問題を自分からは争点にしないと語り、政党からの推薦も受けずに争点や党派による対立を回避した。選挙活動も支持組織を対象とした集会や個人演説会が中心であり、一般有権者に訴える活動は少なかった。こうした荒井の選挙戦術は、主として荒井の性格や考え方に基づくものであったが、選挙に対する有権者の関心を限定されたものとするような効果があったと考えられる。

これに対して塩見の場合には、組織された有権者からの得票を期待できなかったので、より広範囲の有権者が選挙に関心を持ち参加するような状況が望ましいことになる。県内の政治行政に関わる諸集団の支持という点では不利な状態にあったために、紛争を拡大して参加者の構成を変えることが塩見にとって必要であった。広域連合参加を争点として前面に出し、大阪の橋下との連携を求めた行動は、いずれも組織されていない有権者の注目を集めて支持を拡大しようとする行為であるが、紛争の拡大によって選挙での劣勢を変化させるという側面も持っている。

このように知事選における荒井・塩見の選挙活動は、それぞれが自らに有利な紛争の範囲を設定したという側面を持っている。従来の地方選挙では、相乗り型の首長選挙にみられるように争点を作らない紛争限定型の選挙戦術が有効だと考えられてきた。これに対して二〇〇〇年代に各地で登場したポピュリスト的な政治手法は、紛争を拡大することで支持を集める方法が有効な場合があることを示している。ポピュリスト型の候補者とはいえない塩見が相当程度の得票を獲得したことからは、争点や対立軸などの選挙の枠組みを操作することの重要性が理解できる(16)。

都道府県の役割についての認識

最後に「関西広域連合への参加」という争点が含んでいる問題について少し考察したい。この争点は荒井の側が争点として取り上げず、広域連合の問題点を挙げることにとどめたことによって十分な議論が行われなかったが、都道府県の性格をめぐる両者の認識の相違が根底にはあると考えられる。

広域自治体としての都道府県は、一方で広域的・総合的な政策を立案・実施する主体であるとともに、他方でその区域内の市町村の間の関係を調整し、市町村を支援する役割をも担っている。分権改革の中で注目されてきたのは前者の側面であり、関西広域連合への参加問題も広域的・総合的な行政という観点から議論されてきた。分権改革を経て府県の市町村に対する指導・監督という形での関与は縮小されたが、府県が財政・情報・技術面で市町村による狭域行政機能を支援することは今後も必要である。奈良県の場合には市町村合併が進まず、山間部に小規模な市町村が存続しているので、こうした県の役割は今後も重要であると考えられる。

荒井は既存の地方制度と中央地方関係の枠組みを支持しているが、知事に就任してから市町村の支援には力を入れていたという。広域連合を志向する塩見に対して、荒井は国とは従来通りの関係を維持しつつ県を単位として市町村の補完を重視するという政策上の立場の対立点が潜在的には存在していた。だが荒井が自分の見解を明確にせず争点を曖昧にしたことによって、府県の役割をめぐる対立軸が明確に形成されることはなかった。

知事選で荒井が再選されてすぐに、京都・大阪・兵庫・和歌山各府県の知事から関西広域連合への参加を促す発言があった[17]。奈良県でも五月に県議会に広域行政調査特別委員会が設置され、広域連合参加を促進する議員連盟も発足したが、知事と県は現在に至るまで広域連合の欠点を挙げて不参加の姿勢をとり続けている。荒井が知事選で争点を明確にしなかったために、広域連合についても有権者の支持を得て決着済みという主張をするわけにもいかず、関西広域連合参加問題は依然として県政の中で重要な政治問題であり続けている。

註

(1)　本章の記述は、基本的には朝日・読売・奈良新聞の記事と関係者からの聞き取りに基づいている。

（2）奥田以降の歴代知事は、いずれも最後は任期途中で辞任しているために、知事選の間隔は正確に四年ごとにはなっていない。

（3）広域連合自体は特別地方公共団体であり自治体がその構成単位となるが、関西広域機構までの組織は分権化を検討する任意団体であり、自治体と経済団体で構成されていた。そこには関経連を中心とする関西の経済団体も参加して、ビジョンの形成などで主導的な役割を担っていた。

（4）明治期の堺県の時代には、県予算のほとんどが現在の大阪府の区域で支出され、奈良には予算が来なかったことも荒井知事は反対の理由として挙げている。また堺市長の竹山修身は、堺が中心となって大阪南部に奈良を加えた地域を広域行政の単位として再編するような構想をしばしば表明しており、奈良県との軋轢も生んでいる。竹山の発言は『堺ジャーナル』二三二号（二〇一一年一月）などでみられる。

（5）菅内閣の時期に、出先機関の地方移管は平成二三年度末に関連法案を整備することが決定され、二〇一二年一一月には「国の特定地方行政機関の事務等の移管に関する法律案」が閣議決定されたが、二〇一三年四月時点ではまだ検討が続けられている。

（6）なお説明会には、荒井・北野陣営と関西州ねっとわーくの会に加えて、生駒市議グループから塩見牧子と大淀町の造園業者である森口孝が出席している。

（7）今西はその後予定通り県議選に立候補し、説明会に参加した他二者も立候補には至らなかった。

（8）県議個人との協力という形をとるためか、荒井の応援の対象は現職候補者に限られていた。

（9）塩見には組織的な支持が少なかったことに加えて、県紙である奈良新聞も荒井寄りの立場をとり、塩見の選挙運動に対して批判的な論説を選挙期間中に掲載している。『奈良新聞』「国原譜」二〇一一年三月二六日。また、選挙後の五月一五日にも塩見の選挙活動を批判する記事を掲載している。

（10）ねっとわーくの会は広域連合推進の候補者を支援すると表明していたが、直接に塩見支持を呼びかけることは公職選挙法に抵触するためにこのような形の運動になったものと思われる。

（11）橋下の塩見に対する態度がどのようなものであったのかは、新聞各紙によって表現に違いがあり、はっきりしない。

(12) 出口調査の結果は、『朝日新聞』『読売新聞』ともに二〇一一年四月一二日の記事を参照した。
(13) 中村宏『地方選挙――英国、日本、ヨーロッパ』日本評論社、一九九六年、一一九～一二一頁。
(14) 田中愛治「自民党衰退の構造――得票構造と政策対立軸の変化」田中愛治他『二〇〇九年、なぜ政権交代だったのか』勁草書房、二〇〇九年、七頁。
(15) 小選挙区においては組織票依存による当選が困難であることは、以下の文献を参照。浅野正彦『市民社会における制度改革』慶應義塾大学出版会、二〇〇六年。
(16) 選挙においてどのような争点を選択するか（あるいは選択しないか）、選挙における対立軸をどう設定するか、それらを通じてどのような範囲で有権者を動員するのかといった問題は、選挙の結果に大きな影響を与える要素であるにもかかわらず、有権者を研究対象とした定量的な分析では扱えない問題である。本書のような地域単位の事例研究の存在意義の一つは、定型化された分析になじまないが考察する必要のある問題を扱う点にある。
(17) 奈良県は関西広域連合とまったく関係を持っていないわけでなく、二〇一一年三月に関西広域連合の連携団体となっている。

参考文献

河村和徳『現代日本の地方選挙と住民意識』慶應義塾大学出版会、二〇〇八年。

小森治夫『府県制と道州制』高菅出版、二〇〇七年。

西尾勝編『都道府県を変える！――国・都道府県・市町村の新しい関係』ぎょうせい、二〇〇〇年。

E・E・シャットシュナイダー、内山秀夫訳『半主権人民』而立書房、一九七二年。

第10章　相乗りの構図と実態
――福岡県知事選――

松田憲忠

1　相乗り型知事選を分析する意義とは

全国的な注目度の低かった福岡県知事選

二〇一一年四月一〇日と二四日に、民主党政権が誕生してから初めての統一地方選が行われた。選挙結果は、「民主党の敗北と自民党の復調、公明党の現状維持、共産党の大幅な後退、みんなの党と地域政党の躍進」と特徴づけられ(1)、民主党政権には大きな打撃となる結果となった。

一〇日に投開票された一二都道県知事選では、国政での与野党対決型となった東京、北海道、三重の三つの知事選全てで、自民党が支援する候補者に民主党が支援する候補者が敗れ、民主党政権に対する有権者の不満が知事選でも現れたことが注目された。その一方で、国政での与野党が相乗りした知事選では相乗り候補者が順当に当選し、全国的にはあまり大きくは取り上げられなかった。本章が焦点を当てる福岡県知事選はその一つである。

福岡県知事選では、表10－1に示される通り、民主党県連と自民党県連を含む五党が支援する相乗り候補者が共産党候補者に圧勝した。「相乗りvs.共産系の構図が固まった時点で勝負は見えていた」という自民党の福岡県連幹部の言葉が表すように、福岡県知事選の「当確」は、各テレビ局の開票速報番組

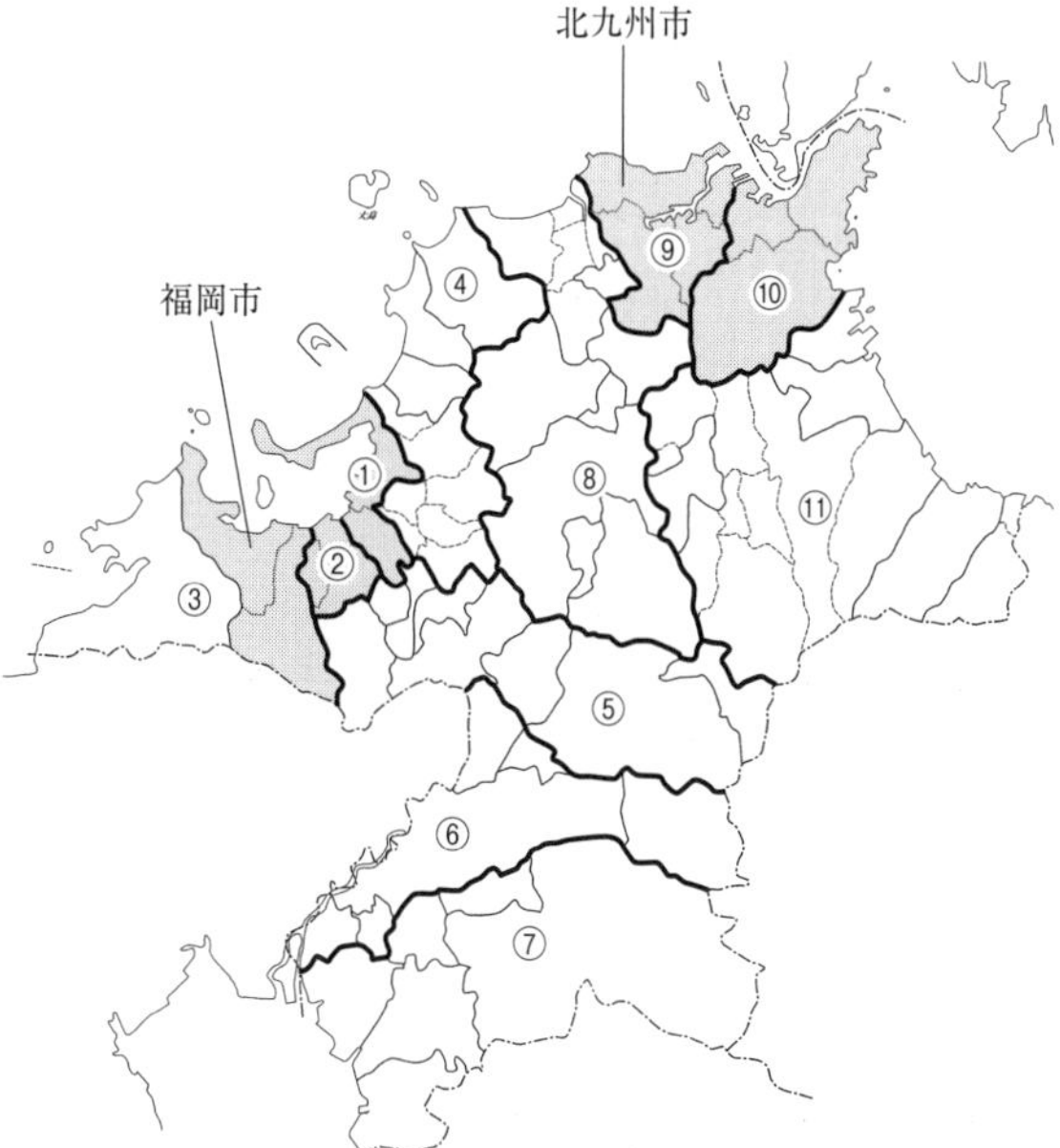

図10-1　衆議院選挙区（福岡県）

表10-1　福岡県知事選挙結果（2011年4月10日執行）

候補者	得票数	党派（推薦・支持）
小川　洋	1,128,853	無所属（支持：民主県連，自民県連，公明，社民，国民新）
田村貴昭	474,445	無所属（推薦：共産）

出所：福岡県庁ウェブサイト http://www.pref.fukuoka.lg.jp/

が始まるとすぐに、画面に映し出された。(2)

しかしながら、今回の福岡県知事選は、福岡県政に新しい風が吹き込まれる機会となり得る選挙であった。なぜなら、一九九五年の初当選以来四期にわたり知事を務めてきた麻生渡が出馬しなかったことにより、実に一六年ぶりの新知事が誕生する知事選となったからである。ところが現実は、麻生県政を基本的に引き継ぐと表明した小川洋に多くの政党が集まり、新たな選択肢が十分に示されない選挙となり、全国的な注目が集まることはなかった。

地元での盛り上がりにも欠けた福岡県知事選

今回の福岡県知事選は、全国的にあまり大きく取り上げられなかっただけでなく、地元の福岡県においても盛り上がりに欠けていた。盛り上がりの欠如は、投票率にも表れている。今回の福岡県知事選の投票率四一・五二%は、それまで過去最低であった一九九五年の四四・四四%を下回る低さであった。この投票率の低さには、東日本大震災による「自粛」ムードが影響していたことは否めない。しかしながら、自粛ムードのインパクトを差し引いても、今回の投票率は、現職知事が立候補せずに新人のみでの選挙戦となったことを踏まえると、相当低かったと捉えられる。なぜなら、現職が立候補する場合、現職の優位が一般に予想され、有権者は投票へ敢えて向かうインセンティブを持ちにくくなる一方で、新人のみでの対決となる選挙戦は有権者の関心を高める可能性が高いからである。(3)

投票率を引き下げた重要な要因の一つとして挙げられるのが、国政での与野党による同一候補の支援、いわゆる「相乗り」である。(4)相乗りと投票率との負の関係についてはこれまでも実証的に確認されてきているが、(5)この関係は今回の福岡県知事選においても見受けられた。表10－1が示すように、国政の与党と野党第一党を含む計五党が小川の支援にまわった。結果として、選挙戦は接戦からは程遠い状況となり、どちらの候補が当選するかは誰の目にも明らかとなった。こうしたなかで有権者は自分の一票の重みを感じることができずに、投票への関心を失ってしまったといえよう。

福岡県知事選の相乗り候補者当選について、メディアの多くは批判的な論説を展開した(6)。具体的には、小川が各政党への配慮から曖昧なヴィジョンしか示さず、結果として政策本位の選挙戦とはならなかったといった評価や、相乗りにより選択肢が限られたことに対する有権者の不満が共産党推薦候補者の得票の増加に繋がったといった解説(7)が見受けられた。

福岡県知事選を分析する意義——構図としての相乗りから、実態としての相乗りへ

全国的にも地元でも高い関心が寄せられることのなかった福岡県知事選を分析することに、どのような意義が存在するのであろうか。本章はその意義を、福岡県知事選での相乗りの実態を把握することに見出す。

相乗りを取り上げた先行研究をみてみると、相乗りを一つの構図として一括りに扱われる傾向がみられる。例えば、相乗りを従属変数として位置づけて、知事選と市長選において相乗りが発生するメカニズムを分析した名取良太の分析では、相乗りを国政での与党と野党第一党が同一の候補者を推薦・支持するケースとして変数化している(8)。他方、石上泰州は、相乗りを投票率に対する独立変数と捉えて、相乗りに関する二つの変数を設定する。一つは国政における与党と主要な野党との相乗りの程度を総合化した変数であり、いま一つは国政での野党第一党が国政与党に相乗りするか、対立候補者を立てるか、そのどちらでもないかに基づく変数である(9)。いずれの分析においても、首長選における相乗りの有無ないし程度を特定の指標に従って分類し、同一のカテゴリーに含まれるケースは同一の構図として扱われる。

そもそも、多党制の下で首長という一議席を争う首長選では、議会選挙における小選挙区制と同様に、各政党が政党連合を模索するのは合理的な行動であるといえる。ところが、日本の首長選での相乗りにおいて注目するべき点は、国政での二大政党を含めた連合という、「特殊な状況でしか起こりにくい『大連合』が、一般的にみられる」ことにある。[10]その意味で、相乗りを一つの構図として一括りにしたうえで多数の事例を扱う分析は、相乗りの一般的特徴の探求に大きな貢献を果たす。

しかしながら、相乗りについての理解を深めるためには、こうしたアグリゲート・データの分析に加えて、各選挙での各地域の特異性に焦点を当てる考察も不可欠である。相乗りという構図はさまざまな地域でみられる。その一方で、構図としては同じ相乗りでも、その実態は地域によって多様であろうことは想像に難くない。それぞれの地域ごと、それぞれの選挙ごとで異なり得る相乗りの実態を明らかにすることは、相乗り型の首長選をいかに評価するかといった問題に関して、重要な知見を提供するであろう。

本章の目的は、福岡県知事選における相乗りの実態を把握することを通じて、相乗りの多様性についての論究に寄与することにある。具体的には、相乗りの構図のなかで中心に位置する「政党」について、二つの側面から考察する。第一に、相乗り候補者の陣営の誕生・運営における政党とその他のアクターの役割に焦点を当てる。相乗り候補者を支援する複数の政党はその陣営のなかでイニシアティブを取る立場にあったのか、もしくは政党以外のアクターが主導的役割を果たしたのかといった問題についての分析を、第3節で行う。第二に、相乗り候補を支援する政党の内部のアクターの間の、相乗りに対する認識の違いを検証する。政党は、政党本部ないし執行部、県連、県議、市町村議等の様々なアクターから構成されている。知事選において政党が特定の候補者に相乗りすることの意味は、それらのアクターによって捉え方が異なるのではなかろうか。もし異なるのであれば、その違いはいかなるものであろうか。その違いが生まれる要因は何であろうか。こうした問題についての論究を第4節で行う。第5節では、知事選や相乗りの一般的な捉え方に対して、第3節と第4節の考察から引き出される示唆を整理する。

相乗り陣営における政党の実態についての考察を行う前に、次節では、民主党と自民党が相乗りすることになるまでのプロセスを概観する。

2　相乗りまでのプロセス

相乗りの模索、そして断念

福岡県知事選の候補者選びのプロセスは、四期目を務めていた現職の麻生知事の「五選不出馬」表明（二〇一〇年一〇月五日）から始まった。麻生知事の不出馬を受けて、福岡県議会の主要四会派（自民党、民主党、公明党、緑友会）[11]が、統一候補者の擁立に向けて協議を始めた。自民党の福岡県議団会長の蔵内勇夫が相乗り確定直前のインタビューで答えたところによると、「（麻生）知事は十六年前に初出馬した時、相乗りの土俵が出来た後に人選があったから、今回もこの形が良いと言」っていることも踏まえ、「中央の政党の論理を地方に押しつけられるのは窮屈だから（自民党は）賛成し」て、相乗り協議が開始された[12]。

しかしながら、この協議は、一一月一八日の四会派代表の会談で早くも困難に直面した[13]。公明党とともに統一候補者の擁立に前向きであった最大会派の自民党は、一一月一四日の福岡市長選での自民党支援候補者の勝利を受けて[14]、独自候補者の擁立という主戦論が党内に高まっていることを報告した。また、民主党も、大学教授二人を軸に県連で選考作業を進めていることを明らかにした。民主党の独自候補者擁立の動きの背景には、多党相乗りを容認しないという岡田克也幹事長の表明（一一月六日）もあった。これら二党の独自候補者擁立の動きにより、会談では相乗りが難しいとの共通認識に至った。

こうした認識が生まれた一方で、このときの会談では、引き続き統一候補者擁立を検討することが確認されていた。しかし、民主党と自民党の主戦論の高まりは収まることはなく、結局、一一月二四日に主要四会派の代表は相乗り協議の打ち切りに合意した。

相乗りの断念について、福岡県の経済界からは、選挙によるしこりを懸念し、「県の発展のためにも、一人にまとめてほしいと今でも思っている」（河部浩幸福岡商工会議所会頭）という声が上がり、[15]その後も相乗りへの要望が出され続けた。[16]公明党は、協議打ち切りとなった直後に「大変、残念。今後の対応は白紙」（森下博司団長）という認識を示し、[17]さらに経済界からの声を受けて、「地域の声に柔軟に耳を傾けるべき」であり、「我々はその（相乗りの）可能性をこれからも探っていきたい」（山口那津男代表）という姿勢を強調した。[18]しかしながら、民主党と自民党は、こうした経済界や他党からの要望にもかかわらず、独自候補者擁立へと向かっていった。

他方、共産党は、二〇一一年一月五日に、元北九州市議の田村貴昭に出馬を要請した。田村はこの要請を受け入れ、一三日に正式に出馬表明を行った。

政争に揺れる自民党

相乗りを選択しなかった自民党と民主党について、まず前者の動きを概観する。自民党の候補者擁立の動きが表面化したのは、一一月二〇日であった。それは、麻生太郎元首相を中心とする自民党の一部が小川の擁立を目指して調整を始めているというものであった。小川は、京都大学卒業後、通産省（現・経産省）に入省し、特許庁長官等を歴任した。その後、二〇〇七年一一月から二〇一〇年八月まで、自民党・民主党の政権（福田・麻生・鳩山・菅内閣）で内閣広報官を務めた。小川は、京大、通産官僚、特許庁長官等の点で麻生知事と同じ経路を辿っているうえに、経済政策にも精通しているとされ、自民党のなかで小川を推す人々の間には、経済界からの支援が期待できる候補者として注目された[19]。

しかしながら、こうした小川を推す動きに対して、自民党県連や県議団のなかには不快感を表す者が少なくなかった。というのも、小川氏擁立に関して、県連も県議団も検討が進められていない状況であった。古賀誠元党幹事長は、知事選については白紙の状況であり、小川には会ったこともないことを強調し、県連幹部もこの動きへの関与を否定し、困惑や反発を示した[20]。

そこで、年が明けた一月二五日、複数の県連幹部が県議団会長の蔵内に、自民党の知事候補選考委員会（一月二一日発足、委員長・武田良太県連会長）への推薦を目指して、出馬を打診した。打診に至るまでには、県政の主導権を握ろうとするベテラン県議が、小川擁立への動きに反発して、蔵内支持に向けた根回しを行っていた[21]。

小川と蔵内は、それぞれ一月二七日と二八日に、自民党県連に推薦願を提出した。小川は麻生元首相からの推薦を得ての立候補であり、仮に自民党から推薦されなかったとしても、「県民党」を掲げて出馬する意向を示した。蔵内は、知事候補選考委員会のメンバーである地方議員の大半と国会議員の一部から支持を獲得し[22]、さらに二九日には古賀誠が蔵内支持を表明した。

これら二名に加えて、一月二八日に谷口博文も自民党県連に推薦願を提出した。谷口は財務省出身の九州大学教授で、後述するが、民主党の擁立候補者の一人として選考過程で残っていた人物である。谷口は、幅広い支持の獲得を目指して、自民党だけでなく、民主党、公明党、緑友会にも推薦を求めた。

小川支持派と蔵内支持派との対立が激しくなり、党内分裂への危惧が強くなるにつれて、谷口への期待が高まっていった[23]。というのも、谷口擁立は小川、蔵内の両陣営の痛み分けとなると同時に、谷口を民主党も支援すれば、経済界からの相乗り候補者擁立の要望にも応えられるからであった。

しかし、自民党県連は、一二月五日、蔵内の擁立を決定した。自民党県議団会長が候補者となることで、民主党等との相乗りは不可能となった。他方、小川は出馬の意向に変わりはないことを明らかにし、また麻生元首相はこの決定に反発し、小川支持の態度を保持した。党内の政争に揺れた自民党が行った蔵内推薦という選択は、保守分裂選挙へと繋がる危険性を伴うものであった。

逆風に揺れる民主党

民主党の候補者選考は、先述したように、岡田幹事長の「多党相乗り容認せず」の態度表明を踏まえて、独自候補者擁立を目指す形で始まった。二〇一〇年一一月三日に開かれた民主党県連の候補者選考委員会第一回会合では、自薦他薦を合わせて合計四名が挙がった。このなかには、小川と谷口が含まれていた。その後、小川を推薦した国会議員が推薦を取り下げる等を経て、一一月下旬には、谷口ら二名の大学教授を軸に検討が進められるようになった。[24]
しかしながら、一二月一一日の第三回選考委員会をもって、具体的な選考作業はほとんど行われなくなった。背景には、二人の候補者の知名度の低さに加えて、民主党に対する全国的な逆風があった。とりわけ一一月の福岡市長選での敗北は、福岡県連に、「首長選では国政の情勢が大きく影響する」（県連幹部）ことを痛感させた。[25]「党に逆風が吹く中、本当に勝とうとするなら二人にこだわらず、新たな人を探す方法もある」（県議）という声も聞かれた一方で、[26]「自民（の候補者選考）がどうなるかによって変わる」とする「後出しじゃんけん」の構えも見受けられた。[27] この「後出しじゃんけん」は、すなわち、統一候補者の擁立を目指すものであった。
民主党の「後出し」は、自民党が小川派と蔵内派で対立し分裂の危険性に直面するなか、谷口が民主党や自民党等に推薦願を提出した後に現れた。谷口から推薦願が出された一月二八日に、民主党福岡県連の吉村敏男幹事長は、「谷口氏を軸に推薦候補を調整していくことになる」と語り[28]、さらに谷口の多党からの支持獲得の行動については「もともと我々が候補者として検討していた人であり、いろんな形があっていい」として、問題ないという態度を示した[29]。すなわち、「もともと我々の選考委で名前が挙がっていた」谷口に、「自民から『相乗られる』なら構わない」(県連)のであり、民主党本部の「相乗り禁止」にも抵触しないということであった[30]。自民党内で分裂回避が模索されるなかでの谷口の存在感の上昇は、まさに民主党の「後出しじゃんけん」の狙い通りともいえる状況であった。

民主党県連には小川からも推薦願が二月二日に出されたが、谷口を軸としていた県連はこれを受理せず預かりとした。このとき、吉村県連幹事長は、「谷口氏ら他に候補がなくなった時点で協議する」と語っている[31]。

谷口に対して民主党県議団は二月四日に、自民党から推薦を得られずに民主党の単独推薦となった場合の対応について面談を行った。谷口は明言を避け、民主党は単独推薦での谷口の出馬の可能性は低いという認識に至った。

そして二月五日、自民党福岡県連は谷口ではなく蔵内を推薦候補者として選んだ。これにより、逆風に苦しむ民主党が採った戦略——相乗りを視野に入れた「後出しじゃんけん」——は、大きな壁にぶつかったのである。

相乗りへ向かう政党

自民党が蔵内の推薦を決定し、谷口が民主党単独推薦での出馬の意思を明らかにしないなかで、民主党は二月六日、谷口を選考の対象から外したうえで、小川を軸に調整を図ることを決めた。小川から民主党に出されていた推薦願は、正式に受理された。

同じく二月六日に、小川は、福岡県の経済団体や連合福岡の幹部や麻生知事等が集まった会合に出席し、出馬の意向を表明した。[32] 八日には、地元経済界が小川支援を決めた一方で、麻生知事も小川を後継指名した。さらに九日、公明党県議団が小川を支援する方針を決めた。

小川への支援が拡大するなかで、麻生元首相が自民党本部に小川支持を通告した。[33] この麻生元首相の行動により、知事選をめぐる自民党の分裂の危険性が極めて高くなった一方で、県議団からは「知事選と同じ日に県議選もあるので、分裂選挙は回避してほしい」という要望が寄せられた。[34] さらに、党本部からも「蔵内氏で勝てるのか」（幹部）という声も上がるようになった。[35] 結果として、このまま蔵内推薦を続けることは極めて厳しい状況となり、ついに県連は二月一〇日、蔵内擁立を断念する方向で検討に入った。この県連の決定は、すなわち、分裂回避に向けて小川を軸に候補者選考を進めることを意味するものであった。

民主党も自民党も候補者選考についての最終的な決定をまだ行っていない二月一一日、小川の支援組織「福岡県の未来をつくる会」が発足し、小川は福岡県知事選への立候補を正式に表明した。支援組織は県内の主要企業の幹部らが中心となって結成された。発足式には、麻生知事が挨拶すると同時に、麻生元首相からも祝電が届いた。[36]

小川の支援組織発足の翌日、民主党県連が小川支援の方針を確認した。また、自民党も含めた相乗りとなる可能性が高くなったことについて、党本部は容認の方向を示した．その背景には二月六日の愛知のトリプル投票（愛知県知事選、名古屋市長選、名古屋市議会解散の賛否を問う住民投票）での惨敗があった。[37] そして一八日、小川支持が決定された。

他方、自民党県連は一七日に蔵内の擁立撤回を明らかにし、二〇日には小川支持が県連の役員会と総務会で正式に決まった。これにより、国政の与党と野党第一党による相乗りが確定した。

その後、三月四日に社民党福岡県連が、七日に国民新党福岡県連が、小川支持を決定した。こうして、民主党、自民党、公明党、社民党、国民新党による多党相乗りが生まれ、相乗り候補者と共産党推薦候補者との一騎打ちの構図が出来上がったのである。

3　相乗りにおける政党とその他のアクター

相乗り陣営における運転者

前節で概観したように、今回の福岡県知事選では、多くの政党が小川陣営を支援するという相乗りのかたちが生まれた。そこで、相乗りを決めたこれらの政党による相乗り候補への支援のあり方に目を向けてみる。複数のアクターが共通の対象に対して同程度の支援を提供するという状況も想像できなくもない。しかし、おそらく一般的には、それらのアクターのうちの特定のアクターが、いわば相乗り陣営の「運転者」として主導することになるであろう。

相乗りが注目されるのは、第1節で言及したように、国政での与党と野党第一党による「大連合」が首長選において生じるからに他ならない。大連合という側面に焦点を当てるならば、民主党と自民党のいずれかが、相乗りの運転者となるという推測ができる。今回の福岡県知事選において民主党は、国政での与党という立場に加えて、自民党よりも早い時期に小川を候補者選考委員会で検討し、小川支援も自民党より早く決定したことを踏まえると、小川陣営のなかで大きな影響力を発揮する可能性があった。他方、県議会で他党を大きく上回る議席数をもつ最大会派の自民党は、選挙戦を支える人材を多くもつ政党であった。さらに、前回の知事選で民主党が麻生知事への対立候補者を立てたなかで、自民党は麻生知事を支援したことからも、麻生知事の後継とされた小川に対しても主体的な支援を行える立場にあったことが推測されよう。

小川の選挙戦略について、知事選と同じ口に県議選を迎える県議候補者との関係に目を向けると、小川は支援を受けた各政党の県議候補者の事務所をくまなく回り、県議候補者陣営との連携を重視したことが指摘されている(38)。しかし、実情は少々異なっていたようである。

民主党の県議候補者陣営の関係者によると、「小川陣営は財界が前面に出ていて、民主党の地方議員等はほとんど関わりがなかった」という(39)。県議候補者は選挙戦のなかで小川支持に言及したり、小川のビラを配布したりはしたが、あくまでも自らの県議選に集中し、民主党として組織的に小川支援を繰り広げてはいなかった。換言すれば、小川支援が政党主導ではなく、地元経済界がリードするものだったということである。

では、相乗り候補者となった小川の陣営と地元の経済界はどのような関係だったのであろうか。小川陣営における経済界の役割が大きかったのであれば、経済界はいかにしてそのような役割を担うに至ったのであろうか。

政党よりも経済界

地元経済界は、前節冒頭で言及したように、各政党の候補者擁立の調整が表面化した当初から候補者の一本化を望んでいた。県議会主要四会派による統一候補者擁立が断念された後も、選挙での対立による選挙後の県政の停滞を不安視し、相乗りへの期待を表明し続けた。

他方で、経済界は、こうした期待を抱きながらも、自らが支援する候補者の決定を、政党による候補者調整が終わるより前に行うことはないということを強調してきた。経済界の一人の言葉を借りれば、経済界としては「統一候補となれば応援したい」一方で、「政党が擁立作業を進めている現状では、経済界から働きかけることはできない」というスタンスに立っていたのである[40]。自民党県連に推薦願を提出した小川、蔵内、谷口の三人について、二〇一一年一月三一日に、県内主要一七企業・団体の幹部ら約二〇人が意見交換を行った後も、松尾新吾・九州経済連合会会長は、「経済界として一つの意見が出せたらいいと思うが、政党に先行することはまずない」と語っていた[41]。

二月五日に自民党県連は蔵内を推薦候補者として決定したのであるが、この決定がなされた後の経済界の行動は注目に値する。自民党からの支援が得られなかった小川がそれでも出馬する意向を表明した後の八日、経済界は小川支援を決めた。一一日には経済界が中心となった小川の支援組織「福岡県の未来をつくる会」が発足した。会長に九州電力会長である松尾・九州経済連合会会長が就いた。発足式には地元有力企業幹部等四〇〇人が出席し、九電工会長や安川電機会長が挨拶を行った。支援組織の発足時点において、民主党は谷口から小川に軸を移して選考作業を進めていた一方で、自民党は蔵内擁立を撤回する方向で検討を行っていた。政党に先駆けて支援組織の立ち上げを経済界が行ったのである。自民党の支持基盤でもある経済界のこうした動きは、自民党が小川支援へ向かうことを強力に促した。

さらに、経済界は、民主党を支えてきた連合福岡にも働きかけていた[42]。小川による統一候補者実現を目指す経済界と、統一候補者擁立を当初から望んでいた連合福岡[43]が足並みを揃えることになったのである。小川支持へと向かう連合福岡の動きは、民主党の候補者選考にも大きく影響することになったのである。

このように、福岡県知事選の相乗り陣営では、支援組織の発足の点からも他のアクターへの働きかけの点からも、経済界が「運転者」の役割を担っていたと捉えることができよう。これほどまでに経済界を候補者擁立へと積極的に関与させた要因は何であろうか。そこには福岡という地域が経験してきた歴史がみえる(44)。

候補者擁立において経済界が政党の先を越すというのは極めて稀であった。実際、自民党県連は、経済界が小川に二〇一〇年一一月の時点で既に接触する等の経済界の積極的な動きを知っていたが、選挙への経済界の自発的な関与の可能性を否定し、最終的に政党の決断に経済界は従うものと認識していた。しかし、その認識は誤っていた．経済界は政党の対立に起因する苦い経験をしてきた。麻生知事が誕生する以前の福岡県では、保革の激しい対立が続き、県政は停滞していた。この状況に再び陥ることを恐れる経済界は、候補者の一本化を強く望んだのである。また、産業界を中心に経済界の多くは麻生知事の県政を高く評価しており、麻生知事と類似の経歴をもつ小川への期待が経済界のなかで高まっていくことになった。すなわち、麻生県政以前の歴史と麻生県政のパフォーマンスが、経済界を相乗り陣営の「運転者」へと突き動かす要因の一つであったといえよう。

政党よりも個人①——麻生元首相

多党が相乗りした小川陣営において主導的な役割を果たしたのは、それらの政党のいずれでもなく、経済界であった。しかし、その一方で、政界が相乗り陣営の「運転」に大した貢献をしなかったというわけではない。むしろ、小川を県知事選の舞台に押し上げたり、小川と経済界とを結び付けたりといった重要な役割を、政界が担ったのである。ただし、その政界におけるアクターは、政党ではなく個人——麻生太郎元首相と麻生渡知事のいわゆる「W麻生」であった。

麻生元首相と麻生知事はそれぞれ、二月一一日の小川支援組織の発足式では、先述のように、祝電を送ったり、挨拶を行ったりした。また、当選が確実となったときも、小川の事務所に二人とも現れて、小川を祝福した。とりわけ小川とともに麻生知事が当選を喜ぶ姿は、知事選翌日の四月一一日の新聞各紙に掲載された[45]。

では、W麻生は小川陣営にいかなる貢献を果たしたのであろうか。まず、麻生元首相に焦点を当てると、三点指摘することができる。第一に、小川を候補者選考の表舞台に引き上げたという麻生元首相の貢献である。二〇一〇年一〇月五日の麻生知事の五期目不出馬の表明以降、自民党は他の党とともに統一候補者擁立を模索していたにもかかわらず、一一月に入って麻生元首相が中心となって小川擁立の動きが表面化した。この動きに麻生元首相に近い麻生知事も呼応し、麻生知事による小川支援拡大のための働きかけが展開されるようになった[46]。麻生元首相が小川擁立に向けて動いていなかったら、知事選の展開は全く異なるものになっていたに違いない。

第二に、二月五日の自民党県連の蔵内擁立の決定を受けても、麻生元首相が小川支持の態度を変えなかったことも、相乗り陣営が動き出すことに大きく寄与したといえよう。蔵内擁立を決めた知事候補選考委員会が閉会した後、麻生元首相は「決定を尊重する」とは言いながらも、「小川氏がいいと思う」と小川支持への執着をみせ、「選考委通りになるかは分からない」と述べた[47]。その後、麻生元首相は自民党本部に小川支持を通告した。こうした麻生元首相の態度や行動により、分裂選挙の危険性が高まり、とりわけ県議団から県議選へのネガティブな影響が懸念された。最終的に自民党内に分裂選挙回避の重要性が共有されるに至り、蔵内擁立の撤回と小川支援が決定された。

第三に、国政や県政における麻生元首相の影響力の大きさが挙げられる。知事候補選考委員会で蔵内擁立を全会一致で決めたにもかかわらず、それを県連が撤回したことに対して、蔵内を支持する県議等からは強い反発が生まれた[48]。その一方で、蔵内は候補者内定の取り下げについて理解を示した。こうした蔵内の姿勢の背景には、分裂選挙によって県議選の自民党候補者が苦労することへの配慮に加えて、麻生元首相を敵に回すことが県政全体に及ぼす悪影響に対する懸念もあった[49]。また、蔵内を支持してきた古賀誠から「麻生太郎と対立したくない」と言われたことも、蔵内の擁立撤回への理解を促した[50]。すなわち、麻生元首相と対立する分裂選挙のインパクトが県政や自民党国会議員にも及ぶことも踏まえた蔵内の態度表明だったのである。

政党よりも個人②――麻生知事

次に、麻生知事の小川陣営に対する貢献に目を向ける。麻生知事は当初、政党が候補者選考を進めている過程では、特定の個人を挙げて自らの態度を表明することは控えると述べていた[51]。そして、自民党が蔵内擁立を決定し、民主党が小川を軸に調整を進めることになった後の二月八日、麻生知事は小川を後継指名した。これは、政党の候補者選考が確定した後、もしくは方向性がみえてきた時点での態度表明であった。先述したように、麻生知事は経済界等から高く評価されていたため、麻生知事の後継指名は多くの団体の選挙支援に影響を与え得るものであった。しかし、実際には、この後継指名よりも前から、麻生知事は小川支持の拡大に向けて様々な働きかけ等を行ってきた。

まず、二〇一〇年一二月という早い時期から、麻生知事は小川を経済界に接触させていた[52]。その後、二月に入り自民党の候補者選考に漏れた小川は、出馬の意思を主要企業の幹部らに表明し、経済界からの選挙支援を得ることになった。その意味で、麻生知事による小川と経済界との関係構築は、経済界主導の小川陣営の礎を成すものであったといえよう。

また、麻生知事は連合福岡にも働きかけを行った。連合福岡の加盟組織の一部は前回（二〇〇七年）の知事選で麻生知事への対立候補を支援したため、麻生知事とそれらの組織との関係は必ずしも良好ではなかった。そうした状況のなかで、小川支援の拡大を目指す麻生知事は、二〇一一年一月にそれらの組織を訪問した。関係者は「関係修復のためのあいさつだった」と受け取った[53]。麻生知事による経済界への接触と、麻生知事と経済界による連合福岡への働きかけは、経済界と連合福岡からの支援という強力な後ろ盾を小川に与え、それが各政党の小川支援を促した。

さらに、小川の支援組織への創価学会の参加に大きく貢献したのも麻生知事だと言われている[54]。また、創価学会を重要な支援組織とする公明党の県議団は、麻生知事の後継指名の翌日に、小川支持を明らかにした。この決定にあたっては、麻生知事の小川支持が「重要な判断材料になった」(森下博司団長)という[55]。公明党が小川支援に踏み切ったことは、蔵内擁立を決めていた自民党に大きな打撃を与えた。公明党と異なる候補者を支援することは、県議選にとっても大きな意味を持つからであった。県議選に臨む自民党候補者のなかには公明票が当選に欠かせない人が少なくなく、このことは蔵内の出馬断念の重要な要因の一つとなった[56]。麻生知事の行動のインパクトは、創価学会と小川陣営と結び付けることを通じて、自民党の相乗りの決定にまで及んだのである。

相乗りの構図と実態——政党以外のアクターの多様性

首長選において「相乗りする」という動詞の主語は政党である。その意味で、相乗りについての検討では、政党に焦点が向けられる傾向が強い。しかし、本節で明らかにされたことは、相乗りの構図における主体である政党が、相乗り陣営のなかで主導的な役割を果たすとはかぎらないということである。

福岡県知事選では、相乗り陣営を主導したアクターは政党よりも経済界であった。経済界が相乗りの「運転者」としての役割を担った背景には、福岡県特有の歴史や経験があった。また、相乗りの誕生に重要な貢献を果たしたのは、政党ではなく、個人の政治家であった。麻生元首相と麻生知事による積極的な行動と、彼らの多様なアクターへの大きな影響力が、相乗り陣営の土台を築いたといえよう。

4　相乗りにおける政党と政党内部のアクター

相乗り陣営における同乗者

相乗りは、本来別々に乗るべき複数のアクターが同じ乗り物に同乗することを意味する。首長選での相乗りにおいて同乗するアクターとは、政党である。各政党の相乗りの選択には、前節までの考察から示唆されるように、政党それぞれによって異なる背景や思惑が存在するであろう。当初から相乗りを望む政党もあれば、一貫して相乗りを選択肢に含めない政党もあり、さらには独自候補者擁立を目指していた政党が途中で相乗りに乗り換える場合もある。相乗りの同乗者である政党の間には、相乗りに対する認識等の多様性ないし相違があるといえよう。

では、政党の内部には、そうした多様性ないし相違は存在するのであろうか。この点に関してしばしば指摘されるのが、党本部と県連等の地方組織との対立である。辻陽によれば、[57]近年は政党の地方組織が、政党本部の意向とは別に、独自の応援態勢を築く知事選が多くなってきている。[58]この分析結果は、政党内部にも多様性が存在することを示唆する。

首長選における相乗りと政党の地方組織との関係については、一般的に、知事選における都道府県議と市町村長選における市町村議に焦点が向けられている。例えば名取は、予算提案権、再議権、議会の解散権といった知事や市町村長の強力な権限の存在が、都道府県議や市町村議にとって、それぞれ知事選や市町村長選で勝ち馬に乗るインセンティブとなると推論し、知事や市町村長がもつ歳入等に関するリソースが大きければ相乗りが生まれ易くなるという仮説を設定し、相乗りの発生メカニズムを分析する。[59]

しかしながら、知事選や市町村長選において選挙支援を担い得るのは、それぞれ都道府県議や市町村議に限られない。むしろ、選挙で選出されるポストとは異なるレベルの政府に属する議員やその候補者が、そのポストの選挙戦において重要な戦力となり得る。例えば、二〇〇九年八月の衆院選と二〇一〇年七月の参院選に関して福岡県に焦点を当てた分析では、それぞれ民主党候補者の当選と自民党候補者のトップ当選に対して、各党に所属する地方議員が大きな貢献を果たしたことが明らかにされている[60]。また、県議選においても、その県のなかの市町村議が、所属する政党の候補者を積極的に支援することの重要性が、県議選の陣営へのインタビューからも確認されている[61]。

では、知事選において政党が支援する候補者陣営のなかで、その政党に所属する市町村議はどのような働きを行うのであろうか。衆院選、参院選、県議選と同様の積極的な役割を担うのであろうか。市町村議の働きは、相乗り型知事選ではどのように変わり得るのであろうか。本節は、こうした問題認識から、今回の福岡県知事選を考察する。特に、知事選や相乗りを市町村議はどのように捉えるのかに焦点を当てる、本節の狙いは、相乗り陣営に同乗する政党の内部に照射することによって、相乗りの実態についての理解を深めることにある。市町村議の認識を引き出すにあたって、本節は、北九州市議へのインタビューを主に活用する[62]。

北九州市議にとっての知事選と相乗り

知事選と地方議員との関係に関して一般的に注目されるのは、先述したように、都道府県議の認識や行動である。都道府県議と知事との良好な関係は、都道府県議が自らの望む政策を推進するうえで重要である。こうした認識は、今回の福岡県知事選において、例えば自民党県議の動きにも表れた。自民党県議は、麻生元首相の支持を受けた小川に対抗して、自分たちの仲間である県議団長の蔵内を自民党候補者として推した一方で、蔵内を自民党推薦候補者とした決定がなされた後、蔵内と小川との全面対決の可能性が高まってくると、知事選の当選者との関係を悪化させることを避けるために、自民党推薦候補者の再考を促した。いわば、福岡県議にとって福岡県知事選は、高い関心を寄せる選挙の一つであり、ときに他党との相乗りを望むことにもなるのである。

他方、筆者が取材した複数の北九州市議は、福岡県知事選に対して異なる認識を示している。衆院選、参院選、県議選では、市議が所属する政党の候補者の当選に向けて奔走する一方で、知事選には関わろうとするインセンティブが低いと述べる。知事選における北九州市議のこうした態度は知事選が相乗り型となると更に強くなり、北九州市議の一人は、「今回の知事選が相乗りではなく民主と自民とのガチンコ勝負であったら、自分たちも知事選にもっと目を向けて、もっと積極的に関与した」と語っている。知事選が相乗り型となった今回の地方選で、市議たちは県議選での候補者支援に大きな力を注いだのであった。

北九州市議が知事選をあまり重視しない背景の一つに、選挙日程を挙げることができるかもしれない。次の北九州市議選が行われるのは二〇一三年であり、今回の知事選から二年も先となる。これは知事選と日程が重なる県議選と異なり、知事選の結果が北九州市議の再選を大きく左右する可能性は低くなる。しかし、北九州市議の一人は、選挙日程と自らの知事選に対する認識との関係を否定する。「北九州市議選が知事選に時期的に近かったとしても、知事選はあまり気にせずに、自らの選挙戦に専心する」という姿勢を示し、これは知事選が相乗り型であれば一層顕著になると述べている。

北九州市議が知事選への関与のインセンティブを強く持たないのは何故であろうか。相乗り型知事選では、このインセンティブが更に低くなるのは何故であろうか。

北九州市議にとっての市と県

知事選をめぐる北九州市議のこうした消極的な姿勢は、北九州市に関わる自治制度に起因するところが大きい。すなわち、指定都市制度である。北九州市は、地方自治法の「大都市に関する特例」で規定される指定都市（以下、政令市）の一つである。政令市に関する特例は、「大都市行政の合理的、能率的な執行と市民の福祉向上を図る」ことを狙いとし[63]、それは事務配分、関与、行政組織、財政の四つに整理される。本節では、事務配分の特例と関与の特例に注目する。

まず事務配分の特例として、児童福祉、都市計画、道路といった「市民生活に直結した事務[64]」の多くが都道府県から政令市に移譲される。政令市の区域においても都道府県が処理する事務は存在するが、それらはごく一部に限られる（例えば社会基盤、教育、治安・安全・防災に関する事務）。次に、関与の特例に目を向けると、「大都市としての自主的、一元的な行政執行を図る[65]」ために、政令市が事務を処理するにあたって、一般の市で必要とされる都道府県の承認、許可、認可等の関与の必要をなくし、または知事の関与に代えて直接国の各大臣の関与を要することが定められている。例えば、地方債の協議または起債の方法、利率もしくは償還方法の変更の協議については、知事の関与に代えて各大臣の関与となる。

これらの特例は、政令市で活動する市議のなかでの知事の存在が小さくなることに繋がる。この点については、「知事の党派等の違いは、北九州市での自分たちの活動にはあまり意味はない」と複数の北九州市議も指摘しており[66]、そのうえで、北九州市議にとって最も重要な存在は市長であり、その後に衆議院議員、県議、参議院議員が続くと述べている。国会議員との関係を重視する認識からは、政令市である北九州市では国と直接的に関わることが多いことが引き出され、また県が関わる事務等においては、市議と同じ政党に所属する県議との協力が効果的であることが含意される[67]。

さらに、北九州市が政令市として多くの事務を自主的に行うことは、北九州市民の認識にも影響を及ぼす。市民の生活に関わる事務の多くを北九州市が処理するため、市民からは県や知事がみえにくくなる[68]。こうした市民の認識は、市議が市民に対して実績をアピールするうえで重要な意味をもつ。例えば、市議選では文化、スポーツ、都市計画等は市民の関心が集まり易い領域であり、そこでは市が前面に出てくる、したがって、市議選での当選を目指して、これらの領域での実績をあげようとする市議は、県や知事をさほど重視する必要はないのである。

このように、北九州市議にとっての知事の存在は、自らの活動を行う点からも、市民に実績をアピールする点からも、決して大きなものではない。結果として市議には、知事選に積極的に関わるインセンティブが低くなるといえよう。こうした傾向は、相乗り型知事選ではより顕著になるであろう。もし所属政党と他の政党との対決であれば、市議は政党本部や県連からの統制を受けることや、また他党との対立軸をめぐる理念上の戦いとして自ら積極的に関わることが予想される。また、対決型の知事選には市民の関心も少なからず高くなり、知事選の結果が市議選にも影響するかもしれない。その可能性を考慮して、市議は自らの再選のためにも知事選を重視することにもなろう。

相乗りの構図と実態――政党内部のアクターの多様性

首長選における「相乗り」の主体は政党である。相乗り陣営には複数の政党が「同乗」している。こうした相乗りの構図では、各政党はそれぞれ単一のアクターとして一般には扱われがちである一方で、政党を党本部、県連、国会議員、地方議員等の複数のアクター構成されるものとして捉える分析もある。

本節の北九州市議の考察は、政党内部の地方議員のなかにも多様性が存在することを強調する。政党に所属する地方議員は、その地域で行われる様々な選挙において、自分たちの政党の候補者を支援する重要な戦力である。しかしながら、知事選に関しては、地方議員の注目の程度に違いが見受けられる。県議には知事選に注目するインセンティブがある。県議の活動に対する知事の影響力は大きく、誰が知事となるかは県議にとって重要な問題である。また、知事選と同日に県議選が行われるため、県議は知事選が県議選に及ぼす影響を懸念する。こうして多くの政党の県議は、知事との良好な関係を築くために、ときに相乗りを積極的に望む。それに対して、政令市で活動する北九州市議には、知事の存在はあまり大きくなく、結果として、知事選に関わるインセンティブは低い。こうした北九州市議の認識は、知事選が相乗り型であるとき、さらに強くなる。

他方、小さな規模の市町村では知事の影響力は大きいため、そうした地域では市町村議は県議と同様に知事選を重視するであろうことが、本節の考察から導出される。したがって、県内においても、市町村と県との関係の違いにより、知事選や相乗りに対する市町村議の認識は地域によって大きく異なるのである(69)。

5　相乗りの実態の多様性——地域と制度

本章は、相乗り型となった二〇一一年四月の福岡県知事選を取り上げて、与党と野党第一党の相乗りという構図に着目するだけでは見えてこない実態を確認した。最終節では、構図として相乗りを捉える議論に対して、本章の考察から引き出される示唆を整理する。

第一に、相乗りの構図では与党と野党第一党の存在が強調されるが、福岡県知事選では、これらの政党は相乗り陣営における中心的役割を担う存在ではなかった。むしろ、県内の経済界やW麻生という個人が相乗り陣営の運転者であった。このような政党主導とは言い難い相乗り陣営が誕生した背景には、まず、福岡県政の歴史や、そこでの経済界の経験が挙げられる。また、県内での自民党内部で抗争が繰り広げられたり、現職知事や元首相が強い影響力を行使したりといった、国政とは異なるダイナミクスが見られた。

これらの歴史、経験、ダイナミクスは福岡県という地域に特異なファクターであり、相乗りの構図として他の地域と一つに括られるかぎり見出し難いといえよう。換言すれば、相乗りという構図は全国の至るところで見受けられる一方で、その実態はそれぞれの地域の特異性によって多様なものとなり得るのである。

第二に、相乗り陣営に同乗する各政党は、相乗りの構図のなかでは単一のアクターとして描かれる傾向がある。しかし、各政党はむしろ多様なアクターから構成される存在である。その多様性は、政党の本部、県連、地方議員から成るという意味に止まらない。知事選や相乗りに対する認識は、同じ政党に所属する市町村議のあいだでも、県内の地域ごとに異なり得るのである。この多様性に寄与する要因の一つとして本章が注目したのが、指定都市制度である。指定都市制度は政令市の市議を他の市町村の議会議員から、知事の存在や重要性の点で違わせることになり、その結果、それぞれの市町村議によって知事選や相乗りに対する認識や行動も多様となる。

ある制度が適用される地域と適用されない地域があるかぎり、それぞれの地域で活動するアクターの行動には違いが生まれる。各都道府県を構成する地域とその制度との関係によって、相乗りの実態は、構図としては同じであっても、変わり得る。すなわち、相乗りの実態の多様性は、アクターを取り巻く制度的制約によっても高められるのである。

このように、地域的特異性と制度的制約が相乗りの実態に大きな影響を及ぼすファクターであることが、今回の福岡県知事選の事例から導き出される。これらのファクターがいかに機能するのかについて、地域的にそして時間的に多くの事例を対象とする実証的な分析を積み上げていくことが、相乗りの実態の多様性、より一般的には知事選の実態の多様性の解明に欠かせない。

註

（1）高橋進「二〇一一年四月統一地方選挙の結果と議会改革の一考察——滋賀県を中心に——地方自治・地方議会の危機とポピュリズム政治の拡大の中で」『龍谷法学』第四四巻第二号、二〇一一年九月、三八九頁。

（2）『西日本新聞』二〇一一年四月一一日。

（3）伊藤誠は、一九四七年四月五日の都道府県知事の公選開始から二〇一〇年一〇月三一日の福島県知事選までの全ての都道府県知事選のデータを用いて、投票率の高低を左右する要因の解明を行っている。この分析のなかで、現職知事の立候補が投票率を低くするプロセスが明らかにされている。伊藤誠「都道府県知事選挙における投票率の長期低落傾向の分析」『政策科学』第一八巻第二号、二〇一一年二月、一一～二〇頁。

（4）「相乗り」の定義については、名取良太が整理している。名取良太「「相乗り」の発生メカニズム」『情報研究』第三一号、二〇〇九年七月、六七～八六頁。名取は相乗りを、「国政レベルの与党と野党第一党が、地方の首長選挙において同一候補者を公認・推薦・支持する現象」と定義する。本章が扱う二〇一一年の福岡県知事選では、民主党も自民党も小川への支援は県連レベルにとどまっていた。しかし、両党とも党本部が小川への相乗りに対して積極的な反対の態度を示していない点を踏まえて、本章では小川を「相乗り」候補者として捉える。

（5）例えば、石上泰州「知事選挙の投票率——「選挙の舞台装置」を中心に」『選挙研究』第二一号、二〇〇六年、一二五～一三六頁。石上は都道府県知事選では、国政与党に相乗りする政党が多くなると、もしくは国政野党第一党が国政与党に相乗りすると、投票率が低くなることを実証的に確認している。特に後者の影響のほうが、前者の影響よりも若干大きいとする分析結果が導出されている。

（6）例えば、『読売新聞』『日本経済新聞』『毎日新聞』『西日本新聞』（いずれも二〇一一年四月一一日）。

（7）『毎日新聞』（二〇一一年四月一一日）は、次の二つのデータに基づいて、相乗り候補者である小川に対する信任度が高くなかったことを引き出している。第一に、一九九五年から二〇〇七年までの福岡県知事選では、共産党が支援した候補者の得票率は一〇％に満たなかったのに対して、今回の共産党推薦候補者は三〇％以上の票を獲得している。第二に、今回の福岡県知事選の出口調査によると、民主党や自民党の支持者の一部や、前回の知事選で麻生知事に投票した有権者の一部が、今回共産党推薦候補者に投票している。

（8）名取、前掲論文。

（9）石上、前掲論文。

（10）名取、前掲論文、七〇頁。

（11）福岡県農政連所属の議員らによってつくられている会派である。

（12）『朝日新聞』二〇一一年二月二〇日。

（13）『読売新聞』二〇一〇年一一月一九日。

（14）二〇一一年一一月一四日の福岡市長選では、自民党と公明党が支援した新人候補者が、民主党等が推薦した現職候補者を破った。しかも、当選を果たした候補者が名乗りを挙げたのが告示の僅か二カ月前であったことが、自民党に自信を、民主党には痛手を与えた。

（15）『読売新聞』二〇一〇年一一月二五日。

（16）『毎日新聞』二〇一〇年一二月六日。

（17）『読売新聞』二〇一〇年一一月二五日。

（18）『読売新聞』二〇一〇年一二月一三日（夕刊）。

（19）『読売新聞』二〇一〇年一一月二〇日（夕刊）、『毎日新聞』二〇一〇年一一月二〇日（夕刊）。

（20）『毎日新聞』二〇一〇年一一月二一日。

（21）『朝日新聞』二〇一一年一月二六日

（22）『毎日新聞』二〇一一年一月二七日。知事候補選考委員会は二〇人から構成されており、その内訳は国会議員六人、県議一一人、政令市議（福岡、北九州）三人となっている。

(23)『朝日新聞』二〇一一年一月二九日、『毎日新聞』二〇一一年一月二九日。
(24)『毎日新聞』二〇一〇年一一月二〇日（夕刊）、『毎日新聞』二〇一一年二月一二日（夕刊）。
(25)『読売新聞』二〇一〇年一二月一一日（夕刊）。
(26)『読売新聞』二〇一〇年一二月一二日。
(27)『毎日新聞』二〇一一年二月一二日。
(28)『毎日新聞』二〇一一年一月二八日（夕刊）。
(29)『読売新聞』二〇一一年一月二九日。
(30)『毎日新聞』二〇一一年二月一二日。
(31)『朝日新聞』二〇一一年二月三日。
(32)『日本経済新聞』二〇一一年二月七日（夕刊）。
(33)『毎日新聞』二〇一一年二月一〇日。
(34)『読売新聞』二〇一一年二月一一日。
(35)『毎日新聞』二〇一一年二月一〇日（夕刊）。
(36)『読売新聞』二〇一一年二月一二日、『日本経済新聞』二〇一一年二月一二日。
(37)『読売新聞』二〇一一年二月一二日（夕刊）。
(38)『読売新聞』二〇一一年四月一一日、『毎日新聞』二〇一一年四月一一日。
(39)北九州市議への筆者のインタビュー（二〇一一年一二月二六日）。
(40)『毎日新聞』二〇一一年一月一日。
(41)『毎日新聞』二〇一一年一月三一日（夕刊）。
(42)『読売新聞』二〇一一年二月一三日。
(43)連合福岡の幹部のなかには、「内閣支持率が低迷しており、民主対自民に分かれて知事選を戦うと、民主惨敗の恐れがある」という懸念が見受けられた。『毎日新聞』二〇一一年一月一日。
(44)福岡県の歴史やそれに対する経済界の認識等は、『毎日新聞』二〇一一年二月一三日の記事に基づいている。

(45)『読売新聞』『朝日新聞』『毎日新聞』『日本経済新聞』『西日本新聞』『読売新聞』では小川の横で麻生知事が万歳する写真が、その他の四紙では麻生知事から花束を受け取る小川の写真が大きく掲載された。
(46)『朝日新聞』二〇一一年二月一二日。
(47)『朝日新聞』二〇一一年二月六日。
(48)『読売新聞』二〇一一年一月一七日（夕刊）。
(49)『朝日新聞』二〇一一年二月二〇日。
(50)『朝日新聞』二〇一一年二月一九日。
(51)『毎日新聞』二〇一一年一月三一日。
(52)『読売新聞』二〇一一年二月九日。
(53)『読売新聞』二〇一一年二月一三日。
(54)『読売新聞』二〇一一年二月九日。
(55)『読売新聞』二〇一一年二月九日（夕刊）。
(56)『朝日新聞』二〇一一年二月一二日。
(57)辻陽「日本の知事選挙に見る政党の中央地方関係」『選挙研究』第二六巻第一号、二〇一〇年六月、三八～五二頁。
(58)その一方で、計量分析における相乗りの操作化は、党本部の支援が重視される傾向が見受けられる。名取は、政党の本部と地方組織が異なる支援体制を取った場合は、政党の推薦候補者はいないと捉える一方で、石上は党本部による公認・推薦・支持が表明されたケースのみを分析対象とする。名取前掲論文、七三頁、石上、前掲論文、一三五頁。
(59)名取、前掲論文。
(60)松田憲忠「政権交代への期待と躊躇――福岡一〇区」白鳥浩編著『政権交代選挙の政治学』ミネルヴァ書房、二〇一〇年、一五九～一八五頁。松田憲忠「二人区は「攻め」の選挙区か、「守り」の選挙区か――福岡県選挙区」白鳥浩編著『衆参ねじれ選挙の政治学』ミネルヴァ書房、二〇一一年、二一四～二三八頁。衆院選での政党公認候補者陣営における各党の地方議員の重要性は、長崎県を分析対象とした阿部・高木も指摘している。阿部康久・高木彰彦「選挙制度の変更に伴う国会議員の対応と政治組織の空間的変化――長崎県を事例にして」『地理学評論』第七八巻第四号、二〇〇五年四月、二二八～二四二頁。

(61)　北九州市議への筆者のインタビュー（二〇一一年一二月二六日）。

(62)　北九州市議への筆者のインタビュー（二〇一一年一二月二六日、二〇一二年五月一〇日）。

(63)　総務省「指定都市制度の概要」(http://www.soumu.go.jp/main_content/000153149.pdf)、二〇一二年四月二五日最終閲覧。

(64)　本田弘『大都市制度論――地方分権と政令指定都市』北樹出版、一九九五年、七九頁。

(65)　総務省、前掲資料。

(66)　同様の認識は北九州市職員にも見受けられる。北九州市職員への筆者のインタビュー（二〇一二年四月八日）では、「政令市で事務を処理するにあたって、知事の存在を感じることは殆どない」と述べている。筆者がインタビューした職員とは異なる部署で職に就く職員も、同様の指摘を行っている（森裕亮氏（北九州市立大学法学部准教授）から口頭で教授をいただいた（二〇一二年三月一四日、二三日、四月二日））。

(67)　インタビューに答えた北九州市議は、ここで示された重要な存在の順位は状況によって変わり得ることを指摘する。第一に、北九州市議が活動する地域が含まれる小選挙区（北九州市の場合、福岡九区と一〇区）から、同じ政党に所属する衆議院議員が選ばれなかった場合、国との唯一のパイプ役となる参議院議員が、市長に次ぐ重要な存在となる。第二に、福岡県選挙区から選出された参議院議員や参議院比例区で当選した福岡県連所属の参議院議員が大臣等の重要な役職に就いている状況では、政策や事業の内容によっては、参議院議員のほうが衆議院議員より重視されることがある。

(68)　政令市の市民のなかで県のプレゼンスが小さいことは、福岡県職員からも指摘されている。福岡県職員の認識については、森裕亮氏から口頭で教授をいただいた（二〇一二年三月一四日、二三日、四月二日）。

(69)　指定都市制度への着目は、首長選全般の理解にも繋がり得る。知事選と市町村長選は「首長選」としてしばしば同一のカテゴリーに位置づけられて分析される。しかし、指定都市制度の存在によって、政令市における知事選と市長選の意味に大きな違いが生まれると同時に、政令市での市長選とその他の地域での市町村長選とでは異なるダイナミクスが繰り広げられる可能性が指摘できよう。こうした違いについての論究によって、知事選や市町村長選の共通点や相違点を引き出すことに寄与することが期待できる。

参考文献

阿部康久・高木彰彦「選挙制度の変更に伴う国会議員の対応と政治組織の空間的変化――長崎県を事例にして」『地理学評論』第七八巻第四号、二〇〇五年四月。

伊藤誠「都道府県知事選挙における投票率の長期低落傾向の分析」『政策科学』第一八巻第二号、二〇一一年二月。

石上泰州「知事選挙の投票率――「選挙の舞台装置」を中心に」『選挙研究』第二一号、二〇〇六年。

高橋進「二〇一一年四月統一地方選挙の結果と議会改革の一考察――滋賀県を中心に―地方自治・地方議会の危機とポピュリズム政治の拡大の中で」『龍谷法学』第四四巻第二号、二〇一一年九月。

辻陽「日本の知事選挙に見る政党の中央地方関係」『選挙研究』第二六巻第一号、二〇一〇年六月。

名取良太「「相乗り」の発生メカニズム」『情報研究』第三一号、二〇〇九年七月。

本田弘『大都市制度論――地方分権と政令指定都市』北樹出版、一九九五年。

松田憲忠「政権交代への期待と躊躇――福岡一〇区」白鳥浩編著『政権交代選挙の政治学――地方から変わる日本政治』ミネルヴァ書房、二〇一〇年。

松田憲忠「二人区は「攻め」の選挙区か、「守り」の選挙区か――福岡県選挙区」白鳥浩編著『衆参ねじれ選挙の政治学――政権交代下の二〇一〇年参院選』ミネルヴァ書房、二〇一一年。

［謝辞］本章の執筆にあたりましては、北九州市議会議員のX氏とY氏、北九州市職員のZ氏から多大なお力添えを賜りました。北九州市立大学法学部の森裕亮先生からは、県と政令市との関係等に関わる貴重な情報を

ご提供いただきました。資料の収集・整理等については、北九州市立大学大学院法学研究科修士課程の永野理絵さんに協力していただきました。記して深くお礼申し上げます。なお、本章の不備と誤りは全て筆者の責任に帰すものであります。

第11章　候補者擁立ができない民主党

――沖縄県知事選――

照屋寛之

1　外交・防衛政策を問う県知事選

民主党政権での知事選

沖縄県は戦後、アメリカの統治下に置かれ、主席公選を勝ち取るまで、主席は米民政府によって任命され、沖縄住民が選挙で選ぶことはできなかった。沖縄県知事選は、自治権拡大闘争の末に実現した一九六八年の主席公選以来[1]、「基地問題」と「経済振興策」などを争点に保守・革新の両陣営が総力戦を展開してきた[2]。これまでの知事選に対して、「基地プラス経済対脱基地プラス平和主義――という不毛な二項対立の構図で県知事選が論じられてきた。それを乗り越えることが必要で、いよいよ今度の知事選がその分水嶺となるかどうかの意味がある[3]」との指摘もあった。これまでの復帰後一〇回の勝敗は、保守六勝、革新四勝という結果であった。一九七二年に沖縄は祖国復帰し、その年の六月二五日に第一回県知事選が行われた。以後一〇回までの選挙はいずれも自民党政権（連立政権も含めて）下で行われた。

今回の選挙は、政権交代後初めての知事選となり、自民党が政権の座から降りて初めての選挙でもある。しかし、政権党の民主党は知事選で候補者を擁立できず自主投票とし、二〇一〇年の参院選沖縄選挙区に続き再度不戦敗という不名誉な記録を更新することになった。選挙戦が本格化する前の大きな争

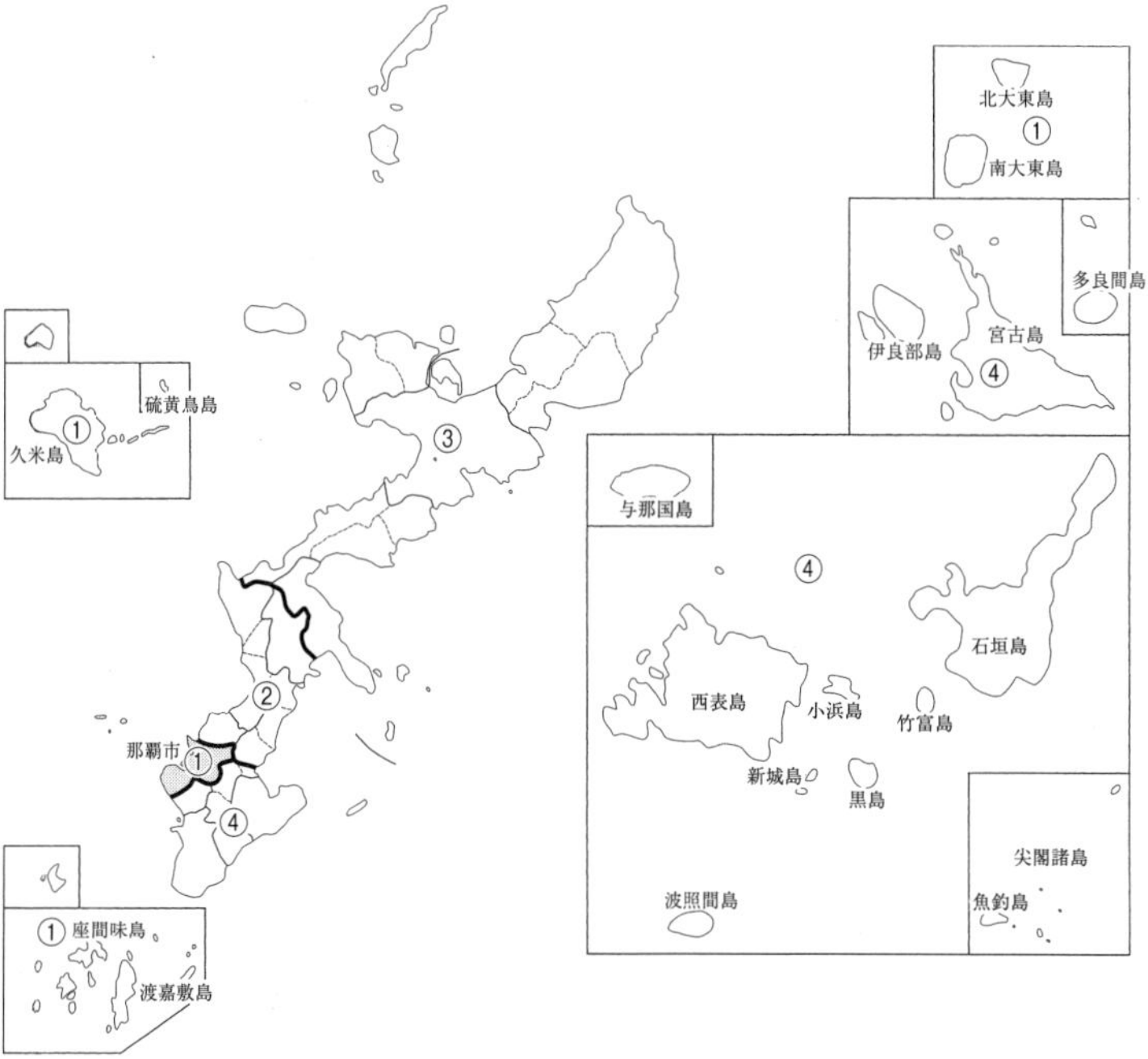

図11-1　衆議院小選挙区（沖縄県）

点はやはり基地問題、経済振興策であったが、直前になって仲井眞弘多が普天間飛行場の「県外移設を訴えた」ので、基地問題は争点化しなかったが、有権者の関心は高かった。

安保体制への影響

沖縄県には相変わらず在日米軍専用施設の七四％が配備されており、選挙の度に基地の整理縮小・撤去が争点になってきた。基地の撤去を訴える候補者が当選するか、あるいは国の外交・防衛政策に理解を示す候補者が当選するかは、その後のわが国の外交・防衛政策に大きな影響を与えることは必至であり、政府にとって沖縄県知事選は関心を示さざるをえない。(4)ちなみに仲井眞は、日米安保条約を堅持し、四年前の知事選では普天間飛行場の県内移設を条件付きで容認していたが、選挙では「県内移設は事実上不可能」とし、県外移設を訴えた。一方の伊波洋一は日米安保条約の平和友好条約への切り替えと、国外移設を主張した。そのため、日米安保に関する県民の判断も問われる選挙であった。(5)ここに沖縄県知事選の特異性があると言える。特に、今回の選挙の行方は民主党政権、さらには日米関係にも影響するだけに内外の注目を集めた知事選となった。(6)どちらが当選するにしても日米両政府が普天間飛行場の移設問題で再考を求められることは避けられず、沖縄社会を揺らし続けた移設問題の転機となる選挙でもあった。

県知事選に立候補したのは、無所属現職の仲井眞弘多(72)（自民県連、公明、みんなの党推薦）、無所属新人で前宜野湾市長の伊波洋一(58)（社民、共産、社大推薦、国民新県連、新党日本、政党そうぞう支持）。(7)無所属新人で幸福実現党の金城竜郎(46)（幸福実現党公認）の三人であった。金城はこれまで二〇〇九年衆院選、二〇一〇年参院選にも立候補しているが、それぞれ一六一三票、一万八三三二票しか得票できなかったので実質的には泡沫候補であった。したがって知事選は仲井眞と伊波の事実上の一騎打ちであった。自民党と公明党の「保守・中道」路線が引き続き県政を担うのか、社民党、共産党、社大党の革新陣営が一二年ぶりの県政奪還を果たすのかも焦点の一つであった。「日米両政府が普天間飛行場の前面返還を合意した一九九六年以降の三度目の知事選で、『普天間』代替施設は毎回大きな争点になってきた。国内だけではなく、アメリカも注目し続け、日本の安全保障の行方が県知事選に委ねられる異例の事態が続いている。「普天間」が問われる今回で四度目の知事選は、政府与党が候補者を出せない初めての選挙」となった(8)。

2　沖縄県知事選への自民党の対応

民主党の無責任

これまでの沖縄県知事選では、政権党であった自民党は必ず候補者を擁立し、前回の知事選では仲井眞現知事を擁立した。ところが、知事選では候補者を擁立せず、自民党本部はこれまでの知事選と大きく変わって今回は推薦すらしなかった。自民党の谷垣禎一総裁は、県知事選での対応について「沖縄の主張をしっかりやってほしい」と述べ、現職の仲井眞を党本部として正式には推薦しないことを明らかにした。米軍普天間飛行場の移設について自民党沖縄県連は、「国外・県外移設」に転換した仲井眞を独自に推薦、民主党同様に党本部とは、〃ねじれ〃の関係にあった。谷垣は「鳩山政権が沖縄県民の感情をもてあそび辺野古移設がぐしゃぐしゃになった。仲井眞が県外と主張するのはやむを得ない。できるだけのことはしたい(9)」と述べ、民主党政権のハンドリングのまずさで県民の移設へ考え方が厳しくなったことに理解を示し、仲井眞支援を約束した。

事実上の仲井眞支持

石破茂自民党政調会長は次のように語っている。「仲井眞弘多現知事を党として全面的に支援する」。推薦しない背景は「普天間飛行場だ。われわれはなお名護市の立場は変わらない。そこが仲井眞氏と違う。民主党が県民世論を今のようにしてしまった。世論体現の知事としてはやむをえない。仲井眞氏をけしからんと言うつもりはない、と言って党本部は対立候補を立てない[10]」方針を貫いた。自民党本部は、「党として『県外移設』とは決めていない」として、仲井眞の推薦を見送っている。石原伸晃幹事長が来県し、仲井眞知事に「知事の立場は十分理解しております。できる限りのことはやりますので、何でもおっしゃってください[11]」と述べ、最大限の支援を約束した。谷垣、石破、石原の発言にみるように、推薦はしていないものの、実質的に推薦と変わらない積極的な対応をしたといえる。

これまでの沖縄県知事選は、自民党本部から幹事長や大臣など大物政治家が応援し、政権与党の影響を発揮したが、今回はこれまでと変わって、陣営側が自民党本部に推薦願いを出していないこともあり、控えめに見えた。さらに、「相手陣営から、自民党は県内移設じゃないかと言われたら仲井眞氏に迷惑がかかる[12]」と沖縄入りして選挙応援することに二の足を踏むという気遣いようであった。しかし、党本部側にとってはこれまでの普天間飛行場の移設問題で仲井眞知事がスタンスを変えたとはいえ、これまでの経緯、今後の交渉などを考慮するならば、沖縄県知事選は相変わらず重要であると位置づけたことは間違いない。

3　仲井眞の普天間飛行場移設スタンスの変化

沖縄県知事の苦悩

国土の〇・六％に全国の七四％の米軍基地を抱え、国防の一端をも担わされる沖縄県知事は、誰が当選しても重い選択、苦渋の選択を迫られ、計り知れない苦悩の連鎖と向き合うことを余儀なくされている。特に政権交代に伴う過渡的な政治の混乱を冷静沈着に判断しながら、政府を相手にいかに沖縄の県益を主張できるかが問われている。沖縄県知事はリーダーシップはもちろんのこと、沖縄の立場を堂々と主張し、官僚相手にも理論的に論破できるぐらいの識見と頑固さが必要である。広大な米軍基地を抱える特殊事情から他府県の知事とは比べものにならないほど仕事がシビアであり、歴代の沖縄県知事は基地問題の解決に悩まされ続けた。

しかし、日本政府の対米従属外交の中では、どんなに努力してもその抜本的な解決策を見出すことはできなかった。特に一九九六年に普天間飛行場の移設が政治日程に上がって以来、稲嶺惠一前知事、仲井眞現知事はその対応に苦慮し、苦渋の選択を求められ続けた[13]。仲井眞の移設問題に対するスタンスは、知事選前までは条件付き賛成であった。二〇一〇年県民大会に際しても大会に参加するかどうかでぎりぎりまで苦悶した。最終的には参加したが、辺野古への基地移設については明確な反対の意思表示はしなかった[14]。知事選に入るまで有権者も仲井眞は「条件付き受け入れ賛成」と受け止めていた。みんなの党の仲井眞推薦理由も「仲井眞候補はこれまでの経緯を熟知し、日米関係がわが国の安全保障や経済、外交の基軸であるという共通の認識を持っている[15]」ことであった。みんなの党は日米合意を尊重しており、安保体制の堅持の立場からも仲井眞の当選を期待して推薦した[16]。

仲井眞知事「県外移設」へ

しかし、「普天間飛行場をどうすべきか」についてのアンケートで、「沖縄県以外の日本国内」が二〇・二％、「国外移設」が三四・二％、無条件で基地を撤去」が二〇・二％で、「県内移設反対は七四・六％にもなる。[17] 県民のほぼ七五％が県外移設、国外移設を望んでおり、沖縄の選挙では今や県内移設容認で選挙戦を戦うことは不可能に近い。そこで仲井眞陣営もその対応策に苦慮したことは間違いない。自民党、公明党を中心に仲井眞に「県内移設反対」を明言するように求めた。しかし、仲井眞は容易にはこれまでの主張を変えることはしなかった。知事としての立場を継続することを考慮すると「県外・国外移設」を訴えることは慎重を期さなければならなかったことは理解できる。

ところが、自民党、公明党は「県内移設容認」では選挙戦を戦えない。仲井眞が「県外・国外移設」を明言しなければ、候補者としての擁立もできないとの声が強かった。このように、仲井眞が県外移設に転じた背景には、自民党、公明党の県組織が知事選前に、県内移設容認からの方針転換を強力に迫ったことがある。ついに仲井眞はこれまでの立場を変え、「県内移設は事実上、不可能。県外移設を求める」[18] ことになった。同時に、県内の仲井眞ブレーンの研究者らも強力に「県外・国外移設」を迫ったといわれている。さらに、普天間飛行場の代替施設の県内移設を条件付きで容認していた仲井眞は、二〇一〇年一月の名護市長選、九月の同市議選で県内移設反対派が勝利したことへの危機感が仲井眞の「スタンスの変化」につながり、九月には正式に方針を変更した。[19] 基地問題解決の最善・最速は県外移設である。[20] 〇・六％の面積に七四％はいらないとの確固たる信念で県外移設を強く要求していくことになった。仲井眞はその件について読売新聞のインタビューで、「民主党の『県外移設』を目指す方針がなぜ変わったのか、県民が納得する説明は政府からはまだない。このため、日米合意の見直しと県外移設を訴える決断をした」[21] と語っている。

このように、自民党県連と自民党本部との間に普天間飛行場の移設のあり方でねじれはあったものの、これまでのいきさつを考慮すれば「確かに党本部と見解は違うが、県連と仲井眞はあくまでも県民の民意に沿い、県外移設を政府に要求する」[22]ことになったのも当然であった。そのような中でも県民・有権者の中には、仲井眞は、「県外移設」の立場でも従来は県内移設容認派であったとの見方は根強く残り、煮え切らないように映ったに違いない。

4　民主党政権下の沖縄県知事選

政権党候補者擁立断念

政党の活動が最も活発になるのは選挙であり、政党が選挙に際して候補者を選定し、有権者に提示することは、政党の重要な役割であり、有権者への責務である。政権党にあってはなおさらである。ところが以下に見るように民主党は、基地問題が争点になる沖縄の選挙区では、二〇一〇年参院選でも県知事選でも候補者を擁立できなかった。岡田克也幹事長は「政府方針に沿った人を挙げてほしいと県連に伝えているが難しいようだ[23]」と述べ、無理難題を県連に押しつけた。そもそも知事選で党本部には候補者を擁立する意思は、当初から全くなかったのではないだろうか。これまでの沖縄県知事選で、政権党が候補者を擁立できなかったのは初めてのことである。さらに、政権交代後初の知事選であったにもかかわらず、政権党である民主党も、前政権党である自民党も前面に出ないという極めて異例の選挙であった[24]。その理由は、明らかに基地問題への対応をめぐって両政党とも党本部と県連の考え方が一致しなかったからである。これは、沖縄では基地問題がいかに選挙を左右しているかの証左である。

民主党は仲井眞の当選を期待か

しかし、前述したように、自民党本部は実質的には仲井眞を強力にバックアップした。民主党本部も仲井眞の当選を密かに期待していた。岡田幹事長は候補者を擁立しないことについて、「党や政府の政策と矛盾しない範囲で、候補者は擁立されなければならない。自民党も党本部としての推薦は見送っている。筋の通った行動ではないか㉕」と述べているが、自民党は移設問題をめぐって党本部と県連は対応が違っていたが、実質的には仲井眞のスタンスを尊重し、全面的に支援した。逆に民主党は、伊波を支援する議員を処罰するとの方針を打ち出した。このように、同じような党本部と県連のねじれであったが対応は全く違っていた。喜納昌吉民主党県連代表は、「今までは『仲井眞を応援しろ』というのも、見えないところであった㉖」と述べ、水面下で党本部側から仲井眞知事を支援するよう働きかけがあったことを明らかにした。松沢成文神奈川県知事は「民主党は仲井眞氏が知事になったら話し合いができるという風に考えているのではないか㉗」と語ったように、伊波が当選すれば、基地問題が完全に暗礁に乗り上げかねない。そのように考えたのであろう。民主党執行部の本音は仲井眞の再選であった㉘。民主党の選挙運動は結果的には、仲井眞への「暗黙の支援」ではないかと有権者が考えたのも当然であろう。

このような指摘もあるように、おそらく菅直人首相をはじめ民主党幹部が、野党自民党の支援する仲井眞の当選を密かに祈っていたであろうことは容易に想像がつく。政権党が野党の候補者の当選を密かに期待するという、これまでの選挙の常識では考えられないことが沖縄県知事選では起こったのである。これまでのわが国の選挙でもあまり見られない政党としての対応であった。民主党の岡田幹事長は「無理に政策の違う人を推さなかったのは政党としての誠意と受け止めてもらいたい㉙」と述べているが、果たしてそうであろうか。沖縄県知事選において有権者は、どの候補者が沖縄の県民益に叶う政治を行うかで判断するのであって、決して「政策の違う人を推薦するのは有権者に不誠実になる」ことにはならない。政権党として候補者を擁立する責任を全うすべきであったのではないか。

民主党本部と県連は独自候補の擁立を模索したが、党執行部は米軍普天間飛行場の移設問題で「県外移設を主張する候補者の支持は困難」との見方を崩さなかった。党選対委員長の渡辺周は、「普天間飛行場移設に関して「政府方針と同じ方向でないと支持できないのが大前提だ」[30]と明言した。このため、県連内には、「党本部の方針が変わらない限り、自主投票しかないのではないか」との見方が強まった。

政党の責任放棄

ついに民主党は知事選での独自候補者の擁立を断念し、「自主投票」とすることを決めた。二〇一〇年参院選でも政権党であったにもかかわらず、全国で唯一、沖縄選挙区で公認も推薦も出さずに不戦敗に甘んじた。大事な選挙のたびにこの対応では政権党としての責任を果たせていない。知事選の対応は候補者の選定など一義的には地方組織が決めるのであるが、普天間問題がある沖縄では党本部の意に沿わない候補者は受け付けない。党本部と議論の糸口を探ろうとしたが、普天間飛行場の移設問題で党本部と県連の主張が合わず、候補者を擁立できなかった。党本部の方針に従わない議員に対しては、除名処分もちらつかせるような意見もあった。政治家が信念に基づいて政策を訴え、選挙を通して民意を政治に反映させることは政党・政治家の有権者・国民への責務であり、政権党であればなおさらその責任は重い。この点を考慮すると民主党は、沖縄では先の参院選に引き続き知事選でも政党としての責任を放棄したことになる[31]。

民主党の自主投票の内実

民主党の候補者擁立断念について石破茂自民党政調会長は、「民主党政権が沖縄問題を解決できないのはよく分かった。知事選も参議選も候補者を立てず県民に選択肢がない。沖縄問題を積極的に解決する気がない[32]」と手厳しく非難した。

一方、自主投票を決めた民主党は、県連所属議員以外が特定の候補者を応援することを禁じている。四年前の知事選では、野党共闘で糸数慶子候補を全面支援し、小沢一郎代表や菅代表代行、鳩山由紀夫幹事長が街頭で積極的にマイクを握ったものの、政権交代後は対応が様変わりした[33]。このような党本部方針の中で、伊波の総決起大会に、民主党の川内博史衆院議員（鹿児島県連代表）は出席した。党本部は、沖縄県連所属の議員以外が特定候補の応援に入ることを禁じる方針を示しており、川内は応援はしなかったものの、最前列に陣取り、伊波の主張に拍手を送った。また川内は、堂々と伊波を応援できず、「支援ではなく、友人の晴れ姿を見守りに来た。党の方針には反していない[34]」ことを強調した。

選挙の陣頭指揮をとる民主党の岡田克也幹事長は、県知事選をめぐり県連所属以外の国会議員が沖縄県に入って特定候補者を応援することを禁じた党方針に関して、「（独自の）候補者を立てない趣旨を尊重し、自重するということだ[35]」と述べ、県外の議員が沖縄に来た者の処罰の有無は個別に判断する考えを示した。「候補者を擁立していない趣旨を尊重し」と、理解を求めているのであるが、果たして民主党県連はもちろんのこと、有権者に理解してもらえたか大きな疑問が残った。

岡田幹事長は、伊波の総決起大会に出席した川内に、「今後の活動はよく考えてもらいたい[36]」と警告した。さらに党役員会で沖縄県知事選への対応について、同党県連所属の議員に「節度ある慎重な行動を要請する」とし、所属外の国会議員については「今後沖縄入りしていずれかの候補者を応援しない[37]」とする方針を提示し、了承された。さらに常任幹事会で、沖縄県知事選の対応は自主投票とし、同党県連に所属しない国会議員が沖縄に入って特定候補者を応援することを禁じる方針を決めた[38]。このような民主党の対応に対して、国民新党の下地幹郎幹事長（当時）は、「一般的に自主投票にして怒る人はあまりいないのではないか[39]」と疑問を呈した。

党本部に反旗

そのような中で沖縄選出の玉城デニー、端慶覧長敏両衆議院議員は、党本部の意向に反して伊波支持を表明した。民主党衆院三区総支部長の玉城は県知事選への対応について、「支持者の多くは伊波洋一さんを応援したいと述べている。その方向性が考えやすい[40]」と述べ、伊波支持を表明した。四区総支部の端慶覧も「伊波さんを応援していくことになる」と語った。端慶覧は、沖縄四区総支部で県知事選で伊波洋一の支援を正式に決めたことを表明した。民主党の立場もあるが、昨年の衆議院選挙で県民に約束したことを実行することが課せられた使命である。ウチナーンチュ（沖縄の方言で、「沖縄の人」の意）の立場を優先した[41]。民主党県連副幹事長の山内末子県議は、「下克上を突きつける。全国に広がる民主党の仲間も、政府や党の圧力、恫喝に負けずに戦ってください[42]」と、菅政権を突き上げた。党本部が自主投票を決めながら、普天間の県内移設という政府の方針と異なる候補者の支援を制限したことへの異議申し立てであった。

以上のように、自主投票とは名目で、実際は伊波を支援することを禁じたのである。一般有権者からは全く理解できないことであり、政党としてのあるべき姿からかけ離れていた。山内は、米軍普天間飛行場の移設問題で、名護市辺野古移設を盛り込んだ日米共同声明を踏襲する民主党本部の方針に不満を表明し、県連に離党届を出した[43]。民主党県連は、ついに副幹事長が離党するという事態になった。

このように「自主投票」とはいえ、実質的には水面下で仲井眞を支持したのであるが、民主党支持層の伊波への流れを食い止めることはできなかったのは、いかに民主党本部のやり方が理に叶っていなかったかを証左するものであった。ちなみに、毎日新聞と琉球放送の出口調査によると、民主党支持層の六〇%は伊波に、三七%は仲井眞に投票したと答えた(44)。おそらく、党本部の締め付けがなく、県内外の民主党の同志が伊波を応援していたならば、伊波の得票はもっと伸びていたであろう。

5　民主党政権下での支持団体の変化

選挙に勝利するための一つの大きな要素は、強力な支持団体がどのぐらいあるか。さらに支持団体を増やすことができるかである。これまでの選挙では自民党長期政権が続いたので保守・革新陣営の支持基盤はほぼ固定していた。ところが、二〇〇九年衆院選で自民党が野に下り、民主党が政権の座に就いたので、支持団体に変化が起こったのは当然である。今回の知事選でも、経済界は現職の仲井眞知事、労働界は伊波の支持がそれぞれ体勢を占めたが、告示一カ月に迫った段階でも方向性が定まらない組織もあった。

保守系支持団体の変化

支持基盤に地殻変動というほどの大きな変化が起こったとは思えないが、表11－1にみるように、これまでの選挙で保守候補者の強力な支援団体であり、シンボル的存在であった県建設業協会が今回の知事選で自主投票になったことは、仲井眞陣営にとって大きな支持団体を失ったことになる。県建設業協会（三八六社）は、これまでは基地関連の公共工事や振興策で恩恵を受けてきた。これまでの知事選では保守系候補者を支援してきた。過去の主要な選挙で県政与党の「集票マシン」として機能してきた。四年前の県知事選では仲井眞を推薦したが、今回は推薦を見送った。県知事選で仲井眞、伊波のどちらも推薦せず、事実上の自主投票とすることを決めた。同連盟が知事選で自民党が推す候補者を推薦しな

表11-1　主要経済団体の知事選への対応

経済団体名		政治連盟	2006年知事選	10年知事選
県経済団体会議				
	沖縄経済同友会	なし	○	○
	県経営者協会	なし	○	○
	県工業連合会	県工業振興会	○	○
	県商工会連合会	県商工政治連盟	○	○
	県中小企業団体中央会	県中小企業政策推進連盟	○	○
	県情報通信関連産業団体連合会（ＩＴ連合会）	なし	○	○
	県建設業協会	県建設産業政策推進連盟	○	△
	ＪＡおきなわ	県農業政治連盟	○	○
	県漁業協同組合連合会	県水産業振興対策協議会	○	○
	県中小企業家同友会	なし	—	—
	沖縄観光コンベンションビューロー（ＯＣＶＢ）	なし	—	—
那覇商工会議所		日本商工連盟那覇地区	○	○
浦添商工会議所		日本商工連盟浦添地区	○	○
沖縄商工会議所		日本商工連盟沖縄地区	○	○
宮古島商工会議所		日本商工連盟宮古島地区	—	—

○：仲井眞弘多の推薦決定　△：自主投票　—：従来から特定の候補者を支持しない

出典：『沖縄タイムス』2010年11月17日。

いのは初めてのことであった。この間の事情を協会幹部は、仲井眞の主張が政府与党の立場に反するからだとし、「那覇空港の滑走路増設など、大規模事業を抱える政府の反感は買えない[45]」と語った。呉屋守将前会長は「基地を誘致して工事を獲得できても、一過性の潤いで、永続性のある発展は望めない」と業界の生き残りを返還跡地の開発に託した[46]。建設業協会の中には「沖縄の自立のためと言いながら、本音は沖縄が基地なしには生きていけないようにするためではなかったのか[47]」というように、これまでの振興策への不満を語る関係者もいた。

沖縄県内の水産団体でつくる県水産業振興対策協議会は、四年前の知事選では仲井眞を支持したが、政権交代を受け、県知事選で特定の候補者を支持せず自主投票とする方針を固めた[48]。

しかし、そのような中でも、主要一二経済団体会議の知念榮治議長は、前回の知事選と同様に「仲井眞氏支持で意志決定をした[49]」。日本商工連盟那覇地区の國場幸一郎代表世話人は「政党や経済団体から自主投票という言葉を聞くが、厳しい経済状況でそのような姿勢でいいのか。生ぬるい対応ではいけない[50]」と自主投票への声を牽制した。

労働団体の支持の変化

労働団体の支援組織も地殻変動というほどの激変はなかったものの、最大の全駐軍労働組合（全駐労）が自主投票になったのは伊波陣営にとって大きな痛手であったに違いない。労働組合と社民党、共産党、社大党の県政三野党は、一二年ぶりの県政奪還を目指し、早々と伊波の擁立を決めた。ところが、実働部隊の労組は政権交代の影響で従来の「反自公」で一枚岩になるのは難しくなっていた（図11－2）。県内最大の労働組合である連合沖縄は、判断を出せない状況に追い込まれた。民主基軸で反自民・非共産を基本姿勢とする連合沖縄傘下には、現職の仲井眞の支持に向けて動き出している電力総連のほか、民

表11-2　主要労働組合の県知事選の対応

	組合員（数）	06年知事選	10年知事選
連合沖縄	約40,000	糸数　推薦	伊波　支持・支援
・自治労	12,765	糸数　推薦	伊波　推薦
・全駐労	約6,500	糸数　推薦	自主投票
・沖教組	約3,200	糸数　推薦	伊波　推薦
・電力総連	約2,400	仲井眞　推薦	仲井眞　推薦
・JR労組沖縄地本	2,500	糸数　推薦	伊波　支持・支援
・航空連合	2,300	糸数　推薦	伊波　支持・支援
・情報労連	1,500	糸数　支持	伊波　支持・支援
・UIゼンセン同盟	約3,000	自主投票	仲井眞　支持・支援
・国交労	1,050	糸数　推薦	伊波　推薦
・私鉄沖縄	470	糸数　推薦	伊波　推薦
県労連	約5,000	糸数　推薦	伊波　推薦
高教組	約2,800	糸数　推薦	伊波　推薦
全港湾	660	糸数　推薦	伊波　推薦
沖駐労	約600	仲井眞　推薦	仲井眞　推薦

注：高教組の人数は県調べ。
出典：『琉球新報』2010年11月10日参照。

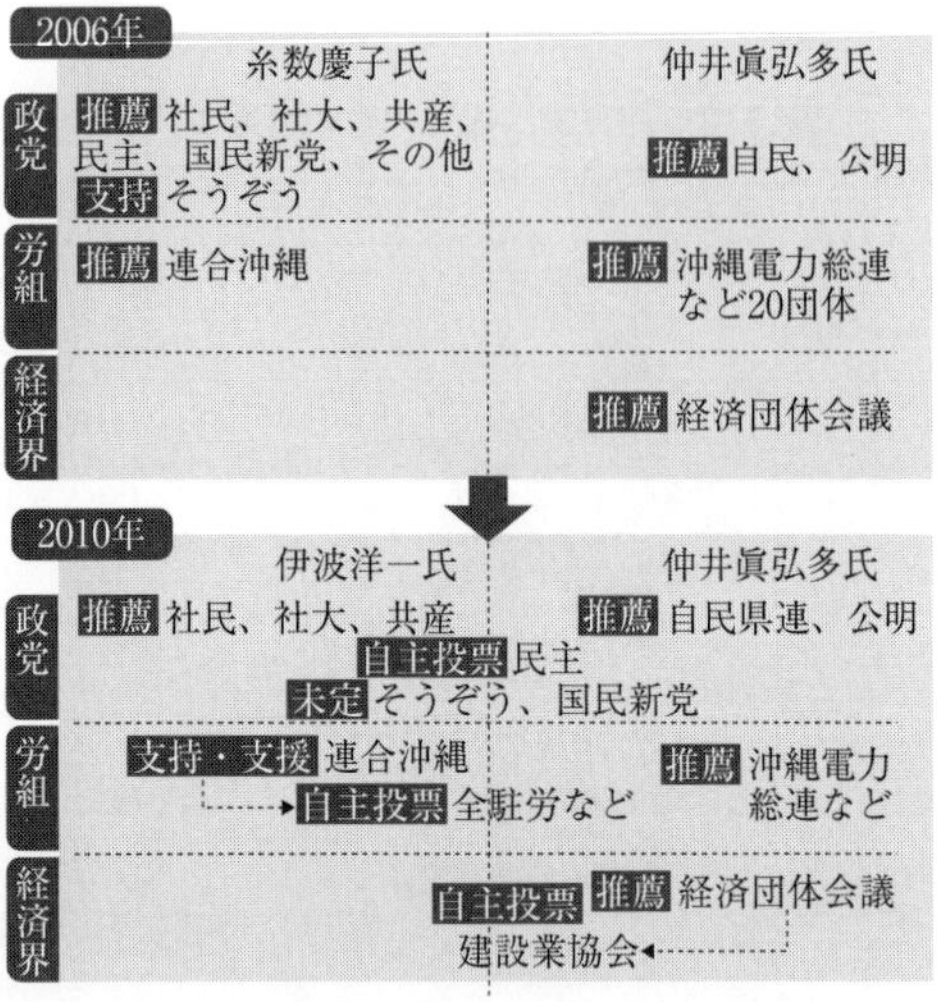

図11-2　県知事選　変わる支持基盤

注：なおこの時点ではそうぞう，国民新党は「未定」であるが，11月13日に「支持・支援」を決定した。

出典：『琉球新報』2010年11月9日。

主党を基軸とする構成組織も連合として特定候補に推薦を出さず、自主投票とする可能性もあった。連合の仲村正信会長は「構成組織から推薦依頼は来ているが、状況を見て議論する必要がある[51]」と民主党県連などの対応を見ながら判断する必要性があるとの対応であった。

自治労県本が主導し、実働部隊の「労組政策推進会議」を設置して選挙戦に望んだ連合沖縄は伊波を「支持・支援」でまとめた。全駐労沖縄地区本部は連合沖縄傘下の労組員約四万人の一六％にあたる約六四〇〇人を占める主要労組である。本土復帰前後から基地撤去を掲げ、過去の県知事選では一貫して革新系候補者を支援してきた。ところが、全駐労の委員長は「労組としては生活と雇用が一番重要である。基地労働者に対する主張はどちらも大きな違いはない」。前回の知事選では、革新系の糸数推薦でまとまった連合沖縄であったが、今知事選では普天間返還・移設問題のねじれから民主党本部が自主投票を決めたことで、連合本部への推薦を見送り、「推薦」でなく連合沖縄独自の「支持・支援」に落ち着かざるをえない[52]。これまで革新系候補者を支持してきた基地従業員で組織する全駐労も初めて自主投票となった。連合が割れていることもあるが、与那覇栄蔵委員長は「労組にとっては雇用の確保が最大の責務だが、それは『基地を残せ』というメッセージと誤解される」と普天間問題で立場を鮮明にしにくいジレンマを語っている。政権交代によって業界・団体の支持構図にも変動が起きていた[53]。このように、全駐労が知事選で初の自主投票となったという点で、万全の選挙体勢とはいえなかった[54]。さらに全駐労が自主投票になったことは、相手陣営からの格好の攻撃材料にもなった。自民党の島尻安伊子参議院議員は「これまで革新を支えてきた全駐労も自主投票になった[55]」と指摘し、革新側の支持母体の足並みの乱れを強調することを忘れなかった。

流通やサービス業などの労働組合で構成するUIゼンセン同盟県支部は、仲井眞を「支持・支援」した。その一方で、同県支部が加盟する連合沖縄は伊波を推しており、ねじれているが、その理由を大浜直之・県支部長は「『反自民・非共産』の連合方針に照らして決定した。伊波氏は共産の推薦を受けるが、仲井眞氏は自民党本部の推薦を受けていない県民党だ[56]」と説明した。

6　仲井眞の勝因

知事選は仲井眞の圧勝に終わった。結果は一一市のうち宜野湾市を除く一〇市で仲井眞が伊波を上回った。特に普天間基地の移設先である名護市の勝敗に注目が集まったが、名護市は仲井眞一万六二一三票、伊波一万三〇四〇票であった。三〇町村部でも二二町村で仲井眞が伊波を上回った。

表11-3　沖縄県知事選（2010年11月28日投開票）

	得票数	候補者	年齢	党派	公認推薦・支持	新旧	当選回数	代表的肩書
当	335,708	仲井眞　弘多	71	無	公，み，自民沖縄県連	現	2	前沖縄県知事
	297,082	伊波　洋一	58	無	共，社，国，新党日本，沖縄社会大衆党，政党そうぞう	新		前宜野湾市長
	13,116	金城　竜郎	46	諸	幸福実現党	新		幸福の科学職員

期日前投票で有利に展開

(1)異常なほどの期日前投票

近年の選挙では期日前投票での得票が選挙結果を大きく左右することは、これまでの選挙結果から明らかである。期日前投票は、本来、投票の棄権防止が制度の目的であるが、実際に運用してみると、各陣営にとっては相手候補者に票が逃げないよう、告示後のできるだけ早い段階で支持者を投票所へと駆り立て、票を固める集票戦術に利用している面が、最近の選挙では顕著になっている。期日前投票が選挙戦全体を左右すると言われるほど重みを増している。

結果的に今回の知事選でもこのことは顕著であった。仲井眞陣営は期日前投票にもかなり力を入れたようである。告示直後は公明党、中盤以降は企業・団体が切れ目なく動いたといわれている。[57]ちなみに期日前投票分に限ると、政党支持率で公明が一二%となり，投票日調査の三%を遙かに上回った。期日前投票した公明党支持層の投票先では仲井眞が九六%であった。期日投票の出口調査では、公明支持層の強力な支持によって、仲井眞が優勢であった。当日投票での出口調査では伊波と互角だったが、期日前の「アドバンテージ」もあってリードを広げた。[58]この結果からすると公明党の期日前投票での強力な支援があったことが窺われる。結果的に前回の知事選ほどではなかったが、一定の〝貯金〟を積み上げ、相手候補者の追随を許さなかった。[59]

今回の知事選では、期日前の投票者総数は一四万七二四一人で二〇〇三年の期日前投票導入後、過去最高を記録した。この期日前投票の多さが今回の選挙の勝敗を読み解くキーワードであった。選挙人名簿登録者数に占める割合も一三・〇四％（投票者数に占める割合は、二二・六四％）で、前回知事選を二・四八％ポイント上回り、約三万人の増加で最も高かった。期日前投票者の割合が特に高かったのは、市部で名護市の二〇・九六％（同三三・〇二％）、宮古島市の一六・七〇％（同三〇・三六％）、石垣市の一六・五三％（同三〇・〇一％）の順であった。郡部では北大東村の四七・九三％（同五七・一〇％）、粟国村の三四・一六％（五五・〇八％）、渡名喜村の三三・六〇％（三四・四一％）と、離島が多く、それぞれ四年前の知事選よりも高くなっていた。特に注目すべきは普天間飛行場の移設先である名護市での期日前投票数の多さであった[60]。

(2) 投票前に大差

選挙関係者とメディアの情報を総合的に判断すると、両候補者の期日前投票者数のうち、仲井眞がおよそ六五〜七〇％（九万一〇〇〇〜九万八〇〇〇票）、伊波が三〇〜三五％（四万二〇〇〇〜四万九〇〇〇票）を獲得していたことが想定できる。仲井眞は期日前投票ですでに四万二〇〇〇〜五万六〇〇〇票ぐらい差をつけていたことになる。その数字を当てはめると、当日投票ではおそらく伊波が四〇〇〇〜一万八〇〇〇票程度上回っていたと考えられる。期日前投票のこの差は当日投票で伊波が仲井眞をリードしていたとしても、覆すことはできなかったほどの大差であった。

投票率は前回よりも下がっているが、期日前投票が延びているのはなぜか。結局、両陣営とも組織的に期日前投票に取り組んだことになり、特に自公陣営が組織力を生かし、これまでになく人海戦術で力を入れたと考えられる。

(3)無党派層獲得を凌ぐ期日前投票の効果

最近の選挙では、無党派層が選挙の当落に大きな影響を与えていることは多くの調査から明らかである。無党派層を制する候補者が選挙をも制す、といっても過言ではない。したがって、どの陣営も無党派層獲得の戦術を練ることになる。今回の知事選での無党派層は、有権者の三〜四割といわれていた。無党派層の投票者の六割が伊波、四割が仲井眞に投票していた。これまでの選挙での無党派層の獲得からすれば伊波が当選する可能性が高かった。ところが、伊波が惨敗したのはやはり、期日前投票での敗北であった。

さらに、民主党が候補者を擁立できず自主投票となった。そこで、民主党票がどの候補者に流れるかによって勝敗に影響するのではないかといわれていた。実際の投票では、朝日新聞の投票日当日の出口調査によると、民主支持層の約七割が伊波、約三割が仲井眞に投票した(61)。しかし、ここでも伊波は仲井眞の期日前投票の貯金を崩すことができなかった。

(4)基地移設先の名護市でも威力

この選挙で筆者が特に注目した選挙区は、普天間飛行場の移設先である名護市であった。名護市では二〇一〇年一月に市長選が行われ、移設反対派の稲嶺進が、容認派の島袋吉和（現職）に一五八八票差で市長選に勝利していた。九月に行われた市議選でも移設反対派が勝利していた。これまでの流れ、さらに基地問題での知名度からすれば、名護市では伊波が当然リードするのではないかと予測したのであるが、仲井眞が二一七三票上回った。ここでも期日前投票から読み解くことができる。知事選での名護市の期日前投票者の割合が最も高かった。有権者の二一％であった。しかし、名護の投票率は六四・三四％だったので投票者数は二万八九六六人であるが、そのうち三三％を期日前投票が占めている。期日

表11-4　期日前投票者数

	選挙人名簿	期日前投票者数			
	登録者数（11月10日現在）	11月14日（日）現在	11月21日（日）現在	11月26日（金）現在	11月27日（土）現在
市部合計	835,249	8,098	36,056	84,659	102,813
郡部合計	243,752	2,361	12,214	29,380	37,911
総合計	1,079,001	10,459	48,270	114,039	140,724

出典：沖縄県選挙管理委員会ホームページ参照。

前投票で仲井眞が六五～七〇％獲得していたことを考慮すると、仲井眞が伊波を上回ったのは納得できる。ここでも期日前投票が威力を発揮したことになる。

当日投票の出口調査では仲井眞と伊波ともに互角の戦いをしていたことを推測すれば、期日前投票での得票差がそのまま勝敗を決したことになった。表11－4にみるように、予想を上回る期日前投票数であった。投票直前の二七日だけで二万六六八五人が投票している。

有権者を引きつけた経済政策

これまでの沖縄県知事選での大きな争点はやはり「基地問題」と「経済振興策」であった。そして、「有権者の選択基準」でもこの二つの争点が大きな影響を与えた。これまでの選挙において有権者の選択基準は、経済問題がトップであり、今回の知事選でもその傾向にあった。ちなみに、「今度の知事選で何を一番重視して投票する人を選びますか」との質問に、「経済活性化」が四九％でほぼ半数を占めた。性別、年代別、職業別でほぼいずれの層でも最重要視していた。次に続いたのが「基地問題」三六％で一三ポイントの差があったことは注目すべきである。「経済」「基地」が八割以上を占めたことになる。「経済の活性化」を最も重視する人の中では仲井眞、「基地問題」を最も重視する人の中では伊波の支持が厚かった[62]。やはり有権者の関心は経済問題であった。伊波も基地一色のイメージを払拭するため、「基地問題解決」は公約三本柱の三番目とし、経済界出身の仲井眞が強みとする産業振興を一番に位置づけた。[63] しかし「経済の仲井眞」を訴え浸透させた仲井眞が、「有権者の選択基準」の視点からも選挙戦を有利に展開することになった。もちろん伊波も経済政策を訴えたが有権者に十分浸透させ、理解してもらえなかった。[64]

自公が支える仲井眞は、二〇〇九年の政権交代で「政府とのパイプ」を失ったこともあり、一部の経済団体の動きは鈍く、経済界の強力支援で組織型選挙を展開する戦術は崩壊の瀬戸際まで追い込まれていた。しかし、仲井眞が県民所得の全国中位を目指す姿勢を強調し、経済・福祉など生活密着型の政策を前面に掲げたことが功を奏した。不況が長引く中で、経済重視の仲井眞に期待が集まったといえる。仲井眞は「県民所得の全国中位」を主軸に経済関連の公約を手厚く掲げ、さらに現職の強みで選挙戦を有利に展開した。[65] 実際問題として「県民所得の全国中位」という数値目標は無理な設定であるが、相変わらず高い失業率、長期的に景気低迷する沖縄の有権者にとっては魅力的であった。

仲井眞陣営の幹部は「県民が一番関心があるのは、日々の暮らしに直結する雇用や経済の活性化。普天間基地が事実上争点でなくなって、沖縄振興という仲井眞さんの得意分野で戦うことができた」[66]と語るように、仲井眞の経済振興策は有権者の幅広い支持を集めた。

「基地か経済か」の選択が迫られてきた沖縄県知事選だが、大田昌秀元沖縄県知事は「基地が返還されてこそ、跡地に何倍もの雇用や所得が生まれる」[67]と訴えているが、有権者の多くは基地が返還された後の長期的な展望に基づいて投票するのではなく、明日のわが家の家計・生活への影響をみて投票しているのが現実である。そのことは二〇〇九年衆院選での「子ども手当」がいかに選挙に影響を与えたかを考えれば一目瞭然である。

争点回避

前述したように仲井眞は、今回の選挙では「県外」への移設に大きく政策転換した。公明党の金城勉県本幹事長は、「知事が明確に『県外』を打ち出したので争点にならない(68)」と述べた。このように普天間移設問題で県外移設に舵を切ったことで、最大の争点となるはずであった基地の移設問題の争点化を回避することに成功した。このことが選挙結果を大きく左右したことは間違いなく、支持層を広げることにもなったのではないか。「県内移設を条件付きで容認する候補と反対候補が戦うという従来の構図を覆し、もともと定評のある経済政策の浸透に専念できたことが支持拡大につながった」ともいえる(69)。

仲井眞陣営の経済界の幹部は「知事の『県外』発言で普天間は争点から消えた」との〝効用〟を指摘した。「重要なのは沖縄の未来を決める政策をどう訴えるか。経済分野に強い仲井眞氏に分がある」と分析していた(70)。仲井眞氏が県外移設に転じた背景は、「自民、公明の県組織が知事選を前に仲井眞氏に対し、県内移設からの方針変更を迫った(71)」からであった。これによって今回の知事選の最大の争点であり、自公陣営の最大の弱点が克服されたことになったのではないだろうか。仲井眞の「県外移設要求」の選挙結果への影響を毎日新聞の世論調査からみると、「普天間問題を重視した層の七六％は伊波氏に投票したと回答した。ただ、県外移設を望む層に限ると、投票先の回答は仲井眞氏五〇％、伊波氏四九％でほぼ並び、仲井眞氏が『県外』へかじを切った影響が読み取れる(72)」ことは明らかであった。

7　中央紙の報道と沖縄の温度差

沖縄県知事選の結果が、わが国の防衛・外交政策の行方にも大きな影響を与えるため、他府県の県知事選とは比較にならないほど中央メディアの取材も熱を帯びた。各紙とも選挙翌日の一面トップで沖縄

表11-5　新聞各紙の見解の比較

新聞名	各紙の見解
朝日新聞	「普通の首長選とは意味合いが大きく異なる選挙戦だった。県政の課題を超え，『沖縄対ヤマト』という険しい対立構図が色濃く打ち出されたからである。日米両政府と本土のすべての国民は沖縄が突きつける重い問いに今度こそ真剣に向き合わなければならない。」「中国軍の海洋活動の活発化や北朝鮮の韓国領砲撃で，日本自身の安全保障のためだけでなく，東アジアの平和と安定を支える礎として，日米同盟の重要性が改めて強く意識されている。しかし，『だから沖縄に基地負担に耐えてもらうしかない』という議論はもう成り立たない。住民の理解と協力なしに，米軍基地の安定的な運用も日米同盟の強化も立ちゆかない。」
毎日新聞	「選挙戦で『県内移設反対』と明言しなかったことから，事態の進展に期待をかける向きがあるが，情勢はそれほど甘くない。再選を果たした仲井眞氏は，『県内移設は事実上ない。県外だ』と語り，日米合意の履行は難しいとの考えを改めて表明した。」
読売新聞	「仮に伊波氏が当選していれば，事態は深刻だった。非現実的な国外移設に固執し，普天間飛行場は現在の危険な状態のまま長期固定化する恐れがある。仲井眞知事は昨年まで辺野古移設を支持し，今も県内移設への反対は明言していない。政府との協議に応じる意向も示している。」「どんなに困難でも，菅政権は，日米合意を前に進めるという重い責任を負っている。」
産経新聞	「知事選の結果次第で日米同盟が危機に陥ることも予想された。日本の平和と安全に欠かせない同盟を評価する仲井眞氏再選の意義は大きい」「仲井眞氏も日本の平和と安全を守るための方策を考えて欲しい」「仲井眞氏の勝利は，これまで県内移設反対の一色で塗りつぶされたかのように見えた『民意』が実は『反米・反基地』のイデオロギー的思想に主導された，作られたものであることを示した」。
日本経済新聞	「菅首相は今こそ沖縄と真剣に向き合い，普天間問題の解決に政治生命を賭けるくらいの覚悟が必要だ。仲井眞氏は県外移設を求めながらも『県内移設反対』とは明言せず，政府との協議も拒んでいない」。

出典：2010年11月29日の各紙社説を参照。

県知事選の結果を報じている。政治面、社会面で取り上げ、紙面的にも大きく扱っている。特に朝日新聞はかなり多くの紙面を割いて知事選の結果を報じた。社説では「重い問いにどう答えるか」と、沖縄への加重負担の問題を鋭く指摘した。毎日新聞の社説は「首相は普天間現実策を」の見出しで仲井眞が当選したことで移設の体制が整ったことを強調している。読売新聞の社説は「普天間基地の前進を追求せよ」と、沖縄県民の移設反対の声を全く無視した論調であった。産経新聞の社説は「同盟重視派の勝利を生かせ」と、アメリカとの安保体制の重視を訴えた。日本経済新聞の社説は、「宙に浮く普天間問題をどう打開するか」と、普天間基地の県内移設を推進することを主張している。

しかし、朝日新聞と残り四紙の論調にはかなりの温度差があった。沖縄県民の七五％が県内移設に反対であることをどう受け止めているのか。表11－5にみるように、特に産経新聞と日本経済新聞の見解は、朝日新聞などとは大きく異なり、日米安保体制を維持し、わが国の国防のためなら沖縄が基地の犠牲になることもやむを得ないとの論調である。仲井眞が当選したことを歓迎し、国は強力に基地移設に取り組むべき好機であると訴えている。逆に伊波が当選しなかったことに安堵したようである。このような論調を展開するならば、沖縄の基地問題の解決を全国民的な規模で解決することがいかに困難であるかを実感せざるをえない。しかし、このような論調も今回の選挙で仲井眞も伊波も普天間基地の県外移設を強く訴えたことを忘れてはならない。

註

（1）米軍統治下の沖縄では、琉球政府の長は、「行政主席」と呼ばれていた。アメリカは琉球政府の設立から一貫して主席公選を拒否し、高等弁務官による直接・間接指名権を持っていた。ところが、沖縄の復帰問題が日米間で協議される中、高等弁務官は一九六八年二月一日、主席公選を実施することを表明した。同年一一月、初の主席公選が行われた（松田米雄編『戦後沖縄のキーワード』ゆい出版、一九九八年、九七頁）。

（2）このような争点に「安全保障や基地問題が知事選の争点になる県があるか、沖縄だけだ」（牧野浩隆・沖縄県副知事（当時）、『沖縄タイムス』二〇〇四年一月四日）という指摘もあった。確かに他府県では選挙の度に外交防衛政策が争点になることはないであろう。これは巨大な基地を抱えた沖縄の選挙ならではの争点である。牧野は沖縄のおかれた現実に憤りを禁じ得ずこのような発言をしたのであろう。

（3）山口二郎「沖縄県知事論」（『琉球新報』二〇一〇年一一月七日）。

（4）防衛省幹部は「どちらも辺野古は難しいとわかっているが、現実対応をしてくれるかどうかを考えると、やはり仲井眞氏だ」、一方、外務省幹部は「今はじっと見守るしかない。下手に動いて沖縄側の感情に油を注いでもいけない」と言いつつも県内反対を強く主張する伊波の当選は望まないという感情がにじむ（『沖縄タイムス』二〇一〇年一一月一一日）。

（5）『琉球新報』二〇一〇年一一月一一日。

（6）「沖縄の県知事選挙は、基地問題の行方にどう影響を与えるのか」海外のメディアの取材も活発であった。ワシントンポストのチコ・ハーラン総局長は「知事選挙をきっかけに普天間飛行場移設問題がなぜ一〇年以上も進んでいないのか。沖縄の現状を広く含んだ記事を書くことが目的」とのこと。「米国本土で関心を持つ一般国民はかなり少ないが、ワシントンのシンクタンクや米国政府関係者らは、辺野古移設を決めた日米合意がどうなるかを大きな関心事としてみている」。パリから取材に来たバルリュエ副編集長は「選挙は民主主義の根幹、知事選は日本全体の安全保障のあり方に関わる」と知事選を注視する考えを示した（『沖縄タイムス』二〇一〇年一一月一九日）。

（7）「政党そうぞう」は沖縄の地域政党。伊波陣営から推薦願いは出なかったことから、そうぞう、国民新党県連とも推薦ではなく、独自の「支持・支援」となった。したがって、社民、共産、社大の三党との協力枠組みには加わらず、伊波選対とは別の活動を展開するという変則的な選挙支援態勢となった（『琉球新報』二〇一〇年一一月一四日）。

（8）『沖縄タイムス』二〇一〇年一〇月二九日。

(9)『朝日新聞』二〇一〇年一一月一二日。
(10)『琉球新報』二〇一〇年一一月一〇日。
(11)『琉球新報』「変わる潮目　民主政権下の知事選」二〇一〇年一一月九日。
(12)『朝日新聞』二〇一〇年一一月一二日。
(13)稲嶺惠一前沖縄県知事は、その苦悩についてヒアリングの中で次のように語っている。「外交と防衛は国の専権事項であるので、自治体がその中で果たしうるものは少ない。しかし、現実に行政の長となった場合には、どうしてもそれを解決しなければならないということが常に頭の中を占めており、頭の中の七、八割になる。しかし、国の専権事項であるので県が要請しても日米の外交関係あるいは日米の地位協定、安全保障の問題があり、県としてできる範囲は限られている。通常の行政上の課題であれば努力すれば何とかできるものが多い。ところが基地問題だけがそうはいかない。そこに悩みがある」（拙稿「米軍基地と自治体行政」『沖縄国際大学総合学術研究紀要』第一二巻第一号、二〇〇八年一〇月、三三頁）。大田昌秀元知事は選挙後、「知事選には敗れたが、不思議に後悔の気持は、起きなかった。私はむしろ、基地問題を巡る八年間の重圧がすっと消え去り、再びもとのしなやかな自然体に戻っていくような解放感を覚えた。と同時にこれから重責を担う相手の苦労を思わざるをえなかった。」（大田昌秀『沖縄の決断』朝日新聞社、二〇〇〇年、二九五頁）。
(14)この県民大会は基地問題に関しては初めての超党派の県民大会であったが、知事は出席に消極的であった。自民党、公明党が出席を求めても大会直前まで出席の意思を明言しなかった。やっと大会二日前になって出席の意向を明確にした。出席した場合、大会で仲井眞知事が従来の「条件付き受け入れ」を撤回し、普天間基地の県外移設を訴えるかが、注目されたが、知事は「県内拒否は明言せず、危険性の除去、基地負担低減を訴えた」にすぎなかった（『沖縄タイムス』二〇一〇年一〇月二四，二六日）。
(15)『沖縄タイムス』二〇一〇年一一月二五日。
(16)『琉球新報』二〇一〇年一〇月四日。
(17)『沖縄タイムス』二〇一〇年一一月一五日。

(18) 『毎日新聞』二〇一〇年一一月二九日。
(19) 『沖縄タイムス』二〇一〇年一〇月二九日。しかし、仲井眞知事は最後まで「県内移設反対」を明言しなかった。それは「沖縄振興策などを念頭に政府との協議の窓口を閉ざしたくないという思いの表れだろう」(『毎日新聞』二〇一〇年一一月二九日)。
(20) 『沖縄タイムス』二〇一〇年一一月二六日。
(21) 『読売新聞』二〇一〇年一〇月一九日。
(22) 『沖縄タイムス』二〇一〇年一〇月三一日。知事の基地問題へのスタンスについて稲嶺前沖縄県知事は「マスコミの世論調査で県民の八〇％以上が辺野古移設に反対している。そんな数字に逆らえる知事は日本のどこにもいない」と述べたように、仲井眞知事が県外移設にスタンスを変えたのは当然の流れであった(『毎日新聞』二〇一一一〇月一二日)。
(23) 『沖縄タイムス』二〇一〇年一〇月二〇日。
(24) 『琉球新報』二〇一〇年一一月一一日。
(25) 『琉球新報』「変わる潮目　民主党政権下の知事選（上）」二〇一〇年一一月七日。
(26) 『朝日新聞』二〇一〇年一一月一二日。
(27) 『朝日新聞』二〇一〇年一一月二〇日。
(28) 『日本経済新聞』二〇一〇年一一月一二日。
(29) 『琉球新報』二〇一〇年一一月一〇日。
(30) 『沖縄タイムス』二〇一〇年一〇月三日。
(31) 『沖縄タイムス』二〇一〇年一〇月二八日。
(32) 『琉球新報』二〇一〇年一一月一〇日。
(33) 『沖縄タイムス』二〇一〇年一一月二七日。
(34) 『沖縄タイムス』二〇一〇年一一月八日。
(35) 『沖縄タイムス』二〇一〇年一一月五日。

(36)『沖縄タイムス』二〇一〇年一一月九日。
(37)『沖縄タイムス』二〇一〇年一一月二日。
(38)『沖縄タイムス』二〇一〇年一一月一五日。
(39)『沖縄タイムス』二〇一〇年一一月一〇日。
(40)『沖縄タイムス』二〇一〇年一一月三日。
(41)『沖縄タイムス』二〇一〇年一一月四日。
(42)『朝日新聞』二〇一〇年一一月一二日。
(43)『沖縄タイムス』二〇一〇年一〇月二〇日。
(44)『毎日新聞』二〇一〇年一一月二九日。
(45)『読売新聞』二〇一〇年一一月一二日、『毎日新聞』二〇一〇年一一月一〇日。
(46)『毎日新聞』二〇一〇年一一月二四日。
(47)『朝日新聞』二〇一〇年一一月二九日。
(48)『沖縄タイムス』二〇一〇年一〇月五日。
(49)『沖縄タイムス』二〇一〇年一〇月四日。
(50)『琉球新報』二〇一〇年一一月九日。
(51)『沖縄タイムス』二〇一〇年一〇月一〇日。
(52)『琉球新報』「変わる潮目　民主政権下の知事選（下）」二〇一〇年一一月九日。
(53)『毎日新聞』二〇一〇年一一月二四日。ある軍作業員は「『基地縮小には賛成。平和も大事』。だが、それは足下の暮らしの平穏があってこそだと実感を込める。返還後も生活水準が守られる施策を打ち出しているのは誰か。じっくり見極めたい」と、自主投票の中での心境を語っている（『沖縄タイムス』二〇一〇年一一月一九日）。
(54)『琉球新報』二〇一〇年一一月一一日。
(55)『朝日新聞』二〇一〇年一一月一二日。

(56)『琉球新報』二〇一〇年一一月一一日。
(57)『琉球新報』二〇一〇年一〇月四日。
(58)『読売新聞』二〇一〇年一一月二九日。
(59)『沖縄タイムス』二〇一〇年一一月二九日。
(60)『沖縄タイムス』二〇一〇年一一月二八日。
(61)『朝日新聞』二〇一〇年一一月二九日。
(62)『沖縄タイムス』二〇一〇年一一月二三日。ところが、毎日新聞と琉球放送の出口調査ではそうでもなかった。同調査では、投票の際に最も重視したのは「米軍普天間飛行場の移設問題への対応」が三六％で最も高く、「経済振興への取り組み」三〇％、「福祉や医療対策、教育などへの取り組み」一九％が続いた（『毎日新聞』二〇一〇年一一月二九日）。朝日新聞の出口調査で普天間問題をどの程度重視したかについて質問したところ、「普天間問題を最も重視した」が二九％に対し、「普天間以外の問題を総合的に判断した」が六七％と多数を占めた（『朝日新聞』二〇一〇年一一月二九日）。
(63)『沖縄タイムス』二〇一〇年一〇月二九日。
(64)沖縄振興策でもキーワードは「脱基地」である。仲井眞は米軍普天間返還後の跡地利用を促進し、地主への補償を拡充する新たな法整備を政府に求めていることを強調した。一方、市長時代に普天間基地の跡地利用計画に取り組んだ伊波も「跡地整備は土木建設業の仕事の場」であると力説した。いずれも「脱基地」が経済振興策につながる未来図を描いたのであるが、有権者には仲井眞の訴えの方が共感を呼んだ（『毎日新聞』二〇一〇年一一月一〇日参照）。
(65)『沖縄タイムス』二〇一〇年一一月二九日。
(66)『沖縄タイムス』二〇一〇年一一月三〇日。
(67)『沖縄タイムス』二〇一〇年一一月二六日。
(68)『沖縄タイムス』二〇一〇年一〇月九日。
(69)『沖縄タイムス』二〇一〇年一一月二九日。

(70)　二〇一〇年一〇月八日。
(71)　『毎日新聞』二〇一〇年一一月二九日。
(72)　同右。

参考文献

大田昌秀『沖縄の決断』朝日新聞社、二〇〇〇年。
松田米雄編『戦後沖縄のキーワード』ゆい出版、一九九八年。

おわりに――政権交代下の地方選挙と地域政党の勃興の意義

二〇一一年四月に第一七回統一地方選挙が行われた。この統一地方選は、「政権交代以後初の統一地方選挙」ということでも注目されていた。今回の選挙に向けて、三月二四日に、北海道、東京、神奈川、福井、三重、奈良、鳥取、島根、徳島、福岡、佐賀、大分の一二都道府県の知事選が告示され、選挙戦へと突入していたのであった。予定されていた岩手県知事選は、震災後の特例措置で延期されていた。また、いわゆる統一地方選の前半戦の都道府県知事選の中で、民主・自民両党による与野党対決型であったのは、北海道、三重の二例のみであった。これには政権与党の民主党系の候補者擁立が、必ずしもうまくいっていなかったことを示していたと捉えることができよう。さらに、統一地方選のもう一つの焦点である政令市長選に関しても、三月二七日に、札幌、相模原、静岡、浜松、広島の五政令市長選の告示が行われた。この中で特筆すべきは浜松市である。浜松市は、再選に挑んだ現職・鈴木康友市長に対して対立候補者が出現せずに無投票が決定した。そこで、選挙戦は四政令市で行われた。浜松にみられた政令市長選の無投票当選は初の事例であった。そして四月一日に、四一道府県議選の告示と、一五政令市議選の告示が行われた。

この統一地方選の最中でも、連立与党の中で必ずしも足並みが揃っていたわけではない。同日、国民新党は統一地方選で推薦していた民主党の候補者六八三人のうち三八五人の推薦を取り消した。これは国民新党が求めた郵政改革法案を審議する特別委員会の設置に民主党が三月中に応じなかったことへの対抗措置であった。その内訳としては、道府県議選では五六一人の推薦のうち三一一人を取り消して二五〇人を残し、政令指定市議選では一二二人の推薦のうち七四人を取り消して四八人の推薦は残すという結果となった。このこと自体、政権与党内の内紛といった印象を与え、選挙に対してまったく影響がないものではなかった。そして四月一〇日に統一地方選の前半戦が行われ、東京、北海道、福岡など一二の知事選と札幌、広島など四政令市長選、四一道府県議選が行われた。

さらに四月一七日に、政令市以外の八八市長選[1]と二九三市議選の告示、一三の東京特別区長選、二一の区議選の告示が行われ、統一地方選の後半戦が開始された。続いて四月一九日に、一二一町村長選[2]・三七四町村議選の告示が行われた。四月二四日には、統一地方選後半戦の投開票が行われた。同日、前職の衆議院議員が愛知県知事選に出馬したため空白となっていた衆院愛知六区補欠選の投開票が行われた。この補選では民主党は候補者擁立を見送り不戦敗となっており、自民党の丹羽秀樹が大勝し、民主党の退潮ぶりを印象づける結果となった。

これらの統一地方選の結果を検討してみよう。個々の選挙区の詳細な分析は各章にゆずるが、政権交代下に行われたこの統一地方選の特徴として三つのことが挙げられよう。第一の特徴は、民主党への逆風である。この統一地方選は、来る衆院選における民主中心の政権の継続か、自民党による政権の奪還かの帰趨を占う選挙といえた。そういった意味でも、与党と野党の民自対決型の選挙となった北海道、三重の知事選は、注目を集めるものであった。この対決型の知事選では、北海道、三重とも民主党系の候補者が全敗であり、北海道は高橋はるみ、三重では鈴木英敬といった民主党系以外の候補者の当選となった。市区長選でも、民自対決の選挙の一〇選挙区のうち三勝七敗であった。

第二の特徴は、地域政党の台頭である。大阪維新の会は、大阪府議選で単独過半数を占めることとなった。この大阪維新の会と対照的に、減税日本は愛知県議選では名古屋市では一定の成果を得たものと考えられる。

の、名古屋市以外では必ずしも振るわなかった。これには大阪「府」知事としての橋下徹大阪維新の会代表と、名古屋「市」長としての河村たかし減税日本代表の「行政の統治範囲」の違いも影響していると考えられる。

第三の特徴は、東日本大震災の影響である。すでに述べたとおり、被災地では統一地方選が延期され、千葉県浦安市でも投票を統一地方選に合わせることができなかったほどの大きな影響を及ぼしていた。この四一道府県議選の平均投票率は過去最低の四八・一五％であった。これには東日本大震災の「自粛モード」で行われた選挙戦のあり方が響いていたのではないだろうか。

とりわけ今回の統一地方選に向かう地方政治の政治過程で注目すべきであるのは、地域政党の出現である。統一地方選時点での日本の政党を分類すると次頁のようになる（表終－1）。

大阪維新の会や減税日本など、特定の地域の課題を対象として活動する地域政党は、一九九三年以降の連立政権をとる、日本政治の九三年体制期において特徴的な政党であるということができる。これは、シュタイン・ロッカン（Stein Rokkan）の政党の分類によると、「特定の地域を代表する従属的文化」対「全国的な標準による支配的文化」の対立に関するクリーヴィッジ（構造的な対立）にまつわる政党と解釈することができるのではないだろうか。こうした政党が出現してきた背景には、当時の国政における二大政党であった与党・民主党と野党・自民党の「ねじれ国会」下における、政策実践における政治の機能不全があったのではないだろうか。また、民主党にしても、自民党にしても、政権交代以降、国政という大きなアリーナにおいて政策実践を行うことを念頭に実践されているため、地域のより身近な問題に関しては、小回りを利かせて問題解決を行ってきたとはいい難いのではないだろうか。

そこで有権者は、こうした政治の閉塞感からの脱却と、これらの国政の展開される永田町に象徴される「遠くに存在する政治」を「より近くに存在する政治」へと引き戻す役割を、政治的に手垢のついて

表終-1　日本の国政におけるクリーヴィッジと政党（55年体制以降）

	イデオロギー的対立（Ideological Confrontation）	55年体制（1955 Setup（until 1992））	93年体制（1993 Setup（after 2005））
従属的文化 vs. 支配的文化（Subject vs. Dominant Culture）	国家主義，国民主義 vs. 地域主義，エスニシズム（Nationalism vs. Localism, Ethnicism）	**政党表現におけるコンフリクトの不在**（自民党（LDP））	*新党大地（Daichi）*，大阪維新の会（Osaka Restoration Association），減税日本（Tax Reduction Japan）などの地域政党
宗教団体 vs. 政府（Religious Organization vs. Government）	宗教的（国家超越的）価値 vs. 世俗的（国家的）価値（Religious（Ultranational）vs. Secular（National）Values）	公明党（Komei）	公明党（Komei）
第一次産業 vs. 第二次産業（Primary vs. Secondary Economies）	保守主義 vs. 自由主義（Conservatism vs. Liberalism）	**政党表現におけるコンフリクトの不在**（自民党（LDP））	自民党（LDP），*国民新党（PNP），新党日本（2007年まで）（NPN（until 2007））*，たちあがれ日本（The Sun Rise Party of Japan），新党改革（New Renaissance Party）などの保守主義政党と自由主義政党　**保守の分裂**
労働者 vs. 雇用者，所有者（Workers vs. Employers, Owners）	社民主義，社会主義，共産主義 vs. 資本主義（Socialism, Communism vs. Capitalism）	社会党（JSP），共産党（JCP），民社党（DSP），社民連（UDS）**革新の分裂**	民主党（DPJ），社民党（SDPJ），共産党（JCP）
リバタリアン（Libertarian）	リバタリアニズム（Libertarianism）	新自由クラブ（NLC）	*新党日本（2007年以降）NPN（2007 on）*，みんなの党（Your Party）

註1：小泉政権下の新党は斜体。

註2：政権交代下の新党は下線。

出典：白鳥浩『都市対地方の日本政治』芦書房，2010年，45頁，ならびに白鳥浩編著『衆参ねじれ選挙の政治学』ミネルヴァ書房，2011年，54頁，に加筆・修正した。

いない、新たに形成された地域政党に期待していたといえよう。その期待を、橋下徹や河村たかしのような、知名度の高い首長が、自らの政策実現のために、立法を担当する議会でも多数派を握る試みを行う手段としての地方選挙において、地域政党を通じてうまく汲み取っていったのであった。そこで、これらの首長の影響力は、その首長の行政範囲の中における政策実現への期待であったために、府知事である橋下の大阪維新の会は、全大阪府を対象とした大阪府議選で大きな成果をあげたのに対して、市長である河村の減税日本は、全愛知県を対象とした愛知県議選においては、名古屋市内を中心とした範囲でしか影響力を効果的に発揮することはできず、名古屋市外では選挙結果があまり振るうことができなかったと考えられよう。[3] こうした限界は存在するが、地域政党が現代の日本政治の中で大きな意味を持つようになってきたことは、今後とも注目すべき展開であるといえよう。

これまで、しばしば地域の問題は、主に「行政の問題」として地方行政のみの範疇に属するものとして扱われてきた。しかしながら、本書において扱っているのは、そうした地方の問題に対する住民の真摯な選択、そうした「政治の問題」、換言すればデモクラシーの問題である。地域の問題を単なる「行政の問題」に矮小化することなく、民意の反映に関するデモクラシーの、より裾野の広い「政治の問題」として考えることにこそ、将来への真の地方自治への道が開けているのではないだろうか。そうした「政治の問題」として有権者に、既存政党とは異なる政策をもって新たな選択肢を提供する、そうした役割をこれらの地域政党は担っているといえよう。

これらの変動のあった政権交代下の地方選挙を扱う本書の意義とは何であろうか。本書は、『政権交代選挙の政治学——地方から変わる日本政治』（ミネルヴァ書房、二〇一〇年）、『衆参ねじれ選挙の政治学——政権交代下の二〇一〇年参院選』（ミネルヴァ書房、二〇一一年）に続く一冊である。『政権交代選挙の政治学』では、他の類書とは異なり、有権者の民主党への支持は必ずしも積極的ではなかった可能性について言及し、また『衆参ねじれ選挙の政治学』では政権交代下のねじれ国会を招いた原因について各地域の実情を考察し一定の評価を得た。このことはこれら二冊の書物が、出版後一カ月も経たないうちに、初版が完売し、重版されたことにも現れているのではないだろうか。これに続く本書においても、臨床的に「徹底して現場にこだわる」スタイルで研究は続けられている。

具体的には、『政権交代選挙の政治学』の「まえがき」に示したように、第一に、「北から南まで、日本全国を縦断する形で個々の地方の政治に焦点を当てている点」、第二に「徹底して現場にこだわり、『アシで稼ぐ』手法を採っている点」、第三に「執筆者を、地域の生活者目線を持ち合わせながら、それぞれの地域を専門的にフィールドワークの対象としている第一級の研究者に限定している点」、第四に「本書を出版することにより地方の研究者のインベントリ（目録表）を作る点」、第五に「現場でもまれている研究者が直面している地方の政治に携わる「ヒト」を極力叙述することにつとめている点」は変化してはいない。また本書では、さらに意図的に「可能な限り、同じ地域を、同じ筆者で分析する」という点も、その特徴として加わったことも特筆すべきであろう。これによって、同じ地域の政権交代時と政権交代後の時系列的な比較、さらには国政と地方政治の比較も可能となったといえる。換言すれば、『政権交代選挙の政治学』や『衆参ねじれ選挙の政治学』といったこれまでの刊行物をお読みいただければ、政権交代への移行の時期、そして政権交代の下における時期の日本の国政選挙にまつわる各地域の政治の見取り図、そして政権交代のそれぞれの地方におけるインパクトのもとでの地方選挙の位置が明らかとなり、現代日本政治の一側面を理解を促進することとなるとも考えられる。

『衆参ねじれ選挙の政治学』でも書いたが、こうした特徴を持った本書を上梓する目的は、ミクロな個々の地域の政治過程からマクロな日本政治全体の変化を考察することにある。しばしば「日本政治とは、おしなべてこういうものだ」といった言説が、研究者の結論として導き出されてきたし、マスコミをにぎわせてきた。例えば二〇〇九年の政権交代選挙でいえば、有権者は「おしなべて民主党を選択した」ということになるし、二〇一〇年の衆参ねじれ選挙、二〇一一年の統一地方選でいえば、「おしなべて民主党を選択しなかった」ということになる。しかしながら、しばしばこうした結論は、それぞれの地域に住んでいる人にとっては、必ずしも「日本政治」の現実である各地域の実情とはそぐわない印象を与えてきたのではないだろうか。いわゆる、全国の「日本政治」と地方の「日本政治」のギャップである。有権者は自らの地域が「日本政治」の現実である。今回の統一地方選を中心とした地方選挙の実情は、まさにそうしたものを明らかにしている。

第一に、地方選挙といっても異なるレベルの選挙が存在するということである。一人の首長を選ぶ知事選、市町村長選もあれば、選挙区ごとに分かれて議員を選ぶ都道府県議選、政令市の市議選もあり、全市町村が一区で行われる市町村議選も存在する。衆議院にせよ、参議院にせよ、行われる選挙においては国政に対する民意という一つのレベルの民意を表すのに対し、地方選挙においては多様なレベルの民意が問われており、統一地方選においては、同じ時点で異なるレベルのデモクラシーに関する民意を表現することになっている。「多様なレベルのデモクラシーのギャップ」が、統一地方選においては現れる可能性がある。

第二に、地方選挙は、国政選挙に比べ、候補者の名前を記載することによってのみ民意を表明する選挙の制度であり、地域的な違いが大きい。すなわち、地方選挙の各選挙区において選出する議員の定数がまちまちであるという側面がある。これは同様に候補者の名前を記載する衆院選における、小選挙区制において各選挙区の定数がおしなべて一であることと大きな隔たりがある。そこで、空間的に異なる、それぞれの選挙区ごとに異なるデモクラシーのロジックが構築されているといえよう。これは「空間的なデモクラシーのギャップ」と呼ぶことができよう。

第三に、こうした政治におけるギャップは、なにも選挙制度にまつわるものばかりではない。有権者が政治に対する意思を表明する時期におけるギャップにおいても現れてくる。例えば、一口に地方選挙といっても、統一地方選で同時期に行われる地方選挙もあれば、統一地方選からは離れた時期の選挙も存在する。特に今回の地方選で同時期に行われる地方選挙にあたっては、同じ政権交代下という条件はあるものの、東日本大震災以前に行われた選挙か、東日本大震災以降に行われた選挙かという選挙の時点において、地方選挙の持つ意味が大きく異なるということがいえよう。このように選挙時点の異なるデモクラシーについて、異なる機会に表明された民意のギャップというものも存在する。あるいは、場合によっては、統一地方選挙といえども前半戦と後半戦のように、異なる時期に行われ、異なる選挙制度を持つ統一地方選に現れる民意も、異なるデモクラシーの表明と考えられるかもしれない。これらは、異なるデモクラシーに関する民意の表明における「時間的なデモクラシーのギャップ」と呼ぶことも出来るかもしれない。

「多様なレベルのギャップ」、「空間的なギャップ」と「時間的なギャップ」にまつわる、これらの三つのギャップは、地方選挙に現れる多様なレベルのデモクラシーをどう捉えるかという問題を提起するとともに、同じレベルのデモクラシーの選挙においても「全国と地方のギャップ」、さらに「地方と地方のギャップ」のそれぞれのレベルの異なるデモクラシーの存在に注目すべきであることを教えているのかもしれない。というのも、地方における個々の有権者にとっては、その時点で、彼ら・彼女らが目にしている地方の現実こそが、「地方政治」であって、そこにおいては「おしなべた地方政治」像というのは存在しないといえるのである。しかしながら、ある一定の条件の下では、その回の選挙を特徴づける傾向は存在するかもしれない。

前著でも書いたが、政権交代下の地方選挙は、政権交代選挙において現れた「期待の民意」と政権交代以降の政策運営において現れた「失望の民意」という二つの民意の狭間にあったと考えられる。いくつかの地域における有権者は、今回の統一地方選にあたって、二〇〇九年に「期待の民意」で政権交代を選んだ結果、かつての自公連立政権からは離れてしまい、そこに戻ることも選択できず、新たに政権に就いた民主党を中心とする連立政権にも失望したという「失望の民意」を感じ、これらとは異なる新たな選択肢を模索していたことを表していたとはいえないだろうか。その受け皿となったのは、地域政党の出現であった。

自民党でもだめ、民主党にも失望したという多くの有権者がいたことは今回の特徴の一つであった。そこに新党が支持を獲得する土壌はあったといえよう。新党が、まったく新しい候補者を立てていたところでは、それらの候補者は善戦していたとみることができよう。いや、むしろこうした有権者側のグラスルーツ・レベルの視点のみではなく、既存政党、特に既存の政権与党が期待されたようなパフォーマンスをあげていないという機能不全に陥っていることを、政治に携わるものもエリート・レベルで敏感に感じ取り、新党の形成によって、新たな選択肢を有権者に提示することを試みた結果ともいえるのではないだろうか。しかしながら、すべての新党としての地域政党が成功したわけではなく、新党のうちでも成功と失敗が明暗を分けた。大阪維新の会は、府議会において過半数を超える当選者を出したほどのブームを巻き起こしたのに対し、減税日本は名古屋以外では必ずしも全県的な広がりを見せることはなかった。すでに述べたがこの明暗は、代表である首長の統治範囲の問題もあるのかもしれない。

本書に収められた多くの論文は、今回、この政権交代以降の地方政治におけるリクルートメントの問題を扱っている。これまでの著作で「日本政治のモザイクのピース」の研究の重要性を訴えたが、この地方選挙においては、各地方のモザイクのピースにおいて、有権者に対する選択肢となる各地方の候補者のリクルートが鍵となっていたのではないだろうか。選挙における候補者に関するリクルートは、そうした候補者を支える「組織」、その候補者を選択する「地盤」のそれぞれの結節点として存在している。本書は、地域に主眼をおいた研究を行っているが、テーマとしても整理され、収斂されたものとなっていることは注目してよいであろう。地方選挙において現れたのは、総体としてのそれまでの政権交代以降の政策運営に対する失望の大きさであった。「失望の民意」、その端的な表れが、多くの地方選挙で、与党ではない方をより強く選択する結果となったのではないだろうか。すなわち、地方から政権崩壊は始まっていたことになる。地方選挙の結果は、広くみれば自民党の勝利と言われているが、それは積極的な勝利ではない可能性がある。有権者は、必ずしも自民党に戻っているわけではない。むしろ本書の事例からは、「失望の民意」は与党ではない候補者を選んだことが考えられるのではないだろうか。他の野党の有力な候補者の選択肢がないところでは自民党を、選択肢があるところでは自民党のみならず地域新党をも含めて野党に票が集まるという消極的な投票であったのかもしれない。そういった意味では伝統的なバッファー・プレイヤー（やがて自民党に戻る投票者）というよりは、寄る辺なきヴォラタイル・プレイヤー（投票ごとに支持政党を変える投票者）の存在も再び仮定されるかもしれない。

なお、本研究の一部は、二〇一二年度日本政治学会研究大会（於・九州大学）において筆者が企画し、司会を行ったパネル、ならびに他のパネルにおいても報告され、高い研究水準をクリアしたものとして、おおむね好意的な評価を受けた論文を含む、最先端の研究を含む論文ばかりである。「地方の時代」と呼ばれる現在、そうした視座に対応した高い水準の研究者が、地方に存在することには大きな意味がある。また、地方在住の研究者も「地方」目線での研究を行い、「地方の時代」に対応することが、今後よりいっそう求められるといえよう。

なお、本書をまとめるにあたって、日本政治の現場に携わっている多くの方々に世話になった。ここでは、すべての方のお名前を挙げることはできないので、不公平を避けるためにあえて名前を記さないが、そうした方々の力添えがなければ、本書は成立しなかったであろう。本書に何がしかの意味があるとすれば、お力をお貸しいただいたそうした現場の人々のおかげである。また、法政大学大学院の澁谷朋樹氏、佐賀香織氏には、本書の校正を手伝っていただくなど秘書的な役割を果たしていただいた。そして最後になるが、学術書冬の時代といわれている現在の状況の下で、本書のような意味のある著作の出版を認めていただいたミネルヴァ書房と同編集部の田引勝二氏の尽力がなければ、本書は出版すら危ぶまれたであろう。田引氏には、最初の読者として、執筆者以上に本書刊行に努力していただいた。ここに執筆者を代表して感謝の念を記すものである。

本書の出版までには多くの時間を要した。それには、東日本大震災から受けた日本政治の変化を冷静に判断できるまでの時間が必要だったからである。私たちが失ったものはあまりに大きく、「三・一一」はそれ以前とそれ以後で日本人の認識を大きく変えたといえる。ここで犠牲になられた方に哀悼の意を表するものである。

本書は、各地方の多様なモザイクのピースを集めたものが、日本政治の総体であり、現実であることを教えているのではないだろうか。そこにおいては、政治的選択の前で、将来の政治をどう選択するかにまつわる候補者、有権者の苦悩が如実に反映されている。読者諸兄には、本書を通じて、日本政治の多様性、そして全体を俯瞰する視点を提起できれば幸いである。

前著の出版以降、以前よりも地方に視点を置いた研究も見られるようになってきた。ひょっとすると筆者たちの試みは、「日本政治のモザイクのピース」を解明する新たな研究を呼び込んだのではないかと自負している。本書がさらなる研究の呼び水になることを期待する。

二〇一三年四月八日

執筆者を代表して　白鳥　浩

註

（1）この八八市長選のうち、一五の市長選で無投票当選であった。

（2）この一二一町村長選のうち、五八の町村長選で無投票当選であった。

（3）もちろん、この説明だけが、減税日本の影響力が、名古屋を中心としたものであり限定的であった主要な理由を明らかとするものではない。同じように知名度の高い改革派的なスタンスを取る、そういった意味では、河村との差異化を図ることが困難である可能性を持った大村秀章愛知県知事の率いる地域政党「愛知日本一の会」が、本来であれば、減税日本が独占すべき支持の一部を拾ってしまったからであるという解釈も成り立つであろう。

≪編著者紹介≫

白鳥　浩（しらとり・ひろし）

1968年　生まれ。

早稲田大学大学院政治学研究科修了。

現　在　法政大学大学院政策科学研究所所長。日本地方政治学会・日本地域政治学会理事長。日本政治学会理事。法政大学大学院公共政策研究科教授。元相山女学園大学講師。元静岡大学人文学部助教授。博士（政治学)。

著　作　“Le mouvement referendaire au Japon aprè la Guerre froide. Une analyse comparative inspiré de Rokkan,”Revue francaise de science politique, Vol. 51, Numero. 4, 2001.

『市民・選挙・政党・国家』東海大学出版会，2002年。

『都市対地方の日本政治——現代政治の構造変動』芦書房，2009年。

『政権交代選挙の政治学——地方から変わる日本政治』編著，ミネルヴァ書房，2010年。

『衆参ねじれ選挙の政治学——政権交代下の2010年参院選』編著，ミネルヴァ書房，2011年。

統一地方選挙の政治学

——2011年東日本大震災と地域政党の挑戦——

2013年７月30日　初版第１刷発行　〈検印省略〉

定価はカバーに
表示しています

編著者　白鳥　浩

発行者　杉田啓三

印刷者　藤森英夫

発行所　株式会社　ミネルヴァ書房

607-8494　京都市山科区日ノ岡堤谷町１

電話代表　(075)581-5191

振替口座　01020-0-8076

亜細亜印刷・兼文堂

ISBN978-4-623-06618-6

Printed in Japan

執筆者紹介（執筆順，＊は編者）

＊白鳥　浩（しらとり・ひろし）　はじめに・序章・第1章・おわりに

編著者紹介欄参照。

小南浩一（こみなみ・こういち）　第2章

1955年　兵庫県生まれ。
1979年　大阪大学人間科学部卒業。
1994年　兵庫教育大学大学院学校教育研究科修了。
現　在　兵庫教育大学大学院学校教育研究科准教授。元北陸大学准教授。博士（学校教育学）。
著　作　『賀川豊彦研究序説』緑蔭書房，2010年。
「再考・選挙粛正運動とは何であったか」『日本選挙学会年報』No.15, 2000年。
「満州事変前後の政党とその支持動向」日本法政学会50周年記念『現代政治学の課題』成文堂，2006年。

今井　照（いまい・あきら）　第3章

1953年　神奈川県生まれ。
1977年　東京大学文学部社会学専修課程卒業。
現　在　福島大学行政政策学類教授。博士（政策学）。
著　作　『「平成大合併」の政治学』公人社，2008年。
『市民自治のこれまで・これから』編著，公職研，2008年。
『図解よくわかる地方自治のしくみ（第4次改訂）』学陽書房，2011年。

山口希望（やまぐち・のぞむ）　第4章

1960年　東京都生まれ。
1998年　国会議員政策担当秘書資格取得。
2010年　法政大学大学院政治学研究科修士課程修了。
現　在　法政大学大学院政策科学研究所特任研究員。
著　作　「日本社会党の分裂と統一」『法政大学大学院紀要』63号，2009年。
「山川均からみた構造改革論」『社会理論研究』12号，2011年。

秋吉貴雄（あきよし・たかお）　第5章

1971年　大分県生まれ。
2000年　一橋大学大学院商学研究科博士後期課程単位取得退学。
現　在　中央大学法学部教授。元熊本大学教授。博士（商学）。
著　作　『公共政策の変容と政策科学――日米航空輸送産業における2つの規制改革』有斐閣，2007年。
『行政サービス供給の多様化』共著，多賀出版，2009年。
『公共政策学への基礎』共著，有斐閣，2010年。

浅野一弘（あさの・かずひろ）**第6章**

1969年　大阪市生まれ。
1997年　明治大学大学院政治経済学研究科政治学専攻博士後期課程単位取得退学。
現　在　札幌大学法学部教授。
著　作　『現代地方自治の現状と課題』同文舘出版，2004年。
『日米首脳会談の政治学』同文舘出版，2005年。
『日本政治をめぐる争点――リーダーシップ・危機管理・地方議会』同文舘出版，2012年。

藪長千乃（やぶなが・ちの）**第7章**

2003年　早稲田大学大学院社会科学研究科博士課程単位取得退学。
現　在　東洋大学国際地域学部教授。元文京学院大学人間学部教授。元東京都職員。
著　作　『世界の保育保障』共編著，法律文化社，2012年。
「フィンランド・カイヌー行政実験における政策形成・決定過程の考察」日本法政学会『法政論叢』第48巻第2号，2012年。
「フィンランドにおける中央―地方関係の新たな展開――分権型福祉国家の政策イノベーション」『日本比較政治学会年報』第12号，2010年。
訳　書　マルッティ・ハイキオ著『フィンランド現代政治史』早稲田大学出版部，2003年。

砂原庸介（すなはら・ようすけ）**第8章**

1978年　大阪府生まれ。
2006年　東京大学大学院総合文化研究科博士後期課程単位取得退学。
現　在　大阪市立大学法学研究科准教授。博士（学術）。
著　作　『地方政府の民主主義』有斐閣，2011年。
『大阪――大都市は国家を超えるか』中央公論新社，2012年。

丹羽　功（にわ・いさお）**第9章**

1966年　愛知県生まれ。
1997年　京都大学大学院法学研究科博士後期課程修了。
現　在　近畿大学法学部教授。
著　作　「利益団体間の協力と対立」村松岐夫・久米郁男編『日本政治変動の50年』東洋経済新報社，2006年。
「都道府県知事のキャリアパスの変化」『近畿大学法学』第55巻第1号，2007年。
「利益団体」岡田浩・松田憲忠編著『現代日本の政治』ミネルヴァ書房，2009年。

松田憲忠（まつだ・のりただ）**第10章**

1971年　東京都生まれ。
2005年　早稲田大学大学院政治学研究科博士後期課程単位取得退学。
現　在　青山学院大学法学部准教授。元北九州市立大学法学部准教授。博士（政治学）。
著　作　『現代日本の政治――政治過程の理論と実際』共編著，ミネルヴァ書房，2009年。
『ガバナンス論の現在――国家をめぐる公共性と民主主義』共著，勁草書房，2011年。
『社会科学のための計量分析入門――データから政策を考える』共編著，ミネルヴァ書房，2012年。

照屋寛之（てるや・ひろゆき）**第11章**

1952年　沖縄県生まれ。
1983年　日本大学大学院法学研究科博士後期課程単位取得退学。
現　在　沖縄国際大学法学部教授。
著　作　『現代政治の理論と諸相』共著，三和書籍，2002年。
『現代日本の行政と地方自治』共著，法律文化社，2006年。
『現代政治過程』共著，三和書籍，2011年。

人名索引

あ 行

か　行

さ　行

た　行

な　行

や　行

ら　行

わ　行

資料1　2011年統一地方選挙の主要結果（前半戦，2011年4月10日投開票）

※民：民主党，自：自由民主党，公：公明党，共：共産党，み：みんなの党，国：国民新党，社：社会民主党，維：大阪維新の会，減：減税日本，諸：諸派，無：無所属

北海道知事選								
	得票数	候補者	年齢	党派	推薦・支持	新旧	当選回数	代表的肩書
当	1,848,504	高橋　はるみ	57	無	自	現	3	前北海道知事
	544,319	木村　俊昭	50	無	民,社,国	新		元農水省職員
	176,544	宮内　聡	48	無	共	新		共産党道役員
	92,491	鰹谷　忠	60	無		新		元北海道議会副議長
東京都知事選								
	得票数	候補者	年齢	党派	推薦・支持	新旧	当選回数	代表的肩書
当	2,615,120	石原　慎太郎	78	無	都議会自民,公	現	4	前東京都知事
	1,690,669	東国原　英夫	53	無		新		元宮崎県知事
	1,013,132	渡邉　美樹	51	無	都議会民主	新		元飲食会社社長
	623,913	小池　晃	50	無	共	新		元参議院議員
	48,672	ドクター・中松	82	無		新		発明家
	10,300	谷山　雄二朗	38	無		新		映画監督
	6,389	古川　圭吾	41	無		新		元介護会社会長
	5,475	杉田　健	43	諸		新		新しい日本代表
	4,598	マック　赤坂	62	諸		新		スマイル党総裁
	3,793	雄上　統	69	諸		新		東京維新の会代表
	3,278	姫治　けんじ	59	諸		新		平和党核兵器廃絶平和運動代表
神奈川県知事選								
	得票数	候補者	年齢	党派	推薦・支持	新旧	当選回数	代表的肩書
当	1,728,862	黒岩　祐治	56	無	民主党県連,自民党県連,公明党県本部	新	1	元フジテレビキャスター
	821,981	露木　順一	55	無	み，神奈川ネットワーク運動，ネットワーク横浜	新		元開成町長
	466,223	鴨居　洋子	66	無	共	新		女性団体役員
	99,751	照屋　修	58	無		新		不動産業
福井県知事選								
	得票数	候補者	年齢	党派	推薦・支持	新旧	当選回数	代表的肩書
当	298,307	西川　一誠	66	無	自，公	現	3	前福井県知事
	67,459	宇野　邦弘	59	共		新		共産党県常任委員
三重県知事選								
	得票数	候補者	年齢	党派	推薦・支持	新旧	当選回数	代表的肩書
当	379,472	鈴木　英敬	36	無	自，み	新	1	元経産省職員
	369,105	松田　直久	56	無	民	新		元津市長
	68,253	岡野　恵美	58	無	共	新		共産党県委員

奈良県知事選								
	得票数	候補者	年齢	党派	推薦・支持	新旧	当選回数	代表的肩書
当	292,654	荒井　正吾	66	無		現	2	前奈良県知事
	223,519	塩見　俊次	61	無		新		奈良県医師会長
	60,318	北野　重一	73	無	共	新		元奈良県議会議員
鳥取県知事選								
	得票数	候補者	年齢	党派	推薦・支持	新旧	当選回数	代表的肩書
当	255,367	平井　伸治	49	無		現	2	前鳥取県知事
	23,218	山内　淳子	68	無	共	新		女性団体会長
島根県知事選								
	得票数	候補者	年齢	党派	推薦・支持	新旧	当選回数	代表的肩書
当	269,636	溝口　善兵衛	65	無	自，公	現	2	前島根県知事
	33,571	向瀬　慎一	40	共		新		共産党県委員
徳島県知事選								
	得票数	候補者	年齢	党派	推薦・支持	新旧	当選回数	代表的肩書
当	262,440	飯泉　嘉門	50	無		現	3	前徳島県知事
	56,887	山本　千代子	62	共		新		共産党県常任委員
福岡県知事選								
	得票数	候補者	年齢	党派	推薦・支持	新旧	当選回数	代表的肩書
当	1,128,853	小川　洋	61	無	民主党県連,自民党県連,公,社,国,福岡県農政連	新	1	元内閣広報官
	474,445	田村　貴昭	49	無	共	新		元北九州市議
佐賀県知事選								
	得票数	候補者	年齢	党派	推薦・支持	新旧	当選回数	代表的肩書
当	337,269	古川　康	52	無	自，公	現	3	前佐賀県知事
	57,461	平林　正勝	63	共		新		共産党県委員長
大分県知事選								
	得票数	候補者	年齢	党派	推薦・支持	新旧	当選回数	代表的肩書
当	476,847	広瀬　勝貞	68	無	社	現	3	前大分県知事
	64,646	三重野　昇	72	共		新		共産党県政策委員

札幌市長選								
	得票数	候補者	年齢	党派	推薦・支持	新旧	当選回数	代表的肩書
当	531,524	上田　文雄	62	無	民，社，国	現	3	前札幌市長
	367,660	本間　奈々	41	無	自	新		元総務省職員
相模原市長選								
	得票数	候補者	年齢	党派	推薦・支持	新旧	当選回数	代表的肩書
当	177,899	加山　俊夫	66	無		現	2	前相模原市長
	67,131	榎本　与助	65	無		新		元神奈川県議会議長
	31,846	菅野　通子	69	共		新		元相模原市議会副議長
静岡市長選								
	得票数	候補者	年齢	党派	推薦・支持	新旧	当選回数	代表的肩書
当	135,224	田辺　信宏	49	無	自	新	1	元静岡県議会議員
	125,419	海野　徹	61	減		新		元参院議員
	39,275	安竹　信男	64	無		新		静岡市会議長

浜松市長選								
	得票数	候補者	年齢	党派	推薦・支持	新旧	当選回数	代表的肩書
当	(無投票)	鈴木　康友	53	無		現	2	前浜松市長

広島市長選								
	得票数	候補者	年齢	党派	推薦・支持	新旧	当選回数	代表的肩書
当	165,481	松井　一実	58	無	自，公	新	1	元厚労省審議官
	117,538	豊田　麻子	45	無		新		元広島市副市長
	90,464	大原　邦夫	61	無		新		元広島市議会議員
	37,986	桑田　恭子	49	無		新		元広島市議会議員
	20,084	大西　理	45	共		新		共産党県常任委員
	11,732	前島　修	37	無		新		建設相談会社員

資料2　2011年統一地方選挙の主要結果（後半戦，2011年4月24日投開票）

衆院愛知6区補欠選								
	得票数	候補者	年齢	党派	推薦・支持	新旧	当選回数	代表的肩書
当	104,328	丹羽　秀樹	38	自		元	2	元自民党青年局次長
	39,308	川村　昌代	44	減		新		減税日本副代表
	14,369	河江　明美	45	共		新		共産党准中央委員
	7,932	福原　真由美	50	諸		新		幸福実現党員
	3,842	目片　文夫	70	無		新		元京都大学助教授

津市長選								
	得票数	候補者	年齢	党派	推薦・支持	新旧	当選回数	代表的肩書
当	44,534	前葉　泰幸	49	無		新	1	元総務省職員
	40,536	村主　英明	51	無	自	新		元国土交通省職員
	22,865	藤岡　和美	64	無		新		元久居市長

高松市長選								
	得票数	候補者	年齢	党派	推薦・支持	新旧	当選回数	代表的肩書
当	(無投票)	大西　秀人	51	無		現	2	前高松市長

大分市長選								
	得票数	候補者	年齢	党派	推薦・支持	新旧	当選回数	代表的肩書
当	95,005	釘宮　磐	63	無		現	3	前大分市長
	43,596	安部　省祐	51	無	自	新		元大分県議会議長

長崎市長選								
	得票数	候補者	年齢	党派	推薦・支持	新旧	当選回数	代表的肩書
当	150,842	田上　富久	54	無		現	2	前長崎市長
	26,316	太田　雅英	63	無		新		元長崎市教育長
	12,762	中田　剛	67	共		新		元長崎市議会副議長